父母决定着孩子的未来。
一个家庭，
只要有一位善良、节俭、乐观和整洁的母亲在料理，
有一位坚强、勇敢、宽容的父亲在支撑，
这样的家庭就是心灵的圣殿，
就是欣欣向荣且充满希望的。

FIRST

GOOD PARENTS

GOOD CHILDREN AFTER

★ ★ ★ ★ ★

先有好父母
后有好孩子

[三分教知识 七分教做人]

苏 菲◎著

当代世界出版社

图书在版编目（CIP）数据

先有好父母 后有好孩子／苏菲著. —北京：当代世界出版社，2010. 11

ISBN 978 - 7 - 5090 - 0683 - 2

Ⅰ. 先… Ⅱ. 苏… Ⅲ. 家庭教育 Ⅳ. G78

中国版本图书馆 CIP 数据核字（2010）第 200867 号

书 名：	先有好父母 后有好孩子
出版发行：	当代世界出版社
地 址：	北京市复兴路 4 号（100860）
网 址：	http：//www. worldpress. com. cn
编务电话：	（010）83908404
发行电话：	（010）83908410（传真）
	（010）83908408
	（010）83908409
	（010）83908423（邮购）
经 销：	新华书店
印 刷：	三河市汇鑫印务有限公司
开 本：	710 毫米×1000 毫米 1/16
印 张：	20
字 数：	300 千字
版 次：	2011 年 1 月第 1 版
印 次：	2011 年 1 月第 1 次
印 数：	5000 册
书 号：	ISBN 978 - 7 - 5090 - 0683 - 2
定 价：	39. 80 元

好父母胜过好老师

　　拿破仑在一次与贡庞夫人交谈时问道："传统的教育体制似乎一无是处，为了使人们受到良好的教育，我们缺少的是什么呢？"

　　"父母。"贡庞夫人回答说。

　　这个回答深深地触动了拿破仑。"不错！"他说，"在这一个词里包含着一种教育体制。那么请您费心，务必要培养出知道怎样去教育自己孩子的父母。"

　　父母的品质决定着孩子的未来。一个家庭，哪怕穷得家徒四壁，只要有一个善良、节俭、乐观和整洁的女人在料理，有一个坚强、勇敢、宽容的父亲在支撑，这样的家庭仍是心灵的圣殿与快乐力量的源泉，仍然是欣欣向荣且充满希望的。

　　中国有句俗话叫"三岁看老"，人生需要的很多基本素质，在三岁前就已经定型。家庭是孩子性格形成的第一环境，父母是孩子的第一任老师。所以父母的素质与教育方法，会决定一个孩子的未来。

　　要求孩子所遵循的原则，同样也适用于父母自身。在一个平等的家庭中，不能有两种标准。电话铃响了，一位父亲对自己的妻子说："就说我不在家。"这位父亲还能给孩子讲"诚实"吗？一位母亲因超速驾驶被警察拦住，却对警官大发雷霆，这位母亲还能要求孩子遵守社会公德吗？

　　无论我们讲什么样的标准，都应该和孩子们共同遵循。作为父母，我们必须时刻意识到怎样做才是对的，才是我们希望孩子成就的方向——因为在将来的日子里，你们的孩子会观察你的一举一动。

"种瓜得瓜，种豆得豆"。与其埋怨收获的贫瘠，不如关注劳动者的耕作。在人生萌芽的关键时刻，好的父母决定一切。没有好的父母，我们又怎么能希望有好的子女？

不要把一切教育的责任都推给老师，许多孩子在走进学校之前就已经定格。只有好的父母和好的教育方法，才有可能造就优秀的孩子——这是我们每一位父母所要明白的，也是必须面对的。

苏　菲

2010 年 8 月于北京

目 录
Contents

001. 夫妻相爱，是给孩子最好的礼物

几年前的一个早上，电视机正在播放"早安，美国"节目。那天是情人节，主持人大卫·赫特曼正访问一位家庭心理学家本杰明·沙克博士。因为"爱"是那一天最热门的话题，所以赫特曼直截了当地问："是否每个人生来就具有爱的能力？"

"当然。"沙克博士回答。

"那么，为什么世界上并没有呈现出那么多的爱呢？"赫特曼好奇地想要知道。

"大卫，"沙克博士充满智慧地回答，"就算我们生来就具有能力去爱，也需要学习该如何去爱。"

然后，沙克博士将脸转向摄影机，对着电视机前的观众说："父母所能为孩子做的最好的一件事情，就是夫妻两人彼此相爱。"

沙克博士将当今的问题和解决办法一语道破。每个人生来都具有爱的能力，但除非他能先看到在他生命中占有重要地位的人——通常是父母，去具体实施爱，否则，他便学不到该如何去爱。

 教育智慧:

父母所能为孩子做的最好的一件事情，就是夫妻两人彼此相爱。

002. 不要把孩子训导得过于柔顺

心理学家斯坦利·米尔格拉姆，于20世纪60年代在耶稣大学进行了一系列实验，基于那些实验的惊人结果，他做出如下总结："责任感的沦

丧，是服从权威最深远的后果。"

在米尔格拉姆的实验中，实验参与者要在"学习者"做出错误反应时给予电击。"学习者"其实都是实验参与者并不认识的演员，他们不会受到真正的电击，但是会故意犯偶尔几个错误，并且在实验参与者"电击"他们的时候装作很痛苦的样子。有将近2/3的实验参与者持续电击"学习者"，甚至当后者已经开始呻吟和尖叫、显得痛苦万分时也并不停手。许多实验参与者处于压力状态，虽然也对他人受到伤害这一事实提出了抗议，但绝大多数实验参与者仍然继续对"学习者"进行"电击"。实验结束后，实验者向这些实验参与者问起他们刚才的行为，一些实验参与者表示他们知道刚才自己的行为是错的，但感到不得不去服从权威。

如果我们想让自己的孩子长大后成为坚强、独立、有道德的成年人，就不该把他们训导得太过顺从。要想让一个孩子学会负责，你就要放弃对他的控制，给他一定的自主权。如果你运用控制手段教他服从，那他就无法学会独立思考。另一方面，如果你放手让他在安全的范围内自由发挥，你就能让他发展成一个独立的个体。

 教育智慧：

如果我们想让自己的孩子长大后成为坚强、独立、有道德的成年人，就不该把他们训导得太过顺从。

003. **自然惩罚法则**

法国教育家卢梭认为："儿童所受到的惩罚，只应是他的过失招来的自然后果。"这就是卢梭的"自然惩罚法则"，是世界教育史上的一个里程碑。

自然惩罚法则的含义是：当孩子在行为上犯了错误时，父母不应对孩子进行过多的指责，而应让孩子自己承担错误直接造成的后果，给孩子以心理惩罚，使孩子在承受后果的同时感受到不愉快甚至是痛苦，从而让孩子自我反省，自觉弥补过失、纠正错误。

简单地说，自然惩罚法则就是让孩子在自作自受中体验到痛苦的责罚，强化痛苦的体验，从而吸取教训，改正错误。"自然惩罚法则"的关键就是要让孩子感到自己的行为是自作自受，是应该受到惩罚的。这种方法，也叫"冷处理"。

"自然惩罚法则"的另一种方法是：给他机会去试试。如果孩子一定要穿那件好看但单薄的衣裙，或穿不适合自己的硬底皮鞋，就让他穿，结果必然是太冷了、鞋太滑太硬了，不能在操场上跑，追不上同学。总之是让孩子自作自受。

在教育孩子的时候，一定要让孩子明白：每个人都应该为自己的行为负责，都要承担它的后果，无论好坏。

教育孩子就是这样，当孩子犯了错误之后，不应当由父母来承担子女的过失，让孩子学会为自己的行为负责，才是真正的教育之道。

 教育智慧：

在教育孩子的时候，一定要让孩子明白：每个人都应该为自己的行为负责，都要承担它的后果，无论好坏。

004. 玩具不必太多

谈到玩具，我们就不得不要评论一种令人担心的情形，那就是：现在的父母，似乎给孩子过多的玩具。我们在百货公司或街上，常可看到儿童在玩具店前，吵着要买玩具，最后，大人拗不过，也只好给他买了。

遇到这种情形，若是西方的父母就不这样，他们无论孩子是哭是闹，绝不给他们买玩具。

他们这样做自有他们的道理，因为在他们看来，孩子想要的东西样样都给，那绝不是父母爱心的表现，反而会给小孩带来不良的影响。

拥有太多玩具的小孩，性格比较散漫，他会精神不集中，容易见异思迁。玩具一个接着一个，兴趣也会跟着瞬息万变。

孩子的玩具不必太多，哪怕只有一种，他也会变换各种方式来玩的。即使是一个硬瓶盖，一片木头，在孩子看来，或许都比玩具店买来的昂贵的东西还要好玩。

帮助发展种种创意，才是做父母的最大义务。给予孩子形形色色的玩具，孩子想要的东西样样都可以得到，这样的孩子绝不能算是幸福的。

有一些家长，他们绝对不给孩子买现成的玩具，只给他们买只有自己动手组合才能玩的那种。这样孩子在得到它之后都得绞尽脑汁，甚至流着眼泪去拼装。

事实上，孩子对于用不着自己动手完成的现成的玩具，一点也不会觉得好玩，因为这样的玩具不能满足孩子们的欲望。比如，当你花高价买了一个电动火车回来时，孩子并不满足于看火车如何在轨道上跑，而是感兴趣于将轨道一会儿予以拆散，一会儿加以组合。

 教育智慧:

拥有太多玩具的小孩，性格比较散漫，他会精神不集中，容易见异思迁。玩具一个接着一个，兴趣也会跟着瞬息万变。

005. 下定决心让孩子改变

强烈的意愿与信念一样，都是达到目标的关键因素。今天一些父母在教育孩子不成功时，常常会强调许多外界的客观理由，而很少去反思自己做事的意愿是否强烈，是否下定决心一定要让自己的孩子改变，是否真正做到从不为失败寻找借口，不达目的决不罢休。

一个人如果没有强烈的"企图"心，是很难成就任何一项事业的，其中也包括教育自己的孩子。

许多具有良好教育背景、事业上有一定成就的父母，他们无法在自己孩子的教育上获得成功，问题往往就出在这方面。他们曾经为考大学、读研究生而竭尽全力，为开创自己的事业孤注一掷，背水一战，但是他们却从来没有像对待自己的事业一样对待自己孩子的教育，没有真正下决心去掌握正确的教育艺术，所以他们自然也不会有很好的教育结果。

 教育智慧:

一个人如果没有强烈的"企图"心，是很难成就任何一项事业的，其中也包括教育自己的孩子。

006. 稳定的婚姻是孩子成长的基础

将婚姻关系处理好，孩子的许多教育问题就迎刃而解了。稳定的婚姻是孩子发展的基础，良好的婚姻关系塑造出了不起的爸爸妈妈。请向你的妻子表示你绵绵不断的爱意，每天和妻子坐在沙发上聊天，和妻子保持定期的晚上约会。

我们都曾有这样的体会：当感觉到父母之间发生不愉快时，就会非常焦虑。孩子认为，如果家庭中父母的关系破裂，那么，自己随时就有被抛弃的可能。这就是许多孩子缺乏安全感、行为怪异的原因。孩子们需要确信爸爸妈妈彼此相爱。

其次，在适当的场合对全家人说出你对家庭的热爱。例如开车或一家人坐在饭桌旁时，鼓励家人大声说出对这个家庭的称赞，如"我们是一个很棒的家庭"、"今天，我们一家人团聚真令人高兴"、"孩子们，你们的妈妈真了不起"。父亲的言谈举止在很大程度上决定着家庭气氛的好坏，但父亲们往往意识不到这一点。父亲对家庭的自豪和快乐溢于言表，会使孩子们士气大振。家庭认同感有助于建立家庭成员间彼此信任关系，这两者相辅相成。要建立家庭认同感，父亲们必须将信任编织进各种关系中。

 教育智慧:

将婚姻关系处理好，孩子的许多教育问题就迎刃而解了。

007. 过多的自由容易造就问题儿童

任何关心孩子的父母，都不会把锋利的刀放在一个 3 岁的男孩的手里，让他自己削苹果。但大多数父母都会考虑让 10 岁的孩子削苹果。显然，区别在于孩子的年龄和责任感。

自由是时代的呼声，"在孩子小时候，给他们很多的选择，"理论家说，"让孩子做决定，那么他长大后，就会做明智的决定。"结果或许得到了证实：我们的监狱里塞满了自我选择生活的人。和理论家的观点相反，我们认为，有自由选择和决定的权力并不意味着正确的选择。

毫无疑问，通过在孩提时代学习如何做出明智的选择，会使孩子逐渐学到良好的决策模式。让孩子自由做决定既有教育价值又有实际价值，但优秀的决策技能并不取决于孩子的天性，而是父母细心的引导。在这件事上，父母的领导地位是至关重要的。没有父母的引导，孩子长大后做的决定只会建立于人类追求享乐、逃避痛苦的天性上。

这就是为什么我们相信，过多的选择会导致不必要的矛盾，提供过多的选择是使孩子自以为是的原因之一。如果你没有给孩子处理复杂情况的能力，你就不该给他无限制的选择权。

我们的经验说明，一个孩子如果有太多的权力，很容易成为问题儿童。他长大后会感觉不安全、害怕，而且很难被管教。如果要求他做他不愿意做的事，他马上会充满敌意。即使合理的要求也会成为发生冲突的导火索。无论是"把果汁喝了"或"去完成家庭作业"都可能引发矛盾。对这些孩子们来说，冲突是不可避免的。他们只是不能接受不做选择。

这个问题需要得到及时和恰当的解决。我们不是说你不让孩子做任何选择。我们的建议是如果从一个孩子智力、情感的发展水平看，他还不能够自己做决定，那就不要过早地给他这种自由。

 教育智慧：

我们的经验说明，一个孩子如果有太多的权力，很容易成为问题儿童。如果你没有给孩子处理复杂情况的能力，你就不该给他无限制的选择权。

008. 和孩子一起学习

有一位报告文学家说，他还在上小学时，就利用帮助父亲剪报纸的机会开始关心社会问题。尽管一边剪报一边只能浏览自己会读的字，但对于孩子来说也是学习。通过帮助父亲剪报，知道父亲仍在继续不断地学习，这会对孩子的心理产生很大的影响，这是一种很好的教育孩子的方式。

人们常说："孩子是看着父母的背影成长的。"即使大人不特意说"要好好学习"，当孩子总是看到父母在学习的情景，也自然会受其影响而变得喜欢学习。像这样的父母在日常生活中以实际行动做给孩子看，以此纠正孩子厌学的毛病的方法是非常有效的。

例如有许多父母从教育孩子的角度，带孩子到博物馆去。但是过于注重"教育目的"，父母好像是尽义务陪孩子去的，孩子也不会产生兴趣。

相反，父亲如果一边对孩子说："喂喂，快看，真厉害！"一边与孩子一样感兴趣，孩子的眼里也会充满着好奇。例如带孩子到天文馆去本来是好事，但有的父亲却对孩子说"你自己看吧"，自己坐在椅子上打起了呼噜。这样一来大人即使想让孩子对科学产生兴趣，并想以此为契机使孩子喜欢学习，其效果也会大打折扣。如果大人也真诚地感兴趣，孩子的兴趣自然会放在学习上。

家长们常常遇到这样一种情况，在公司里大家虽然七嘴八舌地报怨加班的事情，但还能都坚持留下来。然而当一个人走了，两个人走了，最后只剩下很少的人时，剩下的人就会像雪崩似的扔下工作匆匆忙忙地踏上回家之路。在工薪阶层中普遍存在着"不想只留下自己一个人工作"的心理。同样，当孩子一个人在家里学习的时候，很可能产生"为什么只有我必须学习"的心理，这种心理会使孩子厌学。因此，反过来利用"大家都在做"的心理，是纠正孩子厌学的方法之一。

 教育智慧：

当孩子一个人在家里学习的时候，很可能产生"为什么只有我必须学习"的心理，如果每天规定让家庭所有成员一起学习 10 分钟，只要大家都做，孩子就不会有不满情绪了。

009. 父母必须坚持原则

孩子一不听话，父母开始还坚持原则，可当孩子继续为所欲为时，父母觉得烦，认为"反正教了他也不会听"、"孩子还小，不懂事，等到他大了自然就会好的"，而不再坚持。这些父母其实不知道，孩子的自制力还没有觉醒，需要父母的引导，因此父母必须坚持原则。"种瓜得瓜，种豆得豆"的道理很简单：假如在孩子尚小的时候不尽教导的责任而是一味妥协，就不要期待孩子将来自动会"变"好。

 教育智慧：

假如在孩子尚小的时候不尽教导的责任而是一味妥协，就不要期待孩子将来自动会"变"好。

010. 放手但不放任

在经济发达的国家，许多家庭的父母十分重视培养孩子从小的自立能力。他们从锻炼孩子的独立生活的能力出发，对孩子的教育采取放手不放任的做法。放手就是从孩子生下来，父母就设法给孩子创造自我锻炼的机会和条件，让他们在各种环境中得到充分的锻炼。

美国一岁的孩子基本上是自己吃饭，父母将孩子绑在椅子上，把食物放在小桌上，让孩子自己用小刀叉吃饭。即使吃得到处都是，脸上沾满了奶油，将饭菜打翻，父母也不急不恼，但父母绝不哄着喂食。这样孩子到了两岁就能与家长一块用餐。

在瑞典，孩子出生后很少被父母抱在怀里，在家里一般是放在小床上，出门放在小车上，会走的自己走，哭也不抱。小孩子从不与父母同睡。

在德国，孩子一岁左右开始学走路，摇摇晃晃地很吃力，跌倒了爬起来，再跌倒再爬起来，基本上没有赖在地上大哭不止、非要大人扶起来的情况。

美国中学生有一句口号"要花钱自己挣"，上大学要靠打工自己挣学费，新罕什布尔州有77%的高中生都在打工。在寒冷的冬天的早晨，当中国孩子还在热被窝里熟睡时，美国孩子就已经挨家挨户送报纸了。

相比之下，我国的许多家庭，特别是富裕的家庭，父母过度地保护和过多地照顾的教育方式，不利于孩子的自立。父母应该清楚，你不可能跟子女一辈子，也不可能包办一辈子。培养从小的自理自立能力、坚毅顽强的性格、适应环境的能力，将使你的孩子受益终身。

 教育智慧：

跌倒了不可怕，可怕的是很多父母因怕孩子跌倒，而总是抱着孩子。要知道，抱大的孩子是不会走路的。

011. 单亲家庭的心理倾向

目前有些大公司招聘员工的时候，只要听说对方是由母亲或父亲一方抚养长大的，即使有一定的能力，也会失去录取的兴趣。因为由单亲抚养长大的孩子，会由于教育方式与周围环境的影响，最终被塑造成完全两样的人格类型，这是无可置疑的事实。

一个人的生活方式或生活环境，对于他的性格、气质，以及无意识的心理形态等影响极大，这也在心理学上获得了一致认可。著名的精神分析学者艾特拉就坚持认为，每个人的人格形成都会受到社会环境，尤其是生活方式的影响。也就是说，社会环境或生活方式对于人们的人格形成起着至关重要的作用。

艾特拉本人在孩童时期体弱多病，因此经常遭遇周围人冷漠的眼光，还饱尝了跟哥哥激烈竞争的痛苦经历。所以，他认为，孩子在家庭中的地位，是其形成人格的重要因素。独生子或由单亲抚养的孩子都具有同样的行为倾向，即饱受溺爱，情绪的发展非常不稳定，对于困难的忍耐力差。

其实，即使不看履历书或身份调查表，我们也能够通过观察而大概判断出前来谋职者的生活方式。同样地，也曾听到不少小学教师说过，即使不看儿童的调查表，也依然能从某位儿童的性格明了其生活环境。由此可见，生活环境或生活方式，不失为洞察一个人性格及思考方式的因素之一。

 教育智慧：

独生子或由单亲抚养的孩子都具有同样的行为倾向，即饱受溺爱，情绪的发展非常不稳定，对于困难的忍耐力差。

012. **开灯睡眠是不良习惯**

开灯睡眠是一种不良习惯，其病理实质是对黑暗的恐惧。这种对黑暗的恐惧大半是从幼年期开始的。因为在此期间，儿童听到有关鬼怪的故事，将对妖魔鬼怪的恐惧与黑暗联系在一起，于是形成了对灯光的依赖。其次，在某一黑暗的情境中意外遭遇到可怕的事情，或在黑夜做过噩梦，这些恐怖的经历未能及时排遣，也可能造成对黑暗的恐惧。

如果不能改变开灯睡眠的习惯，将会给身体带来很大的危害。

根据神经生理学家研究显示，开灯睡眠将抑制人体分泌褪黑激素，降低人体免疫功能。人脑中有一种称为果体的内分泌器官，在夜间睡眠时会分泌大量褪黑激素，这种激素在夜间 11 时至次日凌晨 2 时分泌最旺盛。褪黑激素的分泌，可以抑制人体交感神经的兴奋性，使得血压下降、心跳频率减慢，心脏得以休息，它具有加强免疫功能、杀灭癌细胞的作用。可是一旦眼球见到光，褪黑激素就会被抑制住，因此深夜开灯睡觉的人免疫功能会下降，也就比较容易罹患癌症。

还有些幼儿的家长，因为担心孩子怕黑，所以在幼儿睡觉时会开一盏灯。但是他们并不知道，由于光线的影响，这些幼儿发生近视的可能性就会大大增加。所以，为避免幼儿的视觉器官发育受到不良影响，孩子夜间睡眠时，应关闭室内电灯。家长夜间照顾幼儿时，应使用光线较暗的灯具。

 **教育智慧：**

如果不能改变开灯睡眠的习惯，将会给身体带来很大的危害。

013. <u>尽可能的把孩子留在身边</u>

对正处于发展事业关键期的女人来说，尽可能待在孩子身边，陪伴他们的成长，多多少少变成了一件奢侈的事。为工作为生计忙得团团转，哪顾得上孩子？于是，隔代抚养、保姆、托管，各种代养方式应运而生。据调查，目前我国平均约30％的独生子女是由其祖辈抚养着的。孩子年龄愈小，与祖父母生活在一起的比率愈高。

由于祖父母某些育儿观念相对陈旧，科学性比较欠缺，单凭个别的、表面的经验出发，抚育上对孩子过于纵容，会导致孩子养成许多不良的生活习惯，影响孩子的身心发育。而现代的妈妈们一般有较高的文化水平，她们在抚育孩子上有较为科学的方法。

例如，奶奶可能会说："好宝贝，杯子放得那么高，你自己拿不到。来，奶奶帮你倒上水。现在还太烫，我来吹一下再喝。你的手别碰到杯子，奶奶喂你。"这样导致的结果是，孩子依赖性强，处处都不想自己动手，不想自己解决问题，且习惯以自我为中心，不会关心别人。

而妈妈就不会这样了，她们会说："杯子放在柜子里，自己去取吧！嗯，开水倒在杯里过一会儿再喝。真聪明，来，妈妈也口渴了，再给妈妈倒一杯水来。"这样的结果是，孩子在妈妈的训练下，自己不但学会取杯子喝水，还能为妈妈倒水喝。这就培养了他独立解决问题的能力，生活小事上自己做决定，还能为他人着想，避免以自我为中心。

现在，社会老龄化问题日趋严重，隔代抚养出现的问题也越来越普遍。所以有关心理专家和育儿专家认为，父母对孩子身心成长的意义比人们想像的重要得多。如果父母能更多地参与孩子的教育，将更有利于孩子的茁壮成长。作为一个母亲，不要只忙着工作与赚钱，多挤出一点时间，陪陪自己的孩子，亲自带你的孩子去公园或其他地方走走。这个世界上没有什么东西比温柔的母爱更能滋润孩子，更能让孩子健康地成长。

 教育智慧：

父母对孩子身心成长的意义比人们想像的重要得多。如果父母能更多地参与孩子的教育，将更有利于孩子的茁壮成长。作为一个母亲，不要只忙着工作与赚钱，多挤出一点时间，陪陪自己的孩子。

014. 淡化缺点，强化优点

孩子为什么觉得自己不好、笨、爱惹事，是个坏孩子呢？因为是父母强化了他的这种感觉。小的时候，家长都觉得自己的孩子好，长大之后，都变成了别人家的孩子好。有的家长训起孩子来，恨得不得了，什么话都说得出来，"早知道生你这样，还不如养条狗。"这样的话，孩子对此能无所谓吗？

孩子的心也会受伤，如果他觉得没人喜欢他，他自己就不会爱自己。一个孩子觉得自己不是好孩子，就会变得消极，甚至自暴自弃。

而这时正确的做法是，淡化孩子的缺点，强化孩子的优点。种瓜得瓜，种豆得豆。在孩子安静的时候表扬他，孩子便会在下次不哭不闹；若家长在孩子动的时候批评他，加深了孩子对动的负面感觉，便破坏了孩子想安静的愿望。这种"优点不说不得了，缺点少说逐渐少"的原则适用于许多方面。如果你总是强调孩子胆子小、孩子调皮、孩子不懂礼貌、孩子动作慢、孩子粗心……结果这一切只能使孩子越来越坏。父母要为孩子找到自信，这是一种良好的沟通。

 **教育智慧:**

一个孩子觉得自己不是好孩子，就会变得消极，甚至自暴自弃。

015. 良好的行为要从小抓起

在日常生活中，我们经常看到有些孩子撒娇、任性、不懂规矩，个别孩子的言谈举止甚至让人无法忍受。他们对长辈没有礼貌、对小朋友肆意欺负、讲话烦人蛮横、遇事无理取闹等。一个个聪明可爱的孩子为什么会出现这种行为呢？

归根结底是父母对孩子的过分溺爱，忽视了对孩子良好行为的塑造与培养，导致孩子为所欲为、无法无天。幼时的不良行为还可以得到人们的谅解，觉得孩子小，不懂事，但是若不及时纠正，不良行为就会演化成不良习惯。等长大后再做出伤害他人、违背社会公德的事情来，那就不是谅解所能解决的了，而是要对自己的行为负责，甚至受到法律的制裁。

当孩子的不良行为第一次出现时，如果没有受到反对、纠正，而是得到大人的默许，甚至赞扬，那么就会有第二次、第三次，连续不断地出现，重复不良行为，就会形成习惯。所以父母一定要在孩子第一次出现不良行为时就予以纠正，绝不能心软。从心理角度来讲，当一个人养成了良好的行为习惯，就会产生条件反射，就会自觉地去做。

心理专家指出，幼儿时期是一个人品德、个性、良好行为开始形成的重要时期，这个时期孩子的大脑神经活动具有高度的可塑性，容易接收外界的各种刺激并在大脑中留下深刻的印象。因此，父母就要培养孩子从小的良好行为，做到先入为主。在幼儿时期所形成的一切品质、行为习惯都是非常牢固的，往往会影响孩子的一生并成为个人行为准则的组成部分。

因此，良好的行为要从小抓起，从第一次开始。

 教育智慧：

心理专家指出，幼儿时期是一个人品德、个性、良好行为开始形成的重要时期。

016. 社交能力对孩子很重要

美国《幸福》杂志下属的名人研究会，对美国500位年薪50万美元以上的企业高级管理人员和300名政界人士进行调查，调查结果表明：其中93.7%的人认为，人际关系顺畅是事业成功的最关键因素。他们认为事业成功30%取决于自己的专业水平，70%来自人的社会能力。

我们现在大多数父母，并未认识到社会交往能力对孩子的重要性。

在孩子上小学前，父母总希望孩子听话，是个乖宝宝。上小学后，父母希望孩子在家听父母的话，在学校听老师的话，好好学习，不要父母操心。如果看到自己的孩子放学后同一些小孩子在院子里"撒野"，就感到很头痛，希望自己能有一个安静的孩子。如果孩子放学后，哪也不去，就在家里老老实实地待着，父母就会感到很欣慰：孩子真让我省心。

这种以听话、不惹是生非来作为"好孩子"的判断标准，是很片面的。在竞争日趋激烈的现代社会，人与人的交往成为必不可少的生存方式。如果孩子内向、不说话，就会胆小，妨碍他正常的人际交往。尤其是男孩子，如果他像女孩一样总是依偎在妈妈身边默默不语，遇事畏畏缩缩，甚至不敢和同龄小朋友一起玩耍，这是很不好的表现。男孩有这样的性格缺陷比身体差些还要糟糕。

据美国心理学家多年的研究，许多成年人的拘谨可以追溯到他的儿童时代。如果孩子的拘谨在儿时得不到解决，那么，他的不合群、不爱与人交往的个性将会妨碍他今后事业上的成功。即使孩子拥有聪明才智和一技之长，也会因不善于处理人际关系而在人生道路上遇到诸多的困难。

一位小学校长对家长们说："家长是孩子的首任教师，应该充分理解孩子交往的心理、生理需求，支持孩子参加适合年龄特点的交往活动；家长要及时了解孩子交往信息，并教给他们交往的一些方法，教会他们与别人相处。"

 教育智慧：

许多成年人的拘谨可以追溯到他的儿童时代。如果孩子的拘谨在儿时得不到解决，那么，他的不合群、不爱与人交往的个性将会妨碍他今后事业上的成功。

017. 不要把目标设得太高

由于孩子的进步大多是一个循序渐进的过程，因而父母的激励目标也应具有渐进性。家长不妨由低到高、由易到难地将激励目标逐步向孩子提出来。切莫一下子就把"标杆"竖得高高的。

过高的激励目标，非但起不到应有的激励作用，还很容易伤害孩子的自尊心和自信心。一般来说，家长给孩子设立的激励目标，应该是孩子在经过努力和奋斗、顽强拼搏之后能够实现的目标。

 教育智慧：

过高的激励目标，非但起不到应有的激励作用，还很容易伤害孩子的自尊心和自信心。

018. **稍作改变，就会有新奇的发现**

有一天，女儿上学回来，向我报告幼儿园里的新闻，说她又学会了新东西，想在我面前显示显示。她打开抽屉，拿出一把小刀，又从冰箱里取出一只苹果，说："爸爸，我要让您看看苹果里头藏着什么。"

"那是什么呢，应该是种子吧?"我说。

"来，还是让我切给您看看吧。"说着她把苹果一切两半——切错了。我们都知道，正确的切法应该是从茎部切到底部窝凹处，而她呢，却是把苹果横放着，拦腰切下去。然后，她把切好的苹果伸到我面前："爸爸，看哪，里面有颗星星呢!"

真的，从横切面看，苹果核果然呈一个清晰的五角星状。我们这一生不知吃过多少苹果，总是规规矩矩地按正确的切法把它们一切两半，却从未疑心苹果里还有什么其它的图案!

是的，如果你想知道什么叫创造力，往小处说，就是切苹果——切"错"的苹果。我们往往因循守旧，一成不变地按照别人的生活方式生活下去，殊不知，有时稍作改变，就会发现一片惊奇的天空。

 **教育智慧:**

我们往往因循守旧，一成不变地按照别人的生活方式生活下去，殊不知，有时稍作改变，就会发现一片惊奇的天空。

019. **有了天才的感觉，就会成为天才**

一位美国心理学家曾经到一所普通的学校进行调研，有位老师问他:

"先生，您能不能挑出班上最有前途的学生？"

"当然可以。"专家爽快地答应了。然后自信地用手在学生中指点起来："你，你，你……"被点到的孩子眼睛一亮，兴奋之情溢于言表。回家后他们迫不及待地把这件事告诉了父母。

父母听完孩子的话后，欣喜若狂，怎么看孩子怎么顺眼，仿佛孩子一下子变成了天才。从此，这些孩子受到了同学的羡慕，老师的关怀，家长的夸奖。孩子找到了天才的感觉，成绩不断提高，智力水平也飞速地向前发展。

一年后，专家再次访问该校，问："那几个孩子的情况怎么样？"

老师回答："好极了！"接着她又向专家请教道："先生，我感到很惊讶，你来之前他们都只是普普通通的学生，可经您一说，他们一个个都变了。请问您有什么诀窍，能够判断得如此准确吗？"专家微笑着说："没有任何诀窍，随便指指而已。"

老师露出一脸惊讶的表情。

这个故事给人的启示是深刻的，也是巨大的。当人们坚信一个人是天才的时候，他就真的成为了天才。

这些天才并不是被挑选出来的，实际上每个孩子都是天才，只是由于某种原因，潜能被自己抑制住了。专家的暗示释放了这种压抑，起到了一种自我暗示的作用。这也是我们为什么反复强调给孩子激励和信心的缘故。

罗森塔尔说："孩子有了天才的感觉，就会成为天才；有了英雄的感觉，就会成为英雄。"孩子找到了好孩子的感觉，他就会成为好孩子。

 教育智慧：

孩子有了天才的感觉，就会成为天才；有了英雄的感觉，就会成为英雄。实际上每个孩子都是天才，只是由于某种原因，潜能被自己抑制住了。

020. 不良少年是不良家庭的产物

心理学家研究发现，社会上的不良少年大都有过非同寻常的经历，他们的背后几乎都有一个"不良家庭"，不良少年正是不良家庭的产物。

父母是孩子物质生活的保障，也是孩子的心理基础。夫妻间如果不能和睦恩爱地相处，相互间冷漠、憎恨、吵架、分居、婚外恋乃至离婚，无不左右着孩子的情绪，无法让他们产生安定的感觉。

我们常会发现这种现象：当有人在大声吵闹时，即使是一个幼小的婴儿，也会瞪大眼睛惊恐不安地看着他们，并停止自己正在进行的活动，或者开始大声哭叫。就算大一些的孩子，他们遭遇这种情况时，也一样会不安，表现得不知所措。

近年来，有关资料表明，离婚的比率呈不断上升的趋势，社会上出现了越来越多的单亲家庭。毫无疑问，破碎的家庭容易带给孩子一颗破碎的心，让他们失去应有的依靠。

"不良家庭"未必全部产生不良少年，但几乎所有的不良少年的家庭都有不良的问题。

 教育智慧：

"不良家庭"未必全部产生不良少年，但几乎所有的不良少年的家庭都有不良的问题。

021. 再忙，也不能忽视孩子

杰克的太太是一名职业女性，为了迎接新生命的到来，杰克聘请了女佣。然而杰克聘请女佣有一个原则，那就是：让女佣多做家务事，以便他和太太每天能抽出更多的时间陪孩子。杰克认为照顾子女是父母的职责，所以下班回到家，夫妇俩便接手照顾孩子，即使孩子在襁褓时期也一样，陪孩子睡，就连换尿布、喂奶都亲力亲为。

有一种错误的想法认为，如果没有大量的时间陪伴孩子，那么用少量的但有效率的时间来代替还是可行的。但事实并非如此，这种方式并不健康科学。

33 岁的莎拉决定放弃她成功的公关事业，而给予 3 个孩子更多的时间。当她生育头两个孩子时，她很少请假，"我希望成功，我建立了自己的事业，并全身心地投入了进去。"结果她陪伴孩子的时间就少得可怜了，上班以前，她和孩子们一起吃早餐，晚上回家以后给孩子们洗澡，然后让他们上床睡觉，如此而已。当她有了第 3 个孩子时，她觉得她给予孩子们的时间实在是太少了。"我渴望更多地了解他们，如果在他们小的时候你都不能很好地了解他们，你怎么能指望在他们 10 多岁，甚至成年时你能和他们很好地相处呢？"

莎拉的话向其他父母们传达了这样的意思：再忙，也不能忽视孩子。"千万不要以忙为借口把孩子推给老人，不管多忙，一定要抽出时间和孩子单独在一起，和孩子多聊天，多沟通。"另一位身在职场的妈妈在总结自己的育儿经验时也发出了同样的感慨。原来，在孩子小的时候，她和丈夫因为忙于事业便把孩子送回了老家。他们给孩子创造了很好的物质条件，却惟独忽视了孩子的情感需求。现在孩子大了，他们也老了，但当他们想和孩子亲近一点的时候，却痛苦地发现：孩子根本不愿意和他们沟通。

 教育智慧：

有许多人希望自己是完美的父母：工作出色，同时培养的孩子也是无与伦比，但他们就是没有时间实现这一点。

022. 父母是孩子的第一任老师

我国著名教育家陶行知先生就遇到过这样一件事：有一次，他的一位朋友来找他，告诉他自己的一块很值钱的金表被孩子拆坏了，他把孩子揍了一顿，打得孩子讨饶。

陶行知听罢不禁拍案而起，惋惜道："恐怕中国的爱迪生被你枪毙了！"朋友一脸惊愕，不知其意。陶行知说："孩子拆金表，说明他对机械感兴趣，是很可贵的创造力，一只金表怎么能同它相比呢？"

"那我现在该怎么办呢？"

"补救的办法还是有的，你把孩子和金表一块带到修表店里去，让孩子在一边看着修表师傅如何修理。这样，修表店就成了课堂，孩子的好奇心也得到了满足，亡羊补牢，未为晚矣。"

创造力也是一种与生俱来的潜力。有人认为婴儿毁坏玩具，便是创造力思维的最初体现。父母是孩子的第一任老师，一定要注意保护孩子的创造个性。

 教育智慧：

婴儿毁坏玩具，是创造力思维的最初体现。

023. 破坏玩具，有利于孩子智商

在孩子玩玩具时尽量让孩子随意地玩耍，孩子在玩的过程中往往会对玩具的组装产生好奇，会对其进行拆装或是将玩具搞坏，这时父母不要责怪或阻挠，因为孩子的所作所为都有利于他们智商的提高。

应该鼓励儿童破坏玩具，把其中的部件拼装成为新的东西，而不是强调让他们按照玩具设计的玩法来玩。父母也不应当告诫孩子哪些玩具是专门男孩玩的、哪些是女孩玩的，孩子应当玩各种各样的玩具。

有的孩子在玩玩具时，他们极不老实，玩几次就玩腻了，喜欢敲敲打打。有的甚至拿了螺丝刀把玩具分解得支离破碎，父母看了不免心疼，忍不住要训斥几句。确实有时一件很贵的玩具，才玩了三五天，孩子就把它弄烂了，着实令人心疼。所以适度喝令孩子不要随便拆毁和搞坏玩具，教育孩子爱惜玩具，是应该而且必要的。

不过，我们也不妨冷静地想一想，孩子之所以拆毁玩具，是因为孩子的好奇心和求知欲：想看看它们是怎样能够自己行走和唱歌的。绝不是有意破坏。所以当孩子在好奇心的驱使下拆开玩具时，父母最好能因势利导，教育孩子根据玩具的结构，一个零件，一个零件地拆，不要损坏零件，然后在孩子尽兴以后，鼓励孩子自己动手再把它重新组合起来，或者试着动手把它修好！如果孩子还小，还远没有这种能力，也可以鼓励孩子动手去试。

当然，除了一些极简单的机械玩具以外，孩子们由于知识的限制是无法重新组合的。但是动了手，对孩子就是一个很好的教育。重新组合好了一个玩具，让孩子学习了知识，也学会了劳动。组合不起来，孩子懂得了制造玩具不易，也就不会再轻易拆烂东西了。

 教育智慧：

我们不妨冷静地想一想，孩子之所以拆毁玩具，是因为孩子的好奇心和求知欲：想看看它们是怎样能够自己行走和唱歌的。绝不是有意破坏。

024. 孩子的智慧在手指上

"孩子的智慧在手指上"，这是一句至理名言。开发孩子的智力、最简单而有效的方法就是运动双手。鼓励孩子多动手，做一些力所能及的事情。比如：母亲择菜时，可以让孩子帮助掐芹菜叶，剥豆角筋。穿衣服时教会孩子怎样系扣子。训练幼儿用筷子吃饭，两根小小的筷子能够使孩子手指的动作越来越灵巧，头脑越来越聪明。

平时要多让孩子做一些动手的游戏，像折纸、剪纸、贴纸、拍皮球、组装玩具等，给孩子提供动手的机会。

不要替孩子做任何孩子自己可以做的事情，如果父母过多地做了，就剥夺了他们提高自己能力的机会，也就剥夺了他们自立自强的机会。

 教育智慧：

不要替孩子做任何孩子自己可以做的事情，如果父母过多地做了，就剥夺了他们提高自己能力的机会。

025. 培养孩子自己的主见

从孩子幼儿期开始就要培养他自己的主见，对孩子来说是非常重要的。一般来说，到了青春期主见也逐渐成熟了，可以学着自己做决定了。可是，假定前面几个阶段里，我们都没有让他学习自己做决定，任何事都非得听爸爸妈妈的话，这种孩子到了青春期以后一定仍然是一个很乖的孩子，什么事都无法自己做决定，什么事都得依靠父母。

过去，很多父母都以自己有一个乖孩子而自豪，其实乖孩子若是不遇到事情那还好，一旦遇到事情后果可能就比较严重，因为他完全没有照顾自己的能力。

父母必须清楚，要培养孩子分辨能力，分辨以后还要学着自己做决定。

第二次世界大战后，希特勒手下有一个军官，曾经帮希特勒绞死过很多犹太人。当战争结束审判这个军官的时候，他说："我没有做错什么事情，我从小到大都是听长辈的话，照长辈的话行事。"

所以父母教导孩子，必须让他学习倾听、分辨，自己做决定，并从幼儿时期就要给他机会学习。

大部分的父母在孩子年幼时，都力图尽量满足孩子的需求，他要什么都给他，这就是没有规范。父母必须清楚，这个时候不建立规范以后则为时已晚。

所以你必须在孩子很小的时候，就开始培养他分辨的能力，然后他会比较有把握地去运用他自主的能力来面对生活中的问题。

 教育智慧：

必须在孩子很小的时候，就开始培养他分辨的能力，然后他会比较有把握地去运用他自主的能力来面对生活中的问题。

026. 勿代替孩子做出结论

有时候，父母认为如果不能完整地回答孩子的问题有失身份，所以就会把自己知道的相关内容全部告诉孩子。日本教育学家多湖辉认为，大人不要把知道的事情全部告诉孩子，因为这样做会完全使孩子失去自己思考的余地，对于孩子的提问只作逻辑性和科学性回答，这才是最佳回答。

孩子到了3岁，每天都会提出"为什么"、"怎么办"等一连串的问题，说明孩子开始萌发了求知欲。这个时候，父母首先应意识到不能马马虎虎回答孩子提出的问题，要尽量拿出合乎道理的解答方法。大人采用有逻辑性的、科学的回答方式，是想让孩子能正确认识问题。但是在孩子看来，无论对其作什么样的回答，并不能全部消除其疑问，因此，大人就有必要改变一下回答方式方法，鼓励孩子自己找出答案。

大人可以反过来对孩子的提问进行"如果"的反问。通过这样的提问和对提问的解答，必然会拓宽孩子的思维。这种办法并不是对孩子的提问马上直接回答，而是让孩子更清楚地认识自己所提问题的本身，并且启发自己找出答案。

比如，对于其"为什么夜里必须睡觉"的问题，就可以反过来问："那么，你认为不睡觉会怎么样呢？"这个时候孩子就会自己思考"如果不睡觉会怎么样"的问题。因此它促使孩子从各个方面探讨所产生的可能性，于是，孩子就想出了"不睡觉就发困"、"不睡觉就会疲乏"、"不睡觉早晨就起不来"等等答案。

通过这种反问的方式，让孩子对自己提出的问题思考各种各样的可能性，效果非常好。

多湖辉告诫家长们：当孩子遇到困难时，切勿代替孩子做出"结论"，对于孩子来说，遇到困难时恰好是思考的最佳机会。

 教育智慧：

大人不要把知道的事情全部告诉孩子，因为这样做会完全使孩子失去自己思考的余地，对于孩子的提问只作逻辑性和科学性回答，这才是最佳回答。

027. 只批评一次

著名作家马克·吐温有一次在教堂听牧师演讲。刚开始，他觉得牧师讲得非常好，很让人感动，于是准备捐出自己身上所有的钱。可是过了10分钟，牧师还没有讲完，他就有些不耐烦了，于是决定只捐出身上的一些零钱。然而又过了10分钟，牧师依旧在讲，于是他决定一分钱也不捐了。等到牧师终于结束了啰里啰唆的演讲，真正开始募捐时，马克·吐温因为气愤，不但没有捐钱，相反，还从盘子里偷偷拿走了两美元。

这种刺激过多、过强和作用时间过久而引起的极不耐烦或反抗的心理现象，被称之为"超限效应"。

"超限效应"在父母教育孩子的过程中时常发生。现如今，很多家长在"望子成龙"的观念支配下，总是对孩子不厌其烦地说教、叮嘱、责骂，整天喋喋不休，以为只有这样，才能让孩子"刻骨铭心"。殊不知，这种教育方式也会导致"超限效应"。由于小孩子一旦受到批评，总需要一段时间才能恢复心理平衡，受到重复批评时，孩子心里就会抱怨，挨批评的心情就无法恢复平静，反抗心理就强烈起来。

因此，父母对孩子的批评与责骂不能超过限度，在孩子犯错误时，也应该只对他们批评一次。如果想让孩子引以为戒，那也不应简单地重复，而是要换个角度，换种说法，这样，孩子才不会觉得同样的错误被"揪住不放"，厌烦心理、对抗心理也会因此而减少。

 教育智慧：

如果想让孩子引以为戒，那也不应简单地重复，而是要换个角度，换种说法，这样，孩子才不会觉得同样的错误被"揪住不放"。

028. 不要用成人的价值观决定孩子的取舍

中国的父母对孩子管得总是有些过多，本应该由孩子决定的事，父母总是要插手，用成人的价值观决定孩子的取舍，怕孩子吃亏。

星期天，一位在德国留学的中国妇女领着 5 岁的儿子到公园游玩，她坐在椅子上闭目养神，让孩子在草坪上自由玩耍。不一会儿，孩子兴冲冲地跑回来，手里还拿着一辆小汽车。她定睛一看，这辆小汽车做得很精致，还是一款遥控赛车，她急忙问儿子小汽车是从哪里来的。儿子回答得很简单："我用纸飞机跟那位小朋友换的。"她一听大为吃惊，那纸飞机充其量只值 5 美分，而这辆小汽车少说也值 20 美元。

她立刻领着孩子去找小汽车的主人。在草坪不远处的一棵大树下，一个漂亮的金发小男孩正兴高采烈地玩着纸飞机，身旁坐着一位年轻的少妇，不用问，她便是男孩的妈妈。原来，两个孩子的交易，就是在这位年轻的德国母亲眼皮底下进行的。这位中国母亲问她为何不干预。她说，小汽车是属于孩子的，应该由他做主。中国母亲惊诧地说："这不是明摆着吃大亏的买卖吗？"而她却很坦然地回答："不要紧，既然你孩子喜欢，小汽车就归你的儿子。过一会儿，我会领着儿子去玩具店，让他知道这辆小汽车值多少钱，能买多少个纸飞机。这样，他就不会再做这样的蠢事了。"

 教育智慧：

中国的父母对孩子管得总是有些过多，本应该由孩子决定的事，父母总是要插手，用成人的价值观决定孩子的取舍，怕孩子吃亏。

029. 不要仅仅为了挽救婚姻而去生孩子

想要一个孩子的最糟糕的原因之一，就是认为这样会巩固已经动摇的婚姻。如果双方的婚姻不稳定，他们应该首先找到造成这种情况的原因，而不是试图用孩子来掩盖一切。否则，他们不仅不会幸福，只会更痛苦，旧的问题依然存在，同时加上一个孩子要依靠他们抚养，这又会产生新的问题，最终可能导致离婚。于是，又有一个孩子要去面对离异的家庭。

当孩子出生时，那些最完美的婚姻往往也会遇上困难，所以不要幼稚地认为，脆弱的婚姻在有了孩子以后就会有所改善。只有在夫妻俩想要孩子时，才可以去努力。

同时，如果你的另一半已经不爱你了，不要幼稚地认为一个孩子就会让他或她再爱你。已经有无数破碎的心灵和痛苦的生命证实，这种方法是行不通的。世界上有千百万个孩子正处于悲伤之中，而他们的父母正是犯了这种错误。

孩子可以给我们带来生命中最幸福的时光，但任何人都不要仅仅为了挽救婚姻而去生孩子。

 教育智慧:

孩子可以给我们带来生命中最幸福的时光，但任何人都不要仅仅为了挽救婚姻而去生孩子。

030. 给孩子贴上好的标签

到超市买东西，商品上的标签，会左右人们对商品价值的认定。有人做过这样的实验：完全相同的两件商品，标注不同的价格，人们会为它们找出价格不同的理由。人们会在标价高的商品上找出很多优点，会在标价低的商品上找出诸多的不足，并且还能"明确"指出两者的"不同"之处。也就是说，标签会诱导人的思维方向，这就是所谓的"标签效应"。

心理学上也有这种"标签效应"。在第二次世界大战中，美国由于兵力不足，政府征集了一批懒散的社会闲杂人员去支援前线。这些人没有组织，没有纪律，行动散漫，不听指挥，于是上级请心理学家来帮忙。

心理学家了解情况后，要求他们每人每月都给家里寄一封信，信的内容是心理学家替他们拟好的，只要他们抄一遍就可以了。信中描述了他们在前线是如何听从指挥、奋勇杀敌、屡立战功。这样过了半年，奇迹出现了，这些士兵都变得像信中所说的那样勇敢和守纪了。

到底是什么使他们变好了呢？是"听从指挥"、"奋勇杀敌"、"屡立战功"的标签作用。这一心理效应在父母对孩子的教育过程中也同样适用。

美国心理学家贝克尔说："人一旦被贴上某种标签，就会按照标签所标定的去塑造自己。"

孩子就像一张白纸，父母给他们贴上什么样的标签，他们就会按照标签去塑造自己。给他们贴上勇敢的标签，他们就努力培养勇敢的性格；给他们贴上胆小的标签，他们就会养成懦弱的性格；给他们贴上勤快的标签，他们就会变得勤劳；给他们贴上懒虫的标签，他们就会变得懒惰。

作为父母，希望孩子具有怎样的品行，就给孩子贴上怎样的标签吧！但要切记，不要因为孩子偶尔的行为，就给他们贴上不好的标签。要培育阳光健康的孩子，就给他们贴上正面的标签。

 教育智慧：

孩子就像一张白纸，父母给他们贴上什么样的标签，他们就会按照标签去塑造自己。

031. **如果绰号不尊重人，最好别用**

给孩子贴上"胆小鬼"、"笨蛋"等标签会大大降低孩子的自信，让他们天天想到自己没有用。不管这些叫法是真的还是假的，孩子听到就会信以为真。因此，使用标签时有一条规则要记住：只能建立肯定概念的标签，如果绰号不尊重人，最好别用。

有的父母在对待残疾人时有一种鄙视的神情，常把盲人叫做"瞎子"，把一只眼睛失明的人叫做"独眼龙"，还有的父母喜欢叫别人的外号。这些不尊重别人的行为都会给孩子带来不良的影响。有个父亲带孩子去学校报名，对老师说："喂，报名。"孩子也很快学会对老师、同学喊"嗨"、"喂"表示招呼。

 教育智慧：

不尊重别人的行为都会给孩子带来不良的影响。

032. **只是学习不玩耍，聪明孩子也变傻**

对于有利于孩子增长知识、培养兴趣爱好、锻炼身体方面的正当要求，家长应积极支持，尽量予以满足。有些合理要求即使经济等条件不允许，暂时不能满足，也应耐心说明道理，不要断然拒绝，以免挫伤了孩子的积极性。有的家长只重视孩子在学习上购买图书、添置文具的要求，而对课外活动的一些要求，因怕影响孩子学习而不支持，甚至反对，这是一种狭隘的观念，不利于孩子成长。正如英国谚语所说："只是学习不玩耍，聪明孩子也变傻。"

正确对待孩子提出的某些使家长不放心的要求，例如，大一点的孩子，提出结伴去郊外游玩，或在老师的带领下去学游泳等等。家长出于安全考虑，可能会断然拒绝，而使孩子的情绪受挫。正确的态度是，应借此机会让孩子锻炼一下，积极帮助孩子安排好活动，预防可能发生的意外情况。如果一时做不到，就应讲明道理，好言劝阻。这样，有利于保护孩子的积极性，对孩子的成长会有很大的帮助。

对待孩子提出的一些不合理要求，如天气还很冷，孩子就提出要穿短裙出去玩；已经到了动物园关门时间，孩子仍不肯离开或无休止地要求给他买冰激凌吃，等等，家长应配合一致，向孩子讲明道理，坚决拒绝，不能迁就，不能搞"下不为例"。因为如果迁就孩子，无原则地满足孩子的要求，那只会使孩子的"胃口"越来越大，变得任性、霸道而无自制力。家长必须让孩子明白，如果自己的要求为客观条件所不允许，就必须放弃和节制。明白这一点，对孩子今后的人生是大有裨益的。

 教育智慧：

对于有利于孩子增长知识、培养兴趣爱好、锻炼身体方面的正当要求，家长应积极支持，尽量予以满足。

033. 接受孩子自己的决定

当孩子有自己决定的时候，不必担心孩子的将来会如何，只要你能给予他足够的支持、肯定和适宜的指导就可以了。即使最终孩子的表现并不十分理想，但是由于你的信任带给他的信心和勇气，会使他在总结经验的同时，有更大的动力去拼搏、去努力。

反之，若你觉得孩子还小，他只是一个孩子，他的决定是不成熟的，孩子可能因为得不到你的任何支持和重视，就会对自己失去信心，做什么事都觉得自己不行，更不要期望他会有什么优秀的表现了。你都不能给他表现的机会，不去肯定他的能力，他怎么去展示他是优秀的呢？

大多数父母都以为孩子的事必须由父母去决定，强迫孩子一切得听从家长的安排，应该做些什么事或不应该做些什么事。家长采取这种方式，可能会使孩子因为某些不得不去做的事而去应付了事，无形中给孩子养成松散的习惯。而且还加重了孩子的逆反心理，因而有可能会造成父母与孩子之间难以沟通，甚至出现孩子反抗的局面。当孩子到了一定年龄时，就会出现对你的不信任，严重者会出现对你的不尊重。

过于强迫孩子听从自己的建议、服从于自己的人生价值观，并不是很好的教育方式，应该适当地听一听孩子内心的想法，有时给孩子一些自我行事的机会，他会表现得十分优秀。

 教育智慧：

当你愿意接受孩子自己的决定时，你将会发现孩子的想法和做法并非不可取，有时甚至比我们的想法还要成熟。

034. 灾害教育必不可少

联合国儿童基金会的调查表明，大部分儿童意外伤害是可以通过增强防范意识加以预防的，与国家的经济发展水平并没有必然联系。

灾害教育应是一个人毕生都要学习的知识，儿童也不应当被忽略。如果儿童和他们的父母掌握一些灾害防范知识和急救措施，很多意外伤害是可以避免的。

在哈尔滨天鹅饭店火灾中，烧死了不少住宿的客人，但奇怪的是，所有的日本客人都得以幸存。在一次中日青少年海上夏令营活动中，船上的中国孩子做的第一件事就是找餐厅，而日本孩子第一件事是看安全门在哪儿。事情虽小，却反映出两国孩子对安全意识的差异。这就是教育的结果。由于日本是一个多地震和火山的国家，日本人很注重孩子逃生意识的培养和生存技能的训练。在日本，防地震、防火、防原子弹的演习，差不多每月都要进行一次。

所以，我们应该学习日本人的这一点，加强孩子的自我保护意识。一般说来，在与孩子讲安全问题的时候，说话的语气要直截了当，但不要恐吓孩子。有的父母认为越是强调危险的存在，就越能引起孩子的注意，因而大肆渲染紧急情况的危险。

其实这是错误的想法，这样做的结果只能是造成孩子对危险的恐惧，在日常生活中提心吊胆、疑神疑鬼，生怕危险发生。而一旦真的出现紧急情况，就会束手无策、惊恐喊叫，不能采取消除危险的行动。所以父母在与孩子谈这方面问题时，要明确地告诉孩子危险的存在，并指出这种危险是可以避免和消除的，还要教给孩子具体的避险措施。

 教育智慧:

如果儿童和他们的父母，掌握一些灾害防范知识和急救措施，很多意外伤害是可以避免的。

035. 害怕出丑，让我们失去许多机会

聪明人绝不会出丑，出丑的人必然是笨蛋，这似乎是公理。然而，实际生活并非如此。最聪明的人有时简直像一个大傻瓜，他们当众出丑，却若无其事，他们被人嗤笑却自得其乐。然而，他们就这样走向了成功。

罗琳读书时网球打得不好，所以老是害怕打输，不敢与人对垒，至今她的网球技术仍然很蹩脚。罗琳有一个同班同学，她的网球比罗琳打得还差，但她不怕被人打下场，越输越打，后来成了令人羡慕的网球手，成了

大学网球代表队队员。

聪明是令人羡慕的，出丑总使人感到难堪。但是聪明是无数次出丑中练就的，不敢出丑，就很难聪明起来。

那些勇敢地去干他们想干的事的人们是值得赞赏的，即使有时在众人面前出丑，他们还是洒脱地说："哦，这没什么！"就是这么一类人，他们还没学会反手球和正手球，就勇敢地走上网球场；他们还没学会基本舞步，就走下舞池寻找舞伴；他们甚至没有学会屈膝或控制滑板，就走上了滑道。

生活中有些人由于不愿成为初学者，就总是拒绝学习新东西。他们因为害怕"出丑"，而宁愿放弃自己的机会，限制自己的乐趣，禁锢自己的生活。

若要改变一下自己的生活位置总要冒出丑的风险。除非你决心在一个地方、一个水平上"钉死"了。不要担心出丑，否则你就会毫无出息，而且更重要的是你同样不会心绪平静、生活舒畅，你会受到囿于静止的生活而又时时渴望变化的愿望的痛苦煎熬。

我们也许应该记住这一点，由于我们害怕出丑，我们也许会失去许多机会，收获的只有长久的后悔。记住法国的一句俗语："一个从不出丑的人，并不是一个他自己想像的聪明人。"

 教育智慧：

生活中有些人由于不愿成为初学者，就总是拒绝学习新东西。他们因为害怕"出丑"，而宁愿放弃自己的机会，限制自己的乐趣，禁锢自己的生活。

036. 把学习游戏化

几个孩子一起玩的时候，父母让他们出去跑腿办事，孩子们当然会不愿意，互相推诿。家长看到谁都不愿意去会很生气，只好指派一个人去。这个被点名的孩子会老老实实地服从命令吗？他一定会满腹牢骚，大吵大闹地说："为什么一定让我去呢？"

可是这时候，聪明的孩子就会自己决定由谁去，他们会使用抽签的方法。

抽到签的孩子既然同意游戏规则就会毫无怨言地去跑腿。这是因为把一个很讨厌的任务变成了一个游戏，而且孩子们愿意遵守游戏规则。

从这个意义上讲，既然抽签可以让不情愿的孩子也能服从，那么就可以把这种方法应用在学习上。

我们可以用抽签的办法，在签上分别写上"语文"、"数学"、"理科"、"社会"等科目名称，让孩子去抓。这样，孩子就会觉得很有意思，积极参与。抓到什么签，就让他开始学什么。在这里，孩子的这种参与意识非常重要。像这样的形式，因为是一种游戏，孩子不会表示反对，并且能积极参加。因为是自己抽中的科目，也很难再说不愿意学之类的话。因为自己亲自动手、亲自抽的签，就会对它产生一种责任感。如果无论如何也不想学习自己抽中的科目，他也会问一下："不学数学，改学语文可以吗？"总之，孩子会去学习的。

通过反复不断地利用这种游戏的方法，在不知不觉中，不用抽签，孩子自己也会主动地开始学习。

把学习游戏化，就是改变学习在孩子心中的印象，让学习变得生动有趣。一直以来，人们对于学习的印象就是为了达到某个目的而去努力。与此相反，游戏是不会给人造成任何压力的。

正因为游戏不会给人造成压力，所以它的诱惑力很大。看似毫无意义的游戏却可以吸引孩子把好多的时间花在玩电子游戏上。如果能够把生动有趣的游戏带到学习中来，那么对于孩子来说，学习也不再是什么苦差事。

 教育智慧:

一直以来，人们对于学习的印象就是为了达到某个目的而去努力。与此相反，游戏是不会给人造成任何压力的。

037. 错误及时纠正，成绩及时肯定

孩子学会做一件事情，或者做了一件好事，做父母的要立刻对他予以肯定，使孩子内心深处感觉到自己是有能力的。

只有能够独立自主地做事的孩子，才会感觉到跟大人一样有尊严。可是，假定父母当面没有肯定过他的能力或行为，即使父母经常在别人面前说他很能干，即使他也有能力处理所有的事情，但他做事的时候还是会很紧张、很担忧，因为他没有得到及时的肯定，不相信自己的能力。

为此，父母需要经常与孩子沟通，真正了解孩子的心理变化，并不断地合理地给予孩子赞美和肯定。

很多父母平时不和孩子聊天，不知道孩子在学校的人际关系怎样，更不了解孩子的心理变化。除了学习以外一切事情让孩子独自摸索，这种做法是不可取的。我们要经常安排些时间和孩子聊天，去谈一谈他的人生，他在学校里和同学朋友来往的经验，都需要给他肯定或指导。

并不是每一个会做事的人，都能感受到自己有做事的能力。譬如说我很会演讲，可是没有人给我肯定的时候，每一次演讲我都会很慌乱；而假如许多人给我肯定，说我讲得很好，这时候我会感觉到，我非常自信，当我站在讲台上，我的确讲得很棒。

每一个人都有其两面性，小孩子除了正面表现需要肯定，有时候意外做错事情，也需要被我们接纳。我们必须容许孩子犯错，特别是无心之过。意外的错误我们不要去处罚他，父母要用讲道理的方式把问题向孩子解释清楚。但孩子做了一件完美的事之后或有优秀的表现时，要及时地给他肯定与奖励。

同时，昨天的过错我们也不该再去追究。因为对一个小孩子来说，昨天已经是很遥远的事情了，所以我们对他的行为要及时地了解，错误要及时地纠正，好的事情也要及时加以肯定。

 教育智慧:

每一个人都有其两面性，小孩子除了正面表现需要肯定，有时候意外做错事情，也需要被我们接纳。我们必须容许孩子犯错，特别是无心之过。

038. 把孩子当成一名家庭成员去对待

在众多的中国家庭中，孩子的社会地位并未得到足够的重视，虽然他们在家中被称为"小皇帝"，但他们的社会地位却很低。家中来客人时，父母只是向客人介绍家里的成年人，而对于孩子则往往被有意无意地忽略了，即或孩子就在眼前，也好像他们并不存在。有的父母即使介绍自己的孩子，也只是说"这是我的儿子"或"这是我的女儿"，而不把孩子当成一个独立的个体去介绍，只把孩子当成父母的附属品。更有甚者，当家里有客人来访时，父母就把孩子哄走，或关到别的屋子里，一再叮嘱不要出来添乱，大人有重要的事要做。

而国外的父母却不这样做，我们经常在电视中看到这样的情景，有重要客人到家里来做客，一般是一家人全都在门口迎候，在客人进门后，父母先是向客人介绍他们自己，然后，便郑重其事地逐一向客人介绍他们的孩子，不论孩子年龄多小，哪怕是抱在怀里的婴儿，都会一个不漏地介绍给客人孩子的名字、年龄，有时还会提及孩子的爱好。孩子们也都很懂礼貌，当介绍到他们时，每个孩子都是主动、热情地伸出手，大大方方地跟客人握手问好，表示欢迎。

从外国孩子接待客人的表情上，让我们感到很惊讶，他们一个个俨然是个大人似的，是那样充满自尊、自信，讲礼貌，有分寸。而我们中国的孩子，见了生人就脸红，畏畏缩缩、扭扭捏捏，如果让他出去办点事，就更是困难了。

把孩子当成一名家庭成员去对待，让孩子也来接待客人，这不仅是对孩子人格的尊重，也是在培养孩子自信、自尊和人际交往的能力。

家庭是孩子进入社会之前的"演习场"。家长应当具有强烈的教育意识，抓住一切有益的教育时机，充公利用家庭的日常生活，对孩子进行相应的教育。把孩子当成一个独立的个体去对待，家里来客人时，不要忘记郑重地向客人介绍你的孩子，自己工作上的事，也不妨同孩子商量商量。总之，在日常生活中不要忽略了你的孩子。

 教育智慧：

把孩子当成一个独立的个体去对待，家里来客人时，不要忘记郑重地向客人介绍你的孩子，自己工作上的事，也不妨同孩子商量商量。

039. 信念创造奇迹

罗杰·罗尔斯是美国纽约州历史上第一位黑人州长，他出生在纽约声名狼藉的大沙头贫民窟。这里环境肮脏，充满暴力，是偷渡者和流浪汉的聚集地。在这儿出生的孩子，耳濡目染，他们从小逃学、打架、偷窃甚至吸毒，长大后很少有人从事体面的职业。然而，罗杰·罗尔斯是个例外，他不仅考入了大学，而且还当了州长。

在就职记者招待会上，一位记者问他是什么把他推向州长宝座的？面对 300 多名记者，罗尔斯对自己的奋斗史只字未提，只谈到了他上小学时的校长——皮尔·保罗。

1961 年，皮尔·保罗被聘为诺必塔小学的董事兼校长。当时正值美国嬉皮士流行的时代，他走进大沙头诺必塔小学的时候，发现这儿的穷孩子比"迷惘的一代"还要无所事事。他们不与老师合作，旷课、斗殴，甚至砸教室的黑板。皮尔·保罗想了很多办法来引导他们，可是没有一个是奏效的。后来他发现这些孩子都很迷信，于是在他上课的时候多了一项内容——给学生看手相。他用这个办法来鼓励学生。

当罗尔斯从窗台上跳下，伸着小手走向讲台时，皮尔·保罗说："我一看你修长的小拇指就知道，将来你是纽约州的州长。"当时，罗尔斯大吃一惊，因为长这么大，只有奶奶让他振奋过一次，说他可以成为 5 吨重的小船的船长。这一次，皮尔·保罗先生竟说他可以成为纽约州的州长，着实出乎他的预料。他记下了这句话，并且相信了它。

从那天起，"纽约州州长"就像一面旗帜——罗尔斯的衣服不再沾满泥土，说话时也不再夹杂污言秽语。他开始挺直腰杆走路，在以后的 40 多年间，他没有一天不按州长的标准要求自己。51 岁时，他终于成了州长。

信念是每个人都可以靠自己的力量来获得的，相信自己，坚持自己的信念，信念就能帮你创造奇迹。

 教育智慧:

信念是每个人都可以靠自己的力量来获得的，相信自己，坚持自己的信念，信念就能帮你创造奇迹。

040. 进步尽在爱与鼓励中

美国一家权威的咨询机构曾对 0～10 岁的孩子进行过一次测试，结果非常惊人。他们发现，孩子一岁的时候，想像力、创造力高达 96%，但随着年龄增长而减少，7 岁时（上学以后）发生逆转。到 10 岁的时候，孩子丰富的想像力、创造力不见了，只剩下原来的 4%！

孩子们的想像力和创造力究竟怎么不见了？于是，该机构决定对一万名孩子进行跟踪调查，对他们的各成长阶段进行监测。最后发现，小孩在成长（0～10 岁）的过程中，平均要遭受超过两万次的"伤害"！其中对幼小的心灵伤害最大的，就是来自父母的"破坏性批评"，这对稚嫩的心灵而言，不啻是一次次人身伤害。这些痛苦的记忆，深深刻在孩子心中，严重影响孩子的成长和发展，直接导致了害怕失败、害怕被拒绝、胆小、懦弱、犹豫、忧虑、找借口等消极心态。

破坏性的批评表现为：批评的时候对人不对事，直接进行人身攻击，或者增加孩子的负疚感。

破坏性批评直接摧毁人的自尊，增加心理负担，扭曲心态，孩子的自信心会因此而消失殆尽。他们开始自怨、自怜、自暴、自弃，害怕做任何事情，逐渐自我设限，丧失勇气，胆小懦弱。

 教育智慧：

大人们也应该反思一下，孩子们不成才、不争气是否和你的教育有直接的关系？

041. 通过恰当的方式给孩子一个规范

在幼儿期的孩子，对什么东西都表现出无比的好奇，而对是否安全，他似乎根本不在乎，父母这时就要告诉他："允许你在这个房间里可以随便玩，只有这儿是没有危险的。"这样，让他懂得生活还必须受许多规范的约束。

相同，孩子上小学了，父母可以很清楚地告诉他："你回家后可以自己先吃点心，吃完点心休息几分钟就要去做功课，必须在功课做完以后才可以玩。"通过这种约束给他一定的规范。

在生活中父母要通过恰当的方式给孩子一个规范。其实每个孩子都有这样的心理，那就是愿意让他做的事情是对的、是让妈妈高兴的。所以一旦父母给他一个恰当的范围，替他定好规矩，孩子能够根据父母的话判断什么是应该做的，他知道如果自己这样做了的话，就一定得到父母的奖赏。这个时候他的心理上就会感到十分安全。

在父母没有给孩子规范时，他自己也不知道自己所做的事情的行为后果将会怎样，这时孩子感到很不安。所以我们一定要清楚地为孩子定好规范，让他觉得我能够把握住一切，这样的孩子才会感到有自尊。

 教育智慧：

在父母没有给孩子规范时，他自己也不知道自己所做的事情的行为后果将会怎样，这时孩子感到很不安。

042. 当面教子

让孩子对自己的过失负责，决不意味着可以体罚、伤害孩子。大多数父母都知道孩子做错事后要严加管教，但他们管教的方法却是粗暴地打骂，或者一声令下：今晚不准吃饭！这样只会适得其反。孩子会把这些不愉快的教训记在心里，化作仇恨，寻找机会报复。即使孩子不敢再反抗，那也是迫于父母的压力，而不是真正明白了道理。在这种时候，父母应当保持冷静，尽量不要大声训斥，更不要夸大其词恐吓孩子，而应当实事求是讲清道理，明确指出弥补过失的办法，从而引导孩子承担责任。

孩子发生过失的时刻也可以称为教育孩子的"关键时刻"。如果处理不当，孩子也许会毫不在意，根本意识不到自己应负的责任，或者过于恐惧而导致精神崩溃；如果处理得当，孩子可能会吃一堑长一智，由此走向成熟，成为一个富有责任感的人。所以，不论孩子有什么过失，都应该恰当地引导孩子，让他承担责任，这是现代教育的真正内涵。

那么，到底如何对待孩子们的过失呢？这里为你提供几位儿童专家的建议。

"讲述你自己曾有的过失，"宾夕法尼亚州的心理学家莱顿说，"承认过失，向孩子们解释为什么你会犯这个错误，告诉他们，你下次会怎样用不同的方法去避免重犯。"

"告诉孩子们，大胆尝试或出现失误都不要紧，"家庭问题专家恩说，"一个人第一次做某件事无不期望做得完美无缺，实际上在相当多的情况下这是不可能的。"

"从过失的痛苦中走出来。"马里兰州的心理学家塞奇斯说。他提醒家长们，不要老盯着孩子的过失不放，相反地，要去赞扬孩子们尝试活动的努力与勇气。

"促进良好的调整。"心理学家布朗里奥·蒙诺沃说。他建议父母帮助孩子去学习怎样区别承担风险和鲁莽草率。

"把孩子最近的成果与他自己以前的成果相比较，而不是与别人相比较。"儿童心理学家拉文说，"如果孩子拥有一个充满爱的家庭，他们几乎可以从所有的过失中学到益处。"

 教育智慧：

孩子发生过失的时刻也可以称为教育孩子的"关键时刻"。如果处理不当，孩子也许会毫不在意，根本意识不到自己应负的责任。

043. 培养孩子的社会责任感

有位教育家曾把我国当代教育与30年前的教育相比较，得出的结论是：当代的孩子聪明了，视野开阔了，但社会责任感缺乏了。

教室地面上有纸屑，老师让学生捡起来，孩子说的第一句话往往是"这不是我扔的"。言下之意就是"老师，你错怪我了！我没有这个义务捡纸屑"。当两个孩子闹矛盾时，老师去询问情况，孩子会脱口而出，"他先打我的"或者"他先骂我的"，而不会首先想到自己有没有不对的地方。

我们的孩子为什么会这样呢？看看这些孩子是怎样长大的就明白了。很多家长经常是这样做的：孩子不小心摔倒在地上，妈妈就会同孩子一起去踩地，边踩边说："为啥把我的宝宝碰倒了"；孩子撞到物品上，妈妈就会拍打物品，把这些东西作为孩子的出气筒。虽然可能暂时哄好孩子，但长此下去，会给孩子造成一个错觉，认为不管做错什么事，都可以把责任推给别人。更可怕的是，在这种教育理念下长大的孩子，往往没有责任感。

在外国很少听到诸如学生因迟到而抱怨天气或堵车，也没见过谁不小心踩上了狗屎而责怪邻居为什么在这儿遛狗。法国人认为，碰上不愉快的事再抱怨已于事无补，而应问自己有没有错或怎样避免下次再犯同样的错误。

 教育智慧：

碰上不愉快的事再抱怨已于事无补，而应问自己有没有错或怎样避免下次再犯同样的错误。

044. 不要在孩子面前悲观叹气

教育专家研究表明，绝大多数孩子的自卑感是由家长诱发的。在困难面前，父母如果能坚定自信，乐观向上，那么，孩子对未来也是充满信心的；但如果父母悲观沮丧，认为自己命中注定要平庸一辈子，那么孩子在面对人生时就会感到信心不足，就会悲观地看待问题。

生活中，不仅父母喜欢在孩子之间进行比较，孩子也经常拿自己的父母与同学的父母进行比较，比如看到社会上有些人有特权，而自己的父母没有；有些人神通广大，而自己的父母却安分守己，便会对父母提出许多疑问。这时候，父母千万不要用"我没本事"来开始亲子之间的谈话。而应该用辩证的观点去贬恶扬善，指引孩子踏上坚实的成才之路。

第38届国际奥林匹克数学竞赛金牌得主金鹏，出身于河北武清县一个贫苦农民的家庭，他有一位伟大的母亲。

为了供他上学，母亲卖了家里的毛驴，又四处借债为他攒足了学费。为了不让他饿肚子，母亲每个月都步行十多里路去批发一口袋方便面渣给他送去，他用的数学草稿纸也是母亲从印刷厂要来的废纸。他是天津一中惟一连素菜也吃不起的学生，是惟一没用过肥皂的学生，衣服上打满了补丁。但是他从来没有自卑过，因为他觉得母亲是一位从不向苦难和厄运低头的英雄。

生活的艰苦对于孩子来说不是不幸，真正的不幸是思想上的贫瘠。生活越艰苦，父母越要向孩子灌输积极的思想，用自己的乐观和不服输的精神感染和影响孩子，让孩子乐观地面对未来和挑战，这样孩子才会成为思想上的巨人。

 教育智慧：

生活的艰苦对于孩子来说不是不幸，真正的不幸是思想上的贫瘠。生活越艰苦，父母越要向孩子灌输积极的思想。

045. 不能让孩子太舒服了

有人问一位著名的艺术家，师从他学画的那个青年将来会不会成为一个大画家？他回答说："不，永远不！因为他每年有 6000 美元的进款。"这位艺术家知道，人的本领是从艰苦奋斗中锻炼出来的。而在财富的阳光下，这种精神很难发扬。

一个人活得太舒服了，往往会意志消沉，特别容易丧失进取的毅力。失去了毅力，智力便形同虚有。在逆境到来时，这种人往往不堪一击。而解决这个问题惟一的办法就是别让自己活得太舒服。

加州大学洛杉矶分校人体运动学教授库尔豪斯博士曾做过这样的实验：他让 20 个学生，先坐在柔软的沙发上读书，过了一段时间后，又改坐很不舒服的硬椅子。

实验结果发现：那些学生坐硬椅子时，因为不舒服而要不断调整坐姿。他们看起来虽然好像毛躁不安，但学习的成绩却比坐沙发时要好得多。库尔豪斯说："一个坐沙发得 B 等的学生，坐硬椅子往往可以得 A 等，因为后者使脑部得到更多氧和糖的供应。至于维持一定坐姿的前者，只要几分钟不动，血液循环减缓，脑部得到的血液和营养减少，读书的效果就差多了。"

所以，我们不能让自己太舒服了。不舒服，我们才能时时保持旺盛的斗志，才能使自己永远有克服困难的勇气。

 教育智慧:

一个人活得太舒服了，往往会意志消沉，特别容易丧失进取的毅力。失去了毅力，智力便形同虚有。

046. 同孩子一起正视种种"少儿不宜"

好奇是孩子的天性。我们不可能生活在纯粹的完美的世界里，邪恶与丑陋的诱惑无处不在。比如说，电视已经是当今最主要的传媒和娱乐工具之一，可打开电视，会有许许多多少儿不宜的画面，拥抱、接吻，甚至是床上戏，许多暴力影视节目对青少年更是具有不可阻挡的吸引力。由于孩子的理解能力有限，他们所感兴趣和印象深刻的画面往往会出乎我们的意料。

有位七八岁的小男孩搂住妈妈，在妈妈脸上亲了一口，然后愣愣地望着妈妈。妈妈问："怎么啦?"孩子说："不对呀，妈妈你应该抱着我躺下啊。"妈妈不解地问为什么。孩子说，电视里都这样呀，亲一下，就搂着倒下去了。

相信不只是这位妈妈哭笑不得，很多家长都碰到过这样的尴尬时刻：有些事儿怎么跟孩子说呀?

粗暴地训斥制止不是办法，简单地敷衍推却也不可取。怎么回答和解释，没有一定之规，但总要合理正确地去告诉孩子。否则，他们会更加好奇，或以为许多正常的行为"很脏"、"很坏"，而形成日后的心理障碍。

对付无所不在的暴力、色情或其他种种"少儿不宜"，除了同孩子一起面对正视以外，更积极可靠的"防御"是引导孩子热爱美好的事物。

无事就会生非，没有道德信念的灵魂自然就会成为邪恶侵扰的对象。

要除去杂草，最有效的办法是种上庄稼；要抵挡低级趣味的诱惑，最有效的办法也同样是在孩子的心里"种植"上高级趣味。各种美好的精神食粮占据了孩子的头脑，就很难有别的"精神污染"的空间了。

 **教育智慧：**

无事就会生非，没有道德信念的灵魂自然就会成为邪恶侵扰的对象。

047. 学会靠自己拯救自己

诚然，人生在世，总要或多或少地依靠来自自身以外的各种帮助——父母的养育、师长的教诲、朋友的关爱、社会的鼓励……可以说，人从呱呱坠地那一刻起，就已开始接受他人给予的种种帮助。然而许多青年人"在家靠父母，出门靠朋友"的"靠"，已经远远超出和大大脱离了一个人需要外部力量帮助这种正常范围，而演变成"惟父母和朋友是靠"的依赖心理，把自己立身于社会的希望完全寄托在父母和朋友的身上。

信奉"在家靠父母"的人，往往是那些在生活上不能自理而饭来张口、衣来伸手，或者在事业上不能自立而离不开父母权利、地位和金钱支撑的青年人。这样的青年人，显然不可能在生活上自立自强、在事业上有所作为。

有个渔人有着一流的捕鱼技术，被人们尊称为"渔王"。然而"渔王"年老的时候非常苦恼，因为他的3个儿子的渔技都很平庸。

于是他经常向别人诉说心中的苦恼："我真不明白，我捕鱼的技术这么好，我的儿子们为什么这么差？我从他们懂事起就传授捕鱼技术给他们，从最基本的东西教起，告诉他们怎样织网最容易捕捉到鱼，怎样划船最不会惊动鱼，怎样下网最容易请鱼入瓮。他们长大了，我又教他们怎样识潮汐，辨鱼汛……凡是我长年辛辛苦苦总结出来的经验，我都毫无保留地传授给了他们，可他们的捕鱼技术竟然赶不上技术比我差的渔民的儿子！"

一位路人听了他的诉说后，问："你一直手把手地教他们吗？"

"是的，为了让他们得到一流的捕鱼技术，我教得很仔细很耐心。"

"他们一直跟随着你吗？"

"是的，为了让他们少走弯路，我一直让他们跟着我学。"

路人说："这样说来，你的错误就很明显了。你只传授给了他们技术，却没传授给他们教训，对于才能来说，没有教训与没有经验一样，都不能使人成大器！"

在生命的旅程中，有时候我们难免会陷入各种危机中，而想要摆脱这些危机，不要想着依靠别人，要学会靠自己拯救自己，而实现梦想更是只能靠自己！

 **教育智慧：**

对于才能来说，没有教训与没有经验一样，都不能使人成大器！

048. 避免在公共场合责罚孩子

大街上，一位妇女揪着一个小男孩的耳朵破口大骂："我到底哪里对不起你了？我上辈子欠了你的吗？生你出来就是要你这么报答我？我下岗这么多年，卖香蕉供你读书。你是猪脑子啊？你给我考一科及格的行不行？求求你了，我给你磕头了……"

骂着骂着，妇人痛哭流涕，瘫倒在地上。路人不忍，纷纷来劝，惟独小男孩一脸漠然，机械地揉着红肿的耳朵，面无表情……

这位家长未免太失控了，全然不顾自己的尊严而辱骂孩子，这样，权威又从何而来？

希望孩子优秀，当然没错，但如果方法不当，孩子会做相反的理解。如果你有一位上级，一天到晚经常批评、贬斥、打骂、不理解你，你会心甘情愿地服从他吗？建立权威是为了管理好孩子，可如果你动辄打骂、公开羞辱，孩子跟你连亲情都没有了，他还会听你的吗？

树立权威，家长要善于将心比心，善于从孩子的角度考虑问题，让孩子感觉到你爱他，理解他，孩子才会愿意听家长的话。尤其是要注意避免在公共场合责罚和羞辱孩子。一个让你羞辱得没有自尊的孩子，又怎么会尊重你？

 教育智慧：

建立权威是为了管理好孩子，可如果你动辄打骂、公开羞辱，孩子跟你连亲情都没有了，他还会听你的吗？

049. <u>使孩子真正懂得什么是责任</u>

孩子能够坚持独立将事情做完、做好，其主要动机来自于对所做事情的一种责任心。因此，家长们在培养孩子独立性的同时，应重视孩子责任心的培养。

1920 年的某一天，有个 11 岁的美国男孩在踢足球时，不小心打碎了邻居的玻璃，邻居因此索赔 12.5 美元（当时 12.5 美元可以买 125 只生蛋的母鸡）。闯了大祸的男孩向父亲认错后，父亲让他对自己的过失负责，男孩为难地说："我没钱赔人家。"父亲说："这 12.5 美元借给你，一年后还我。"自此，这位美国男孩开始了一边学习一边打工的艰苦生活，终于在一年后挣足了 12.5 美元还给了父亲。这位男孩就是后来成为美国总统的里根。他在回忆这件事时说，通过自己劳动来承担过失，使他懂得了什么叫责任。

孩子由于年幼而缺乏知识和经验，经常造成一些过失，这毫不奇怪。关键是家长在通过帮助孩子处理过失的过程中，使孩子真正懂得什么是责任，怎样才能做到自己对自己的行为负责。所以，只要孩子有一定的能力，家长就应该舍得让他自己承担责任。这既可锻炼孩子的独立生活能力，又体现出现代父母的真正爱心。

 教育智慧:

家长在通过帮助孩子处理过失的过程中，使孩子真正懂得什么是责任，怎样才能做到自己对自己的行为负责。

050. 孩子其实很脆弱

不知道你是否注意到，孩子其实很脆弱，有时候他们会因为别人对自己不公正的评论而苦恼不已。而作为父母，你有责任让他们知道，他们其实并不是那个样子，并把孩子从错误结论中解脱出来。

有位小朋友，由于幼儿园小朋友常常说他笨，小小年纪就有自卑感了。

有一天他对妈妈说："妈妈，我是不是很笨？"

妈妈很诧异，问他为什么这样想。他小声说："因为我属猪。"

看着儿子沮丧的小脸，妈妈又想笑又有点难过。她想了想，认真地对儿子说："儿子，猪本来是不笨的，是人把它养笨了，猪除了吃，除了睡，没有别的事可干，所以才变笨的。可是你不同，你很乖，很勤奋，每天都要干许多大事：去幼儿园上学，跟阿姨学儿歌，学画画。回家听妈妈讲故事，还自己编故事，还懂得给妈妈倒水，你是最聪明的孩子！"

"真的吗？"孩子破涕为笑，高兴地搂住妈妈脖子亲了又亲。

大人就好像孩子的守护神，当孩子怀疑自己的时候就会到大人那里寻找答案，而作为家长要时时提防着孩子的自信是否被破坏。有时候，仅仅提防是不够的，还要创造机会去增加孩子自信的感觉。

 教育智慧：

大人就好像孩子的守护神，当孩子怀疑自己的时候就会到大人那里寻找答案，而作为家长要时时提防着孩子的自信是否被破坏。

051. 让孩子无拘无束地成长为"创新型"人才

黄先生一家移民到美国，他 5 岁的儿子进了一所美术学院办的绘画班，才去了不到 5 次，孩子就不想去了。孩子说："老师根本不教画画！每次都是给一个题目，就叫我们自己画，爱怎么画就怎么画，老师一点也不管。画完了，老师就知道说'Very good'，那些美国小孩的画根本就是一塌糊涂！"

后来，黄先生发现，那些美国孩子画完画后，只会问你"好不好"，而中国的孩子问的多半则是"像不像"。

我们知道，美国孩子学绘画，老师往往不设样本、不规定模式，让孩子根据现实生活联系内心的想像，自由去"构图"，孩子画的画完全是一种"创作"，根本不存在什么"范本"。这样，他们自然便只会问"好不好"，而无从问"像不像"。这样培养出的孩子，思维充满创造力和活力，日后才可能成长为开创性的人才。

而我们将目光投向国内，强烈的感受则是，我们无论是办企业也好，搞科研也好，做研究也好，缺少的是真正"开创性"的崭新思路。我们的企业口口声声地宣称在"追赶"与"缩短"那些"国际先进水平"，实则却不过是在亦步亦趋地"拷贝"人家、"临摹"人家，和这些画了画只知道问"像不像"的中国孩子是一样的。这些孩子从小就把"像"作为自己最高的追求，他们有人确实可以画得和范本非常像，但仅仅只是"像"罢了。因为没有了自由想像的空间，没有了自由创造的思维，孩子的"画"也只不过是一张"临摹品"而已，只是现在临摹的是画，将来临摹的是技术和经验。

孩子是未来的希望，如果我们的教育还如此禁锢孩子自由想像的空间，那么我们培养出的还将是毫无想像力和创造力的"模仿型"人才。家长要给孩子提供一个相对宽松和自由的天地，让孩子无拘无束地成长为"创新型"人才。

 教育智慧：

家长要给孩子提供一个相对宽松和自由的天地，让孩子无拘无束地成长为"创新型"人才。

052. 接受子女与你不同的事实

你常常会听到别人说，你的孩子"和你一模一样"。但事实上他们和你确实不同，而这事实往往令人难以接受。可能你很喜欢安静，但你的孩子却是异常活跃——逛街时会绕着你团团转；或者，为人父的你可能喜欢运动，但却有个不爱运动的儿子。接受子女与你不同的事实，这点是非常重要的。

看到别人身上有不同于自己的地方，乃是生命中的一大乐事，那有助于我们扩展眼界和对生命的看法。而生活中一些关于个人喜好的决定，应该让孩子自己选择。让你的孩子各自挑选衣服和房间的摆设。偶尔晚餐也让他们挑选自己的食物。假如他们真的非常厌恶某种食物，就不要强迫他们吃（你不也觉得某些东西的味道很可怕吗）。如果你的孩子个性很强，那你最好让他在个人的喜好上有自己的决定，而不要教训他什么是对的、什么是错的。个性强的孩子觉得自己需要对生活有某些控制，如果让他们有个人的喜好，的确能帮助他们建立自尊和自信。

 教育智慧：

为了让孩子有自己的喜好，要对他说："我爱你，也爱你与众不同的地方。"

053. 频繁责备容易产生逆反心理

父母如果总是责备孩子，孩子就会产生逆反的心理。例如常用烈性药物，细菌就会慢慢地产生抗药性，不久这种药物就会对细菌完全不起作用。对孩子越是一味地责备，就会使孩子逐渐形成"反抗"的能力，若给孩子以反复的刺激，其反抗心理就越强，最终还是以屈服于孩子而告终。

有许多家长和老师满不在乎地说出一些不该说的话，甚至想通过刺激疗法使孩子有所改变。但孩子毕竟是孩子，他们看不懂这种高深的意图。对孩子来说，老师和家长就是社会的代表者，是绝对的权威，他们的指责就等于断定了自己未来的命运。

无可否认，父母的责备当然是出于对孩子的爱，但大人在责备孩子时，多多少少会感到冲动，气血上升，这一方面使自己缺乏冷静的头脑和客观的判断力，另一方面也让孩子看到了父母令人可怕的脸、声音或表情动作。这会使孩子产生很大的恐惧心理。孩子一旦被恐惧所左右，对什么样的责备和说教都听不进去了。尽管孩子停止做"坏事"，那也是因为他讨厌再次经受以前那种可怕的体验，并不表明他懂得了"这件事不能做"的道理。

通过责备孩子做与通过表扬让孩子做，二者对孩子的影响是完全不同的。因此，大人要用冷静的态度和温暖的心去对待孩子，要注意和发扬孩子的优点，以宽大的胸怀和极大的热忱去培养孩子的能力。

 教育智慧：

对孩子越是一味地责备，其反抗心理就越强，最终还是以屈服于孩子而告终。

054. 孩子谎言的六种类型

说谎是一种不诚实、不负责的坏习惯，大人不准孩子有这样的坏品行，但自己却明知故犯地"说谎"，使孩子以为成人的社会是可以为所欲为而不受惩罚的。最常见的矛盾就是成人的虚礼。

有一位爸爸带儿子到朋友家，正巧主人在用餐，主人问："吃过饭没有？来一起吃吧！"

"吃过了！吃过了！"爸爸客气地回答。

"可是，爸爸，我们还没有吃呀！"孩子天真地纠正父亲。他心中纳闷：为什么爸爸要撒谎？

孩子并不懂父母是为了客气、虚礼而说假话，有时父母为这一句假话还要用十句假话去解释，这也可能使孩子越听越糊涂。所以若非必要，最好不要在孩子面前以说假话的代价去维持虚礼或尊严，人与人之间，能坦诚相对，才能省去无谓的劳心费神，也给孩子做一个榜样。

心理学家认为，孩子的谎言有六种类型：一是混淆性谎言。孩子的理解能力相对而言较差，常会混淆相似的事物，也会辨别不清别人的谎言而跟着说谎。二是虚荣性谎言。孩子想要显示自己，以引起重视，当目的难以达到时就说了谎。常见的是为了得到父母的表扬，说考试得了高分。三是报复性谎言。遇到挫折后，孩子将攻击目标指向障碍物或假想的障碍物，如有的孩子偷玩具被同伴告发，就会指责同伴也偷玩具。四是躲避性谎言。害怕惩罚，企图通过谎言隐瞒自己的错误，减轻或躲避惩罚。五是自私性谎言。有意说谎，以达到自己的目的。六是义气性谎言。为了包庇伙伴，用谎言掩盖他们的错误。

 教育智慧:

如果你幼小的孩子学会了说谎，你可能会很惊讶，天真无邪的孩子居然会说出天衣无缝的谎话，同时，你可能十分担忧，觉得孩子的道德发展出了问题。其实"说谎"是学龄孩子智力发展的一部分。

055. 有教养的孩子应该同情别人

孩子不文明的语言一般都来源于周围的环境，要想让孩子成为一个懂文明礼貌的人，首先要净化他们周围的语言环境。当发现孩子说脏话时，要找出孩子说脏话的"根源"，尽量让孩子远离或少接触那种不良的环境。比如，父母可以有意识地限制孩子与经常说脏话的孩子来往，也可以和老师取得联系，借助老师的力量促进其他孩子养成讲文明礼貌的习惯。

小孩子有时会做一些不尊重别人的行为。比如，喜欢叫别人的外号，见到残疾人上前围观，见到别人陷入困境会加以嘲笑，看到别人倒霉会幸灾乐祸。孩子这样做，有时是因为想看热闹、好奇，有时是想开个玩笑，有时则是盲目地跟着别的孩子做。遇到这样的情况时，父母先要平静地问问孩子为什么要这样做，然后有针对性地指出孩子这样做的坏处，并让孩子知道，有教养的孩子应该同情别人，帮助别人，尊重别人。尊重别人的孩子才会受到尊重，尊重别人就是尊重自己。

教育智慧:

让孩子知道，有教养的孩子应该同情别人，帮助别人，尊重别人。尊重别人的孩子才会受到尊重，尊重别人就是尊重自己。

056. 唠叨是致命的伤害

小孩子都很容易气馁，但似乎大多数家长没有意识到这一点，他们不知道孩子的愚蠢、懒惰、胆小、腼腆都是由他们自己造成的。

在很多家庭里，家长不断地唠叨和责骂，对孩子来说都是致命的伤害。气馁的趋势和气馁就像是生活中的一团乌云，这个危险的东西不断地提醒孩子想起自己的缺陷、失败或者怪僻。其实有一种更好的方法可以帮助孩子改正他的缺点而停止你的唠叨，那就是你让他注意到自己的优点，在他做对事情的时候表扬他。年轻的本性总是反对不断地谴责、责骂和唠叨，却可在表扬声和鼓励声中茁壮成长。此外，批评一个做错事的孩子比表扬一个做对了事的孩子要容易得多啊！

"自信是心理上的一种微生物，"一位作家说，"如果受到了鼓励，得到了一块肥沃的土地，它就会繁殖，变大，最后长成一个庞然大物；如果受到冷落，被扔在一块贫瘠的土地上，它就会沦为天敌的食物，沦为犹豫、怀疑和疑虑。"

 教育智慧:

在很多家庭里，家长对着孩子不断地唠叨和责骂，对孩子来说都是致命的伤害。气馁的趋势和气馁就像是生活中的一团乌云。

057. 夫妻吵架中最大的受害者，是在场的子女

夫妻吵架会影响家庭的和睦，尤其对子女来说，父母吵架不仅让子女情绪不好，还使子女感受不到家庭的温暖，是极其有害的行为。在夫妻吵架中最大的受害者，不是吵架的当事人，而是在场的子女。父母是子女信任和依赖的对象，可如此信赖的父母争吵不休，子女将承受无尽的痛苦，惶惶不可终日。

父母的身心状态便是子女的身心状态。随着父母的身心状态，子女或穿越天堂或坠入地狱。父母和子女如同一个碗里的水，父母这边不稳定，余波就会直接传到子女身上。父母卷进不和睦的氛围里，子女也会失去稳定的情绪，四处彷徨。

与其为子女买昂贵的衣服、给足够的零花钱，还不如为他们创造祥和的家庭氛围。和睦的家庭才是父母送给子女的最好礼物，也是父母温暖子女心灵的最佳方法。只有父母稳定了，子女才能找回稳定，停止漂泊。即使物质上不富裕，只要父母和睦美满，子女就不会被家庭的困扰而分心了。

 教育智慧：

与其为子女买昂贵的衣服、给足够的零花钱，还不如为他们创造祥和的家庭氛围。

058. 溺爱不是爱

溺爱自己的子女，其实不是爱，溺爱越深，给子女也给自己带来的伤

害就越重。

夏天，一只小猴子在树上跳来跳去，突然它发现了一个鸟窝。小猴子显得很高兴，伸手就去抓。那些会飞的小鸟受到惊吓都逃走了，只有一只最小的鸟没有飞。小猴子高兴极了。它捉住小鸟，把它带回家去。

可怜的小鸟是那么的娇小。小猴不断地抚摸、亲吻，把它紧紧地抱在胸前，"多么可爱的小鸟！我是多么地爱你！"小猴子忘情地说道。它不停地亲吻，紧紧地拥抱，可怜的小鸟就这样被它活活地折腾死了。

任何父母都爱护子女，希望其将来都能好过自己这一代。然而，能够分清对子女是爱护还是溺爱的父母却不多。很多父母以为溺爱就是爱护子女，对子女悉心照顾。有的父母甚至牺牲自己的事业，把全身心投入到孩子身上。对子女不要溺爱，溺爱只会让孩子变成无用的人。伴随溺爱把孩子养育大，也许会觉得对孩子有益，但从长远来看，这样会让孩子变成不健全的人。因为在父母的溺爱下长大的孩子，一旦没有父母的照顾，就可能变成什么都不会做的傻瓜。

父母是子女的教育者而非仆人，父母是教育孩子如何生活的人生老师。孩子生活的地方不是父母狭小的怀抱，而是无比广阔的世界。如今的社会是竞争激烈的社会，孩子需要得到各种锻炼。因此，越是爱护孩子就越要好好帮助他们如何提高适应社会的能力。关爱你们的子女，让他们更加健康地成长起来！

 教育智慧：

在父母的溺爱下长大的孩子，一旦没有父母的照顾，就可能变成什么都不会做的傻瓜。

059. 大脑是累不坏的

谈到锻炼孩子的记忆能力，有的家长难免担心这是否会影响孩子的健康，影响孩子大脑的正常发育。这种担心其实是多余的。早在本世纪初，多尔兰德就证实了天才人物比一般人长寿。他通过对 100 名 16 世纪以来欧美的杰出人物的研究发现，他们的平均寿命为 66.7 岁，而当时的成年人（不把 20 岁以下死亡的人计算在内）的平均寿命为 51 岁。看来神童短命纯属无稽之谈。

而大脑也像其他人体器官一样遵循"用进废退"的规律。根据控脑科学的研究，人脑约由 10 亿个高度发达的神经细胞组成，可储存的信息量是电子计算机的 100 万倍，而目前大脑的功能只开发了 1/10。由此可见，人的智力潜能是无穷的。

纵观古今中外众多的神童，他们的成功有一点是共同的，即他们都有一个好的家庭教育环境。这里所谓的环境就包括了他们家长对他们的正确引导和培养。

 教育智慧：

大脑也像其他人体器官一样遵循"用进废退"的规律，神童短命纯属无稽之谈。

060. 必须扩大自己的视野

在伽利略 10 岁生日时，他的父亲给他买了一架小望远镜——一种水手常用的、可伸缩的小望远镜。在他父亲看来，这不过是给小孩子玩的简单的小玩意。但正是由于这小小的望远镜，使伽利略从中学到了有价值的一课，并永远铭记在脑海中。

有一天，伽利略正在使用他的小望远镜，他突然抱怨说："爸爸，这东西不好，不用它还可以看得很清楚，可用了它，每样东西都变得那么小了。"父亲笑了，原来他把望远镜用倒了，他从缩小的那一头看，难怪无法看到放大的东西。父亲轻轻地将望远镜筒倒过来。

伽利略的父亲扩展了儿子的视野。伽利略长大后不断改进原来的望远镜，用它发现了木星的卫星、土星的光环和月球上面的山脉，成了当时全世界伟大的天文学家。

伽利略从父亲那儿学到的，正是我们每一个人必须懂得的一个道理：想以正确的眼光观察事物，必须扩大自己的视野。只有拥有精深广博的知识，才能做最好的人生规划。

德鲁克曾说："你的知识和你的经验都是你的财富，那属于你，不属于你的公司。当你离开一个组织，你就带走了那份财富。"

 教育智慧：

想以正确的眼光观察事物，必须扩大自己的视野。只有拥有精深广博的知识，才能做最好的人生规划。

061. **真诚是最好的教育**

一个人一生中最早受到的教育来自家庭。一位著名心理学家为了研究家庭对人一生的影响，在全美选出 50 位成功人士，他们都在各自的行业中获得了卓越的成就，同时又选出 50 位有犯罪纪录的人，并分别去信给他们，请他们谈谈家庭对他们的影响。有两封回信给他的印象最深，一封来自白宫一位著名人士，一封来自监狱一位服刑的犯人。他们谈的都是同一件事：小时候母亲给他们分苹果。

那位来自监狱的犯人在信中这样写道：小时候，有一天妈妈拿来几个苹果，红红的，大小各不同。我一眼就看见中间的一个又红又大，十分喜欢，非常想要。这时，妈妈把苹果放在桌上，问我和弟弟："你们想要哪个?"我刚想说想要最大最红的一个，这时弟弟抢先说出我想说的话。妈妈听了，瞪了他一眼，责备他说："好孩子要学会把好东西让给别人，不能总想着自己。"于是，我灵机一动，改口说："妈妈，我想要那个最小的，把大的留给弟弟吧。"

妈妈听了，非常高兴，在我脸上亲了一下，并把那个又红又大的苹果奖励给我。我得到了我想要的东西，从此，我学会了说谎。以后，我又学会了打架、偷、抢，为了得到想要得到的东西，我不择手段。直到现在，我被送进监狱。

那位来自白宫的著名人士是这样写的：小时候，有一天妈妈拿来几个苹果，红红的，大小各不同。我和弟弟都争着要大的，妈妈把那个最大最红的苹果举在手中，对我们说："这个苹果最大最红最好吃，谁都想要得到它。很好，现在，让我们来做个比赛，我把门前草坪分成三块，你们三人一人一块，负责修剪好，谁干得最快最好，谁就有权得到它!"

我们三人比赛除草，结果，我赢了那个最大的苹果。我非常感谢母亲，她让我明白一个最简单也最重要的道理：想要得到最好的，就必须努力争第一。她一直都是这样教育我们的，也是这样做的。在我们家里，你想要什么好东西都要通过比赛来赢得，这很公平。你想要什么，想要多少，就必须为此付出多少努力和代价!

 教育智慧:

你想要什么好东西都要通过比赛来赢得，这很公平。你想要什么，想要多少，就必须为此付出多少努力和代价。

062. 只要敢于梦想，什么奇迹都可能发生

年老的英国教师布罗迪在整理阁楼旧物时，发现了一叠练习册，它们是皮特金幼儿园50年前B（2）班31名孩子的春季作文，题目叫《未来我是……》。

布罗迪顺便翻了几本，很快被孩子们当年千奇百怪的自我设计迷住了。比如：有个叫彼得的小家伙说，未来的他是海军大臣，因为有一次他在海中游泳，喝了几升海水，居然没有被淹死；还有一个说，自己将来必定是法国的总统，因为他能背出25个法国城市的名字；最令他拍案叫奇的，是一个叫戴维的小盲童，他认为自己将来必定是英国的内阁大臣，因为还没有一个盲人进入过内阁……总之，31个孩子都在作文中描绘了自己的未来，有当驯狗师的，有当领航员的，有做王妃的，五花八门，应有尽有。

他觉得有必要考证一下31个梦想历经50年后的模样，于是布罗迪在报纸上刊出了寻梦的广告。结果怎样？30个当年的小朋友都有回信：他们一个个居然都正在从事50年前梦想要做的事情！到了指定的期限，只有那个叫戴维的没有回音。布罗迪觉得也够满足的了，毕竟只有一个人的梦想没下落。

就在他准备把这个没人认领的本子送给一家私人收藏馆时，他收到内阁总理大臣布伦克特约的一封信。布伦克特约在信中写道："那个叫戴维的就是我，感谢你还为我们保存儿时的梦想。不过我已经不需要那个本子了，因为从那时起，我的梦想就一直在我的脑子里，我一天也没有放弃过。50年过去了，可以说我已经实现了那个梦想。今天，我还想通过这封信告诉其他的30位同学，只要不让年轻的梦想随岁月飘逝，成功总有一天会出现在你的面前。"

布伦总理的这封信后来被发表在太阳报上，他作为英国第一位盲人大

臣，用自己的行动证明了一个真理：只要敢于梦想，什么奇迹都可能发生。

 教育智慧：

只要不让年轻的梦想随岁月飘逝，成功总有一天会出现在你的面前。

063. **我主动，我存在**

有一个小男孩，在报上看到招聘启示，正好是适合他的一份工作。第二天早上，当他到达应征地点时，发现应征队伍中已有了20个男孩子。

如果换成一个胆怯懦弱、不太聪明的男孩，可能会因此而打退堂鼓。但是这个小男孩却完全不一样，他认为自己应该多动脑筋，运用上帝赋予的智慧想办法解决这一困难。他不往消极方面考虑，而是认真用脑子去想，看看是否有法子解决，于是，一个绝妙的方法便产生了！

小男孩拿出一张纸，写了几行字。然后走出行列，并请求后面的男孩子为他保留位子。他走到负责招聘的秘书面前，很有礼貌地说："先生，请你把这张便条交给老板，这件事很重要。谢谢你！"

这位秘书对他的印象很深刻，因为他看起来神情愉悦，文质彬彬。如果是别人，秘书可能不会放在心上，但是这个小男孩不一样，他有一股强有力的吸引力，令人难以忘记。所以，秘书将这张纸条交给了他的老板。

老板打开纸条，然后笑笑还给秘书，秘书也把上面的字看了一遍，笑了起来，上面是这样写的：

"先生，我是排在第21号的男孩。请不要在见到我之前做出任何决定。"

你想他得到这份工作了吗？你认为呢？像他这样思考的人无论到什么地方一定都会有所作为。虽然他年纪很轻，但是他知道如何去想、去认真思考。他有能力在短时间内，抓住问题的核心，然后尽全力去解决它，并尽力把它做好。

戴高乐曾经说过："困难，特别吸引坚强的人。因为只有在拥抱困难时，才会真正认识自己。"这句话一点也没错。

 教育智慧：

困难，特别吸引坚强的人。因为只有在拥抱困难时，才会真正认识自己。

064. 多跟孩子讨论钱

关于钱，你需要向孩子解释的第一个问题是其来源。事实上，许多孩子认为是从挂在墙上的装置中出来的。你我都知道，那是自动取款机。

也许可以用这句话作为开头："钱不是长在树上的。"我们都听说过这句话，你也可以这样告诉你的孩子。

拿出一张一元的钞票和一些零钱，然后向孩子解释政府是如何制造货币的。然后解释它的含义：你如何通过工作或投资挣钱，你如何用它来支付所居住的房屋、所穿的衣服，以及所吃掉的食物的费用。

你的孩子年龄越大，你的解释也应该更为详细。如果你的孩子年龄超过了10岁，不要回避，告诉他们你的工资如何被花掉的痛苦细节——有多少用于付税和社会保障，多少用于还抵押贷款，多少用于保险，多少用于公用事业，多少用于付车款，多少用于付电话账单，以及其他所有的生活必需支出。大多数孩子不了解家里的财务状况。事实上，许多家长都发现，跟孩子讨论性要比讨论钱容易。

但有一点，在钱方面，对孩子要诚实，而且要积极乐观。

如果家中存在财务问题，别试图隐瞒。孩子可能仍然会知道你的烦恼。但不论你怎么做，一定要积极乐观。要向孩子解释，用钱方法得当时钱将是一个好东西，它能让人过上更好的生活，但钱不能作为衡量人的价值标准。

许多父母会给孩子传递有关钱的错误信息，他们或者把人的好坏与财富的多少等同起来，或者告诉孩子有钱人都是贪婪的。有时他们同时灌输这两种自相矛盾的思想。你要使孩子们感受到金钱的魅力，而不是害怕它，要让孩子对钱保持一颗平常心。

 教育智慧：

你要使孩子们感受到金钱的魅力，而不是害怕它，要让孩子对钱保持一颗平常心。

065. 改掉孩子喜怒无常的坏习惯

要让孩子心平气和地生活，就得改掉他们喜怒无常的坏情绪。对此一般是采取置之不理的方法，我们称之为"冷处理"。

孩子的喜怒无常在生活中非常多见：或者情绪变化极快，不能长久保持良好的情绪；情绪两极性表现突出，高兴时欣喜若狂，愤怒时怒发冲冠，激动时行为激烈，伤心时悲痛欲绝。孩子之所以如此，有的是因为孩子想吸引大人的注意，有的是成人对孩子过度关注造成的，比如孩子哭叫时立即迁就哄玩，激动时马上察看。在遇到此类问题的时候，关键是减少对孩子不良行为的过分关注，父母视而不见，听而不闻，或者用其他方法转移他的注意力。当你不理他时，孩子的情绪就会逐渐平稳下来，慢慢地改掉不良习惯。

此外，有些孩子的自尊心很强，性格倔强，不容易妥协。在这种情况下，父母不要跟孩子直接对抗，那样会使结果更糟。如果你要让他改正错误或要他做某些事，交代完后，就不要不停地重复命令，只要耐心地等待就行。要给孩子一点调整情绪的时间，让他有心理准备，知道下一步怎么做，这样他就比较容易接受安排。做父母的在孩子面前也不要过分在意自己的尊严，不要在孩子触犯了自己的尊严时表现得特别激动，否则就会使当时的气氛难以控制，要想圆满地解决矛盾就更难了。

 教育智慧：

做父母的在孩子面前也不要过分在意自己的尊严，不要在孩子触犯了自己的尊严时表现得特别激动，否则就会使当时的气氛难以控制，要想圆满地解决矛盾就更难了。

066. 多多举手

有位著名的心理学家，在他的小女儿入学的那天，开车送女儿到小学门口。在女儿临下车之前，他告诉小女儿，在学校里要多举手——尤其在想上厕所时，更是特别重要。

小女孩真的遵照父亲的叮咛，不只在上厕所时记得举手，老师提问时，她也总是第一个把手举起来。不论老师所说的所问的，她是否了解，或是否能够回答，她总是举手。

这个小女孩天天如此，老师自然而然就对这个女孩的印象非常深刻。不论她举手发问，或是举手回答问题，老师总是不自觉地优先让她开口。因为得到了许多优先权，使这位小女孩无论在学习成绩，还是在其他方面的成长，都大大超越了她的同学们。

多多举手，正是那位心理学家交给他女儿在学习、生活中的利器。

成功者是积极主动的，失败者则是消极被动的。成功者常挂在嘴边的一句话是"有什么我能帮忙的吗"，而失败者的口头禅则是"那又不关我的事"。

而那位智慧的父亲，所教给女儿的举手观念，正是成功者积极主动的态度。

不怀疑自己的能力，凡事多一些积极主动性，你也会取得不菲的收获。

 教育智慧：

不怀疑自己的能力，凡事多一些积极主动性，你也会取得不菲的收获。

067. 找到本真的自己

一个朋友在日本居住多年，回国后曾多次谈起中日两国的教育。他说日本的学校，每年都要组织些野外活动，父母也很支持。但是中国的父母普遍反对孩子探险，一旦发生了意外伤害，则往往把学校告上法庭，许多学校因此而不敢组织孩子参加一些探险活动。于是青少年的生存能力越来越差，从而形成了强大而普遍的恶性循环——自我窒息的自杀模式。日本的父母则普遍支持孩子探险，发生意外自己负责，对起诉学校的中国现象不能理解。

他们甚至认为，一旦发生意外，是自己给集体添了麻烦，应当个人负责，严重伤害要靠保险来解决，而不是追究组织者的责任。

日本在教育上的态度，的确值得我们中国的家长反思。一个让孩子置之死地而后生，一个让孩子置于蜜罐而后苦，或许这两种态度之间的差异，正是两个民族的真正差异，也是两个民族之间的真正较量。

鹰在鸡群里待久了，便会变得和鸡没有两样，只有让它回到自己的世界里，它才能找到本真的自己。

在生活中，我们很多的爱大多停留在浅表层：只是给予对方需要的。可是人归根结底是要靠自己的。中国有句话"置之死地而后生"。有多少人能够为帮助对方"后生"而想办法"置之死地"呢？这是需要非凡的勇气的，要准备背一世的骂名，还要忍受看着对方"死而后生"的过程的情感煎熬。

比较起来，"对人好"要容易得多。

 教育智慧:

鹰在鸡群里待久了，便会变得和鸡没有两样，只有让它回到自己的世界里，它才能找到本真的自己。

068. 首先改变环境

有的家长诉苦说："我的孩子今年6岁，在各方面的表现都还可以，但就是不太懂礼貌，特别是经常用命令的口吻与父母甚至与客人说话。我们每次也都注意纠正，但效果并不明显。真是气死我们了！"

其实，首先需要指出的是，孩子不懂礼貌，说话语气粗鲁，完全是在日常生活中受周围人的影响所造成的。例如有的父母认为在家庭中不用客气，家庭成员之间常用命令的口气讲话，这会使孩子学会相似的说话语气。而孩子并不像成人一样会针对不同的对象改变说话的语气，所以他面对客人时也会如此。另外，一些不适合儿童看的影视节目中经常会有一些语气粗鲁的对白，如果孩子经常接受它们的影响，也会有意无意地模仿，说出不礼貌的语言。

所以，要改变孩子不懂礼貌、说话粗鲁的不良习惯，最重要的是使他生活在一个人人讲礼貌、说话文明的环境中。父母首先要从自身做起，在家里创造出一个民主、礼貌、和谐的气氛。还要经常教育孩子礼貌的重要性，教给孩子礼貌用语，通过适当的奖惩使孩子养成好习惯。这个过程也是教给孩子自尊的过程。

 教育智慧：

孩子不懂礼貌，说话语气粗鲁，完全是在日常生活中受周围人的影响所造成的。所以，要改变孩子不懂礼貌、说话粗鲁的不良习惯，最重要的是使他生活在一个人人讲礼貌、说话文明的环境中。

069. 坚持自己的梦想

一位小学教师给他的学生布置了一个作业：写一个报告，题目是《我的梦想》。

其中有一个小男孩，洋洋洒洒写了9页来描述他的伟大志愿。他想拥有一座属于自己的牧马农场，并且认真地画了一张200亩农场的设计图，上面详细地标有马厩、跑道等位置。在这一大片农场中央，还要建一栋占地4000平方英尺的豪宅。

他花了很多心血才把这份报告做出来，第二天上交给老师。然而，三天后当他拿回报告翻开一看：第一页上打了一个又红又大的叉，旁边还有一行小字"下课后来见我"。

小男孩下课后带着报告去见老师："为什么我的报告是不及格的?"

老师回答道："梦想要现实。你们家里没有钱，也没有什么家庭背景，什么都没有。盖农场是需要花很多钱的大工程，你要花钱买地，花钱买纯种马匹，花钱照顾它们，所以你的志愿是不可能实现的。因此，我建议你再写一个比较不离谱的志愿，我会重新给你分数的。"

这个男孩回到家后征询父亲的意见，父亲只是告诉他："儿子，这个决定对你来说非常重要，你必须自己拿主意。"

于是这个小男孩再三考虑后，决定将原稿交回，一个字都不改。他告诉老师："即使是不及格，我也不放弃梦想。"

三十年后，当老师到小男孩的牧场做客的时候，他才知道小男孩没有放弃自己的梦想是对的。

 教育智慧：

所有的成功，之前都是一个美丽的梦想。

070. 荣誉和耻辱只能代表过去

在新泽西州市郊的一座小镇上，有一个由 26 个孩子组成的班级。他们中所有的人都有过不光彩的历史，有人吸毒，有人进过少年管教所，有一个女孩子甚至一年之内堕过三次胎。家长拿他们没有办法，老师和学校也几乎放弃了他们。

就在这个时候，一个叫菲拉的女教师接了这个班。新学年开始的第一天，菲拉没有像以前的老师那样整顿纪律，先给孩子们一个下马威，而是出了一道选择题：

A 笃信巫医，有两个情妇，有多年的吸烟史，而且嗜酒如命；

B 曾经两次被赶出办公室，每天到中午才起床，每晚都要喝大约一公升白兰地，而且曾经有过吸食鸦片的记录；

C 曾是国家的战斗英雄，一直保持素食的习惯，不吸烟，偶尔喝点酒，但大都只是喝一点啤酒，年轻时从未做过违法的事。

菲拉要求大家从中选出一位在后来能够造福人类的人。毋庸置疑，孩子们都选择了C。然而菲拉的答案却令人大吃一惊："孩子们，我知道你们一定都认为只有最后一个才是最能造福人类的人，然而你们错了。这三个人大家都很熟悉，他们是二战时期的著名人物：A 是富兰克林·罗斯福，身残志坚连任四届美国总统。B是温斯顿·丘吉尔，英国历史上最著名的首相。C的名字大家也很熟悉，阿道夫·希特勒，一个夺去了几千万无辜生命的法西斯恶魔。"孩子们都呆呆地瞅着菲拉，他们简直不相信自己的耳朵。

"孩子们，"菲拉接着说，"你们的人生才刚刚开始，过去的荣誉和耻辱都只能代表过去，真正能代表一个人一生的是他现在和将来的所作所为。从过去的阴影中走出来吧，从现在开始，努力做自己一生中最想做的事情，你们都将成为了不起的人才……"

正是菲拉的这番话，改变了26个孩子一生的命运，如今这些孩子都已长大成人，其中的许多人都在自己的岗位上做出了骄人的成绩，有的做了心理医生，有的做了法官，有的做了飞机驾驶员。值得一提的是，当年那个个子最矮的最爱捣乱的学生罗伯特·哈里森，今天已经成为华尔街上最年轻的基金经理人。

 教育智慧:

过去的荣誉和耻辱都只能代表过去，真正能代表一个人一生的是他现在和将来的所作所为。

071. <u>不同的孩子有不同的秉性</u>

有个班级集体郊游，事前，老师再三叮嘱同学们不要带小刀等危险品。

上车后，老师就问："谁带小刀了，请赶快交出来。"立刻，7个同学交了出来。

接着老师换了口气："我知道有人还没交，以后要是在旅途中被我发现，我将对这些同学不客气。"

不一会儿，有两个学生怯怯地交出两把小刀。

而后，老师又换了一种口气："各位同学，老师现在要削苹果，谁有刀吗？"

话音刚落，又有同学拿出了两把小刀。

粗茶淡饭吃多了会烦，山珍海味吃多了会腻。只会做一种菜的厨师不是好厨师，同样，只会用一种方式讲话的老师也不是好老师。

不同的孩子有不同的秉性，如果不加以分辨，只用一种方法对待，那么就像不熟悉水域的水手来掌舵，再好的轮船也会触礁。

 教育智慧：

不同的孩子有不同的秉性，如果不加以分辨，只用一种方法对待，那么就只能解决部分问题。

072. *最严厉的惩罚*

克利夫·巴罗斯是比利·布雷汉姆牧师团的负责人。他曾向我们讲述了自己教育子女的一个故事。

当时他的儿子鲍比和女儿贝蒂还很小，做了父亲禁止他们做的事。克利夫警告说，如果下次再犯，就要处罚他们。第二天下班，克利夫发现一对儿女故伎重演，根本没把自己的话当回事。克利夫很恼火，但看着孩子们可怜的样子又心软了，他不忍心处罚他们。任何慈爱的父母都可以理解克利夫进退两难的心情。我们很多人都有过类似的经历。克利夫对我说："鲍比和贝蒂都很小。我把他们叫进房间，然后我解下自己的皮带，脱下衬衫，光着脊梁跪在床前，让他们每人用皮带抽我10下。

"你想像不到他们哭得有多伤心，那是发自内心的、悔恨的眼泪。他们不想抽打自己的父亲，但我们有言在先，犯了错就要受惩罚。我告诉他们，处罚是不可避免的，但作为父亲我决定替他们承受。我坚持要他们用力打满 20 下。两个孩子边打我，边痛哭，比受到最严厉的惩罚时还难过。

"每每回忆起那时的情景，我都忍不住要微笑，我不是个英雄，我当时也很怕疼。这样的事，我可不愿意做第二次。不过，孩子们也用不着我做第二次牺牲了。

"从那以后，我甚至再没打过鲍比和贝蒂，因为他们知道我爱他们，但不会因此而忽视他们的错误。所以他们总是非常听话，不是怕被罚，而是出于对我的尊重和爱。"

 教育智慧：

他们总是非常听话，不是怕被罚，而是出于对我的尊重和爱。

073. 敢于梦想

一个出生于美国旧金山贫民区的小男孩，从小因为营养不良而患有软骨症，在 6 岁时双腿变成弓字形，小腿更是严重萎缩。然而，在他幼小的心灵中一直藏着一个没有人相信会实现的梦想，那就是有朝一日成为美式橄榄球的全能球员。他是传奇人物橄榄球明星吉姆·布朗的球迷，每当吉姆所在的克里夫兰·布朗斯队和旧金山四九人队在旧金山比赛时，这个男孩便不顾双腿的不便，一跛一跛地到赛场去为心目中的偶像加油。由于他穷得买不起票，所以只有等到全场比赛快结束时，从工作人员打开的大门溜进去，欣赏最后剩下的几分钟。

有一次他在布朗斯队和四九人队比赛后，在一家冰激凌店里终于有机会和心中的偶像面对面接触了。那一年他 13 岁。

那是他多年来所期望的一刻。他大大方方地走到那位大明星的跟前，朗声说道："布朗先生，你晓得一件事吗？"吉姆转过头来问："小朋友，请问是什么事呢？"男孩以一副自豪的神态说："我列过你所创下的每一项纪录。"吉姆·布朗十分开心地笑了，然后说："真不简单。"这时小男孩挺了挺胸膛，眼睛闪烁着光芒，充满自信地说道："布朗先生，有一天我要打破你所创下的每一项纪录。"

听完小男孩的话，这位美式橄榄球明星微笑地对他说："好大的口气。孩子，你叫什么名字？"小男孩得意地笑了，说："奥伦索，先生，我的名字叫奥伦索·辛普森，人家都管我叫 O·J。"

九年后，奥伦索·辛普森的确如他少年时所说的，在美式橄榄球赛场上打破了吉姆·布朗创下的所有纪录，同时又创下了一些新的纪录。

 教育智慧:

心有多大，世界就有多大。

074. 对任何人都保持一种尊敬之心

有一年圣诞节前夕，小杰斐逊与父亲到小镇上去购物。杰斐逊的父亲是一位心胸开阔、仁慈宽厚的人。他对任何人都能满怀爱心。

那次，杰斐逊抱着很多的东西，走得好累，而且愈来愈烦躁，心里只想着快点回家。这时一个满脸胡茬儿、目光呆滞、又老又脏的乞丐走过来向杰斐逊伸手要钱。杰斐逊赶紧推开他的手，很不耐烦地叫他走开。

"你不该这样对一个人。"当他们走开几步、乞丐听不到他说话的声音时，父亲对杰斐逊说。

"可是，爸爸，他只不过是个乞丐。"

"乞丐？"父亲说，"孩子，世间并没有所谓的乞丐，他也是上帝的儿子，我们对任何人均该保持一种尊敬的心情。现在我要你把这个交给他。"父亲从他的皮夹里掏出一张一元的钞票给杰斐逊。就当时他们的家境而言，这是一笔大数目。"照我所说的去做，把这张钞票送给他，并且恭恭敬敬地说'我以基督的圣名送这一元钱给你'。"

"不，"杰斐逊拒绝道，"我不想这样说。"

父亲坚持道："去，照我说的去做。"

于是，杰斐逊跑到乞丐面前，对他说："喂，先生，我以基督的圣名送给你一元钱。"

这个老人看着杰斐逊，非常惊讶。然后，他的脸上浮现出愉悦的笑容。他的笑容让杰斐逊忘记了他脸上的污垢和胡茬儿。乞丐优雅地欠身对杰斐逊说："我感谢你，以基督的圣名感谢你。"

 教育智慧：

世间并没有所谓的乞丐，他也是上帝的儿子，我们对任何人均该保持一种尊敬的心情。

075. 做最好的自己

想取得成功，首先要做的就是"做最好的自己"。换而言之，成功就是按照自己设定的目标，充实地学习、工作和生活，就是始终沿着自己选择的道路，做一个快乐的、永远追逐兴趣并能发掘出自身潜能的人。

在国内，大学老师们都会跟你说："优秀是有标准的，我们有一个给学生打分的指标体系。"这种给人才贴标签、分类别，给成功评等级、定指标的做法在国内教育界几乎是根深蒂固的。从幼儿园开始，老师们就习惯于将孩子简单地划分为"好学生"和"差学生"两种类型，就好像他们分别是从两个不同的模子里倒出来的一样。

而美国教育界的思维方式恰恰与此相反。有一次，一位中国家长问美国某大学的校长："你们学校里有多少好学生，有多少差学生？"校长诚恳地说："我们这里没有差学生，只有个性特点不同的学生。"

也就是说，每一个人都有自己的特长和潜质，在多元化成功的模式中，只要主动选择，每个人都有成功的机会。

曾有这样一件事，复旦附中高三女生汤玟捷，在校成绩排在100名左右。在国内的许多老师看来，汤玟捷并不是一个特别出色的学生。

但是，汤玟捷却因为自身优异的综合素质，成为2004年惟一被哈佛提前录取的中国学生并获得全额奖学金。

顿时，汤玟捷的成功在社会上激起强烈的反响，来自上海的"哈佛女孩"炙手可热。那段时间汤玟捷每天都会接到不少电话，希望她出书介绍成功经验。但汤玟捷告诉记者，她不愿出书，不愿把自己的经历简化成抽象的"成才公式"，因为"我们是野生植物，不是园林植物。每个人独特的优点就是自信的源泉。"

 教育智慧：

想取得成功，首先要做的就是"做最好的自己"。

076. 对于孩子来说，过多的财富是个大包袱

你可以让儿子继承万贯家财，但是你真正给了他什么呢？你不能把自己的意志、阅历、力量传给他；你不能把取得成就时的兴奋、成长的快乐和获取知识的骄傲传给他；也不可能把经过苦心训练才得来的严谨作风、思维方法、诚实守信、决断能力、优雅风度传给他……

那些隐含在财富之中的技巧、洞察力和深思熟虑，他是感受不到的。为了挣得巨额财富，保住自己高高在上的地位，你培养出了坚强的毅力和苦干的精神，这都是从实际生活中逐步锻炼和塑造出来的。对于你来说，财富就是阅历、快乐、成长、纪律和意志。而对于你的继承人来说，财富

则意味着诱惑，可能会让他更焦虑、更卑微。财富可以帮助你取得更大的成功，但对于他来说，则是个大包袱。

是的，如果你为孩子做了所有的事，单单忘了教诲他养成勤奋工作的习惯，对他则是最为不幸的事，他会沦为生活的弱者。

我们经常可以看到这样的悲剧：一位富商把自己的孩子安置在自己开设或自己担任股东的企业里，尽管他的孩子毫无本领，可职位却高人一等。在这孩子手下做事的员工，都比他努力，经验也比他丰富得多。没有人对他心悦诚服，这使他陷入尴尬的境地，羞愧难当。

一个人只有靠自己奋斗、竭尽自己的心智、克服无数的艰辛谋到职位，才算得上真正的光荣，才能获得别人的信任和尊重。

 教育智慧:

如果你为孩子做了所有的事，单单忘了教诲他养成勤奋工作的习惯，对他则是最为不幸的事。

077. "父严母宽" 应该缓行

父母教育孩子应该循循善诱、因势利导，而不应该只是在一旁立规矩、下禁令，总是指责挑剔，或过于迁就、放任自流。在绝大多数人的教育理念中，都把"父严母宽"看成是家庭教育的上上策，认为一个唱白脸，一个唱红脸，相辅相成，就可以使孩子顺从听话。而事实却绝非如此。试想一下，一个过于严厉，一个过于宠爱；一个要求严格，一个迁就有加，在这样的氛围中，孩子在严厉家长面前，如同见了猫的老鼠一样，处处小心提防，什么都不敢做；而在慈爱的家长面前，则是大胆放肆。如此的家庭教育肯定会造成孩子心理上的畸形发展，从而失去家庭教育的意义。

"一严一宽"绝不是家庭教育的上上策，正确的教育态度应该是父母双方都要有严有宽，宽严相济，这样在教育孩子上才能取得良好的效果。

 教育智慧：

"一严一宽"的家庭教育肯定会造成孩子心理上的畸形发展，从而失去家庭教育的意义。

078. 只要你同意，孩子会一直依靠你

孩子在小时候父母包办过多，吃饭、穿衣及日常起居没有较早地自理而让别人侍候，总是绕着妈妈的围裙转，不敢离开几步，于是直接形成了依赖心理，形成了惰性。

此外，父母所给予的凭借过多，不用努力奋斗也能生活下去，这更是形成依赖心理、不能独立、不能健全发展个性的重要原因。

所以，如果父母给予的凭借过多，你并不是爱他们，而是害了他们。你使他们不能健全发展和成熟——人生的损失还有什么比这更惨重的呢？

一家大公司的老板曾说，他准备让自己的儿子先到另一家企业里工作，让他在那里锻炼锻炼，吃吃苦头。他不想让儿子一开始就和自己在一起，因为他担心儿子会总是依赖他，指望他的帮助。

在父母的溺爱和庇护下的孩子很少会有出息。只有自立精神能给人以力量与自信，只有依靠自己才能培养成就感和做事能力。

把孩子放在可以依靠父母或是可以指望帮助的地方是非常危险的做法。在可以触到底的浅水里是无法学会游泳的，而在一个很深的水域里，孩子会学得更快更好。当他无路可退时，他就会全力以赴。依赖性强、好逸恶劳是人的天性，而只有"迫不得已"的形势才能激发出他们身上最大的潜力。

　　待在家里，总是得到父母帮助的孩子一般都没有太大的出息。而当他们不得不依靠自己，不得不动手去做，或是在蒙受了失败之辱时，他们通常就能在很短的时间内发挥出惊人的能力来。

　　年轻人需要的是原动力，而不是依靠。他们天生就是学习者、模仿者、效法者，如果给他们太多帮助，他们很容易变成仿制品。当你不提供拐杖时，他们就无法独立行走。只要你同意，他们会一直依靠你。

教育智慧:

　　如果给他们太多帮助，他们很容易变成仿制品。当你不提供拐杖时，他们就无法独立行走。

079. 放下手中的鞭子

　　经常挨打的孩子，往往会出现一些不良的心态和心理偏差：

　　①冷漠。孩子做错事以后，往往希望父母原谅，希望父母给予指导，以后再遇到这种情况时应该怎么做。但父母采取打的方法，只能使孩子的心离父母更远，慢慢地对父母感情变得淡漠。

　　②自闭。孩子做错事以后，有时会说漏嘴，这时如果父母动手打孩子，那么孩子就会尽量少说话，以免被发现破绽，泄露实情。"少说为妙"的念头产生后，孩子慢慢就会变得内向，沉默寡言。

　　③盲从。如果孩子发现只要听父母的话，就可以不挨打，那么孩子就会放弃自己的看法，渐渐变得没有主见，照搬父母的意见。一旦如此，孩子长大后，往往是干什么都难有创新，没有自己的观点，需要别人发出指令才能工作。

　　④说谎。孩子为了避免皮肉之苦，常常会采取隐瞒和欺骗的办法。如果骗过去了，那么孩子就认为撒谎是个好办法，因此，干坏事就没有顾

忌，反正用撒谎的办法可以逃脱惩罚。如果没有骗过去，那么孩子就会认为是自己的撒谎技术不够高明才被打骂的，以后遇到同样的情况时，会努力骗得更高明。

⑤推卸责任。为了逃避，孩子做错事后就开始推卸责任。时间长了，孩子的责任心就会减弱，做任何事情都会抱着无所谓的态度，反正做得不好，到时候可以不承认是自己做的，可以把责任往别人身上推。

⑥懦弱。如果孩子动不动就被父母殴打，那么时间长了，一见到家长，就会感到害怕，不敢接近，容易形成懦弱的性格，时间长了就会感到孤立无援。

⑦自卑。被父母打尤其是父母当众打孩子，会使孩子的自尊心受到伤害，往往会感到"低人一等"，认为老师和小朋友都看不起自己而抬不起头来。因此，这种孩子往往不敢独立承担任务。长大以后，见到单位的领导或者谈判对手的时候，往往会紧张和局促不安。

⑧固执。有的家长动不动就打孩子，使孩子形成了很强的对立情绪，突出的表现就是逆反心理很强，成了"油盐不进的四季豆"。家长让他往东他偏要往西，通过不断地故意捣乱来表示反抗。

⑨对抗。有的孩子越打越不认错，明明他知道自己做错了，偏要嘴硬说父母错了。有时还会采用离家出走、逃学来与家长对抗，使家长焦头烂额。

⑩粗暴。由于孩子模仿性很强，所以父母打孩子，实际上起了教自己的孩子去打别人的榜样作用。这样一来，孩子可能会形成蔑视一切的性格。

⑪喜怒无常。有的家长打了孩子之后，还说是为了孩子好，是为了教育孩子，是爱孩子，这往往会让孩子感到迷惑不解。久而久之，孩子会变得喜怒无常。

总之，家长期望通过打来教育孩子的做法，肯定是错误的，企图通过这种极端的方式来使孩子变得听话，是不可能的。

教育智慧:

武力不仅伤害孩子的身体，更重要的是伤害孩子的心灵。身体的创伤容易恢复，而心灵的损害却后患无穷。因此，放下手中的鞭子，用爱来滋润孩子的心灵。

080. 必要时，孩子也能说"不"

孩子从一出生起就是属于你的，你甚至认为为他们安排一切是你的权力和责任。然而，这些小家伙的大脑却为他们自己设定了框架，你应该帮助他们认识他们自己的方向。有时他们的理想与你的愿望一致，但通常情况下，他们的理想和你的愿望恰恰相反。

如果你强迫孩子服从你设定的模式，不但你的生活会变得糟糕，孩子们的生活也会如此。你要学会放手。

有时你苦心培养他们，使他们成为你心目中的样子，可是当他们长大成人后，他们却不得不接受心理治疗。我们不希望他们接受这样的帮助，我们宁愿看到他们能过上他们自己想要的生活。鼓励他们成为真正的自己，而不要让他们一味适应社会、适应生活。爱他们就要顾及他们的自尊，使他们实现梦想，前提就是欣赏他们的独特之处。要支持他们，按照他们的特性塑造他们。

必要时，孩子也能说"不"。既然你很乐意听到孩子说"是的"，你就应该尊重他们的"不"。希望孩子尊重你，就要先做到尊重你的孩子。

成功更多地取决于他自身的表现，而不是你对他施加的影响。并非人人都要上大学、人人都要成为重量级人物。你施加的压力越大，你遭到的反抗就越多；你越宽容，就越能得到更多的快乐，双方的关系也会更加融洽。

当然，你希望给孩子灌输良好的价值观，培养明辨是非的能力是非常必要的，但这些教育只是为他们创造良好的环境，养成好习惯才是他们发挥聪明才智的平台。一旦你为火箭竖好了发射架，你要做的就是向后退，欣赏它的起飞。

 教育智慧:

养成好习惯是他们发挥聪明才智的平台，一旦你为火箭竖好了发射架，你要做的就是向后退，欣赏它的起飞。

081. 让孩子经常体验成功的快乐

让孩子经常体验成功的快乐，就能使孩子从一个成功走向另一个成功。正如美国心理学家威廉·詹姆斯和朗格这两位学者在回答"人流泪时为什么显得很悲痛"这个问题时所说的那样，"人并不是因为流泪而悲痛，是因为悲痛而流泪。"换言之，在教育孩子方面，并不是孩子厌学成绩才不好，而是因为成绩不好才厌学。

朗格曾对美国的两所小学做过一次调查，两所同样的小学，一个学校培养出来的学生大都是认真而优秀的学生，并且几乎所有的学生都升入了中学。另一个小学的学生问题一大堆，毕业时的成绩也一塌糊涂。

后来朗格对产生这种现象的原因进行了研究。原来，这些成绩差的孩子普遍认为"自己总是被别人指责，今后还将继续被别人指责"，这种破罐子破摔的思想导致他们丧失了学习的动力。

朗格认为，孩子们一蹶不振不是能力和性格的问题，最大的原因是"反正就这样了"的"失败体验"。这种体验直接扼杀了孩子进取的积极性。要医治孩子厌学的毛病，设法消除"成绩不好"的失败体验，让其体验到"成绩好"的成功感受非常重要，因为孩子成绩好，必然会喜欢学习。

要让有过"失败体验"的孩子感受到成功的喜悦,增强他们的自信心,家长和老师不妨在孩子未察觉的情况下,悄悄地从以前孩子做过的习题中,找出孩子确实能得满分的题让其做。通过做这些题,孩子不知不觉地就对"自己能做"有了切实感觉,尝到了正确解题的快乐感,孩子有了这种成功的体验就可以慢慢恢复自信,同时弄懂了过去尚未弄明白的问题,扫除了前进中的障碍。

美国有一位著名的儿童脑神经外科专家,自幼患了一种学习障碍症,小学三年级以前,数学老师从未在他的作业本上打过对号。看到满本的错号,他几乎对学习失去了信心。四年级时换了一位数学老师,从此改变了他的命运。新来的老师拿起他的作业本,亲切地说:"你太大意了,咱们再写一遍。"第二遍还是没对,可老师却在本子上打了几个对号。他激动得几个晚上睡不着觉,这对他来说太重要了。后来在老师的帮助下,他竟迷上了数学。

如果从求真的角度讲,教师也许不应该这样做,可教育不仅是培养孩子的手段,更是一门艺术,应该求善求美。

 教育智慧:

并不是孩子厌学成绩才不好,而是因为成绩不好才厌学。

082. 培养孩子的忍耐力

对于现在的孩子来说,无论是精神上还是物质上,其条件都是得天独厚的。因为现在每个家庭都很富足,让孩子手头上有些零花钱也是可以理解的。但是,如果父母还对他溺爱有加,对他的要求百依百顺,那就大错特错了。

因此，培养孩子的忍耐力是非常重要的。

孩子总是会吵着要这要那的，如果你因为不能忍受他的吵闹而不断给他买东西的话，就会变得对孩子的要求惟命是从了。在这种情况下，请不要把无限制地满足孩子的要求误解为对他的疼爱。相反，当孩子想要什么东西的时候，正是教会他忍耐的最佳时机。

也就是说，孩子的要求如果是合理的，不仅仅是买给他，更要让他意识到"什么情况下可以得到"。如果是通过努力得到的东西，不仅获得的满足感不可同日而语，而且对于到手的东西也会加倍珍惜的。

但不得不注意的是，孩子在父母那里得不到想要的东西时，很可能马上会去向爷爷奶奶求助。因此，父母和祖父母团结一致是很重要的。父母决定的事情，祖父母一定不要进行破坏。

锻炼其忍耐力，这在教育当中也是很重要的。

 **教育智慧:**

培养孩子的忍耐力是不可或缺的，忍耐能够让人成长。

083. 给孩子以最高的期望

1968 年，哈佛大学的心理学教授罗森塔尔在美国的一所小学，从一年级至六年级各选 3 个班，对这 18 个班的学生做了一番"煞有介事"的预测未来发展的测验。然后将"最佳发展前途"名单悄悄交给校长和有关老师，并一再叮嘱：千万保密，否则会影响实验的正确性。8 个月后进行复试时，奇迹出现了，名单上的学生，个个成绩进步很快，情绪活泼开朗，求知欲旺盛，与老师感情特别深厚，最后都成为名副其实的优秀生。

当你想要孩子把事情做得更好的时候，通常会借用责骂、威胁，或是对他说"难道你不觉得这样很丢脸吗"来刺激他。可是，事实上这些话不但不会产生效果，反而可能会把事情弄得更糟。因为人的行动有一个根本的法则，那就是：如果你给他一个角色，他会为扮演这个角色而行动。所以，如果你责骂他，他心里会想，反正在你眼中自己已是个一无是处的人，那么就做这样的人吧！也就是说，他会接受你心中所设想的形象，而后按照这个形象来行动。你发怒时，指责孩子这个不是、那个不是，顶多只让孩子知道你瞧不起他。

拿破仑说："如果你想让一个胆小的士兵变得勇敢，只要告诉他，你信赖他，并且相信他是勇敢的，他就会变成一个勇敢的人。"

罗森塔尔在接受《读者文摘》访问时表示，有些孩子的功课不好，是因为老师对他期望较低的缘故。因此，如果老师对学生抱有很高的期望，那么学生就会有好的成绩。他说："我的实验，证明了老师和学生间有微妙的交互作用。老师透过说话的声音、面部的表情，无意中传递给学生他的期待，学生接受这些讯息后，就会寻求改变自己。"

 教育智慧：

如果你想让一个胆小的士兵变得勇敢，只要告诉他，你信赖他，并且相信他是勇敢的，他就会变成一个勇敢的人。

084. 采用发挥长处的方法会带来更好的效果

当孩子从学校带回成绩单时，你采取什么态度呢？孩子很在意父母对自己成绩的评定。对孩子的成绩，给予不一样的评价，往往会带来截然不同的结果。父母的评定是积极的，可以让孩子更上一层楼，相反则可能让孩子变得不喜欢念书。通常这是个很大的转折点。

事实上，教育孩子时父母有两种做法："发挥长处"和"改正缺点"。但是就孩子的心理而言，如果大人总是把眼光放在缺点上，是极易造成反面效果的。从心理学角度来看，采用发挥长处的方法可能会带来更好的效果。

不管是孩子在体育、音乐等哪一科，即使不是父母眼中的主要科目，只要是孩子自己擅长的科目，都可以建立起他们自信。而由此建立起来的自信，具有带动其他科目的效果。

但是，如果那个擅长的科目被父母忽视，而不擅长的科目被屡屡提及，这样被迫勉强学习的话，所有科目都会变得很糟，连对自己喜欢的科目，也会渐渐失去热情。对学习有几分自卑感的孩子，一旦被要求全心投入于自己不喜欢的科目，孩子将对自己的能力产生怀疑，这样自卑感越来越重，甚至对学习产生厌恶。

父母们应该意识到，在教育孩子方面，必须从内心建立起鼓励长处、改正缺点的这一种意识。既然目的是希望孩子有良好的发展，就要采取能达到这一效果的最好方法。当然在给予孩子表扬的时候，一定要突出自己已经注意他有不良表现的一面，在批评他的同时也要有肯定。为了得到更多的肯定，孩子会在将来尽力做出更好的表现。

 教育智慧：

如果孩子那个擅长的科目被父母忽视，而不擅长的科目被屡屡提及，这样被迫勉强学习的话，所有科目都会变得很糟，连对自己喜欢的科目，也会渐渐失去热情。

085. 在孩子面前穿衣不能过于暴露

进入火热夏季，一到家就换上凉爽居家服成为大家的习惯。不少男士习惯穿着紧身内裤、女性身着吊带低胸内衣在家中走来走去。专家认为，对于家中有 3 岁以上孩子的父母来说，在家穿衣还需谨慎，一不留神性感衣着很可能就会唤起孩子的性冲动。对于孩子来说，其内心深处的好奇和自责是父母难以理解的。

专家指出，异常的母子、父女关系会导致孩子的性心理障碍。对儿童过早的性刺激，包括父母亲的性暴露、听到有关性的谈话、生殖器受到成人抚弄等，是成人后性变态的原因之一。孩子在突如其来地遭遇性困惑或者性冲动后，如果没被及时纠正，很可能影响孩子的正常性心理，甚至还可能引起性功能障碍。

提醒家长，孩子超过 3 岁，家长一定要注意自己的穿着了，不能在孩子面前过于暴露，并且应该有意识地为进入青春期的孩子灌输一些性知识。早期的性健康教育是在不知不觉中将性知识的传授融入到孩子的日常生活中。

 教育智慧:

孩子超过 3 岁，家长一定要注意自己的穿着了，不能在孩子面前过于暴露，并且应该有意识地为进入青春期的孩子灌输一些性知识。

086. 别把爸爸摆出来吓唬孩子

生活中，一些母亲总是喜欢把孩子的爸爸摆出来吓唬孩子，似乎爸爸对孩子来说更具有威慑力。这种做法并不科学，只是拖延了孩子受罚的时间。孩子在听到母亲的警告后，不是静心悔过，而是陷入了等待爸爸对他惩罚的恐惧中。等爸爸回来，孩子早已忘记曾经犯过什么错了。再惩罚他，孩子也许觉得很委屈，他会在心里埋怨妈妈"告密"。

此外，这样的做法还有一个问题存在：如果孩子在母亲面前犯了错误，为什么母亲却说"叫爸爸来收拾你"呢？此举莫非在暗示母亲没有教育孩子的主权？如此一来自己也破坏了身为人母的权威性。似乎在告诉孩子，父亲才要畏惧，母亲不足惧的事实。久而久之，孩子可能会在心里轻视母亲的威严。

所以，在孩子出现不良行为时，作为母亲应该及时禁止和警告，该批评的就批评，并引导改正。而不要拖到等孩子的父亲回来再施行惩罚，否则将失去教育的效果。

在现实生活中，不要让孩子产生这样的思想：母亲总是慈爱的象征，父亲总是凶神的化身。这样他就会利用母亲的慈爱，畏惧父亲的威严，从而过多地依赖母亲而对父亲有所敌意。如果孩子不能在犯错时马上意识到自己的错误，无论在场的父亲或母亲都应该及时教育他改正。

 教育智慧：

如果孩子在母亲面前犯了错误，为什么母亲却说"叫爸爸来收拾你"呢？此举莫非在暗示母亲没有教育孩子的主权？

087. 做好睡前教育

孩子睡觉前的 10 到 20 分钟，是最为宝贵的也是最有影响的一段时间。讲个合适的故事，既表现出你对他们的爱意，又能让孩子带着丰富的想像，进入甜甜的梦乡。

我的一位朋友，他的孩子们就非常喜欢睡觉前的时间，因为爸爸总是讲一些故事，把他们也编进去，还让他们成为主要人物。你可以预先准备好这样的故事，或者向周围具有想像力的朋友要些主意。

另外一个特别棒的做法就是问你的孩子："你觉得今天最喜欢做的事情是什么呀？"帮助他们想起今天所有快乐的事情，如此一来，他们就会很平静、很满足地进入梦乡。一些心理学家认为，这种做法有助于孩子战胜消沉情绪。

试着做一次，这既会让孩子直接受益，也会加强你和他们的纽带关系。坚持下去，养成一种日常习惯。付出的努力虽小，但收获却是巨大的。

 教育智慧：

讲个合适的故事，既表现出你对他们的爱意，又能让孩子带着丰富的想像，进入甜甜的梦乡。

088. 孩子必备的九种品格

作为父母，要培养你的孩子从小就具备下述品格：

①独立与自治的需要强烈，爱自我满足、自我指导。

②具有高度的自我控制力。

③创新能力强。

④喜欢抽象思考，求知欲望强烈。

⑤爱提意见。

⑥在思想上能不顾群体的压力，较少有从众行为。

⑦与其他人关系比较疏远，态度比较超然，喜欢处理抽象的问题而不喜欢与人交往。

⑧喜欢揭开未知领域的奥秘。

⑨喜欢有秩序的和正确的事物，但也接受矛盾和无秩序所产生的挑战。

 教育智慧：

从小培养的品格，能够影响孩子的一生。

089. 绝不能说 "妈妈不要你了"

如果你在生气的时候，可能对孩子说："某某孩子多听话，妈妈不要你了，妈妈要他做孩子。"这些恐吓的字眼对年幼的孩子而言是非常可怕的。害怕遭到抛弃，是年幼孩子最深最深的恐惧之一。对他们而言，父母就像全能的神一样，是生存的依靠。因此，这样的恐吓在小孩子听起来仿佛天打雷劈。

害怕被抛弃是人类最原始的恐惧之一。当我们年纪还很幼小，当我们的生存完全依赖我们的父母或其他照顾者的时候，我们就开始有这样的恐惧了。

因此，一个婴幼儿如果认为自己失去了父母这个靠山，可以想像，他的心里一定是万分脆弱、万分恐惧的。父母如果在盛怒时说了什么话或做了什么事让孩子产生这样的恐惧，这个孩子一定会变得很没有安全感。

当然，我们在气头上讲出来的话多半是无心的，但我们却很容易在生气时故意讲出某些我们明知最有杀伤力的话来刺伤对方，像"我不再爱你了"、"我不要你了"……这些话都可能造成极深的伤害或永久的伤疤。所以切忌说出口，以免造成孩子心灵上的阴影。

 教育智慧:

害怕被抛弃是人类最原始的恐惧之一。

090. 成长是一个漫长的较量

有一个年幼的孩子，一直不明白为什么自己的同桌每次都能考第一，而自己每次都只能远远地排在他的后面。回家后他问妈妈："妈妈，我是不是比别人笨？我觉得我和他一样听老师的话，一样认真地做作业，可是为什么我总比他落后？"妈妈听了儿子的话，感觉到儿子开始有自尊心了，而这种自尊心正在被学校的考试排名伤害着。她望着儿子没有回答，因为她不知该怎样回答。

又一次考试，孩子进步了，考了第 20 名，而他的同桌还是第一名。儿子又问了同样的问题，妈妈真想说，人的智力确实有高低之分，考第一的人脑子就是比一般的人灵。然而这样的回答难道是孩子真想知道的答案吗？她庆幸自己没说出口。但是，应该怎样回答孩子的问题呢？

儿子小学毕业了，虽然他比过去更加刻苦，但依然没赶上他的那位同桌，不过他的成绩也一直在提高。为了鼓励儿子的进步，妈妈带他去看了一次大海。就是在这次旅行中，妈妈回答了儿子的问题。妈妈和儿子坐在沙滩上，她指着海面对儿子说："你看那些在海边觅食的鸟儿，当海浪打来的时候，小灰雀总能迅速地起飞，它们拍打两三下翅膀就升入了天空；而海鸥总显得非常笨拙，它们从沙滩飞向天空总要很长时间。然而，真正能飞越大海横渡大洋的还是海鸥。"

人的成长是一个漫长的较量，能否取得最后的胜利不在于一时的快慢。如果你能够在自己成长的道路上静下心来，遇到困难不气馁、不灰心，矢志不移地前进，那么你必将获得最后的胜利。

 教育智慧：

人的成长是一个漫长的较量，能否取得最后的胜利不在于一时的快慢。

091. 适量劳动可使孩子快乐

美国哈佛大学历时 40 余年研究，发现了一个值得注意的问题：适量劳动可使孩子快乐。研究人员在波士顿市旧市区内对 456 名青年的生活的研究中发现：当这些青年人到了中年，不论智力、家庭、收入、种族背景或教育程度如何，那些童年时参加过劳动，甚至只是简单家务劳动的人，都比那些小时候从不做事的人生活得愉快。参加这项研究的精神病学家韦朗特认为：解释这些并不困难，因为孩子在劳动中，不仅获得了才干，而且会意识到自己的社会价值。研究表明，孩子们童年时的活动与成年后的情况有着惊人的关系。那些童年劳动得分最高的人，成年后交游广泛的可能性高出 10 倍，获得高薪的可能性大 4 倍，易失业的可能性要小 15 倍。那些童年时很少劳动的人，犯罪被捕的可能性较高，精神不健全的可能性大 10 倍。韦朗特说："我相信这些原则在今天也不过时。"专家们普遍认为，那些替孩子做一切事情的父母，实际上是害了孩子。

家庭教育专家伊丽莎白·邦得里说："给孩子布置家务是让孩子建立自我价值感和相信自己能力的一种最好的方式。习惯于承担家务的孩子，在走向成年的过程中，往往比那些缺乏这种体验和责任感的孩子更容易适应生活。"从小就干家务活儿的孩子，长大以后往往比不干家务的孩子更懂得如何照顾好自己。他们从小就懂得干好一件工作是多么有价值，每完成一项工作是多么让人愉快，而不干家务活儿的孩子则不会懂得这些，也不会有这种感受。

 教育智慧：

从小就干家务活儿的孩子，长大以后往往比不干家务的孩子更懂得如何照顾好自己。

092. 让孩子正视自己的错误

小孩子不小心被绊倒了，妈妈们通常有两种处理方式，一是赶紧跑到孩子身边，边扶起孩子边哄着："不哭，是谁把东西放在这儿的？让妈妈把它拿开。"或者说："是这个坏东西把宝宝绊倒了，让妈妈打它。"接着用手在绊倒孩子的东西上拍打，以给孩子出气。

这种做法，无意中暗示孩子，责任应该由别人来负。同时也养成了孩子怨天尤人的习惯。同样的情形，懂得教育孩子的妈妈则会说："走路应该看着前面才对呀，你没注意看路才会摔倒，所以要学会自己爬起来，下次不要再被绊倒了。"这样的教育方法不仅让孩子懂得了坚强，还让其对责任感有了一定的认识。

那些有责任感的人，能清醒地认识自己的问题，正视自己的错误，这种阳光心态使人能够吸取教训，走得更高、更远。

 教育智慧：

不正视自己的错误，孩子会养成怨天尤人的习惯。

093. 让孩子自己提出处罚的方式

避开痛苦的力量远远大于追求快乐的力量。所以，对于孩子特别想达到的目标，可以在设定达到目标给予奖励的同时，再与孩子约定完不成目标的处罚方式，运用双重激励来提高孩子达到目标的几率。约定处罚时，一定要注意方法，要让孩子自己提出处罚措施，父母来表决通过。处罚必须是他不喜欢或讨厌的事情。越是他害怕的东西，越是他想要避开的东西，就越有助于刺激他去实现目标。

处罚其实不是目的，设立处罚的目的，主要是给孩子不努力时的痛苦联想。孩子为了逃避自己设定的处罚，就会更加努力地去实现目标，这样目标往往可以达到，处罚也就不会真的发生。当然，处罚措施一定不要伤害孩子的身心，这样，万一孩子没有实现目标，要实施处罚措施时，也不会影响孩子的身心健康。这种得到孩子事先认可的处罚，只要运用得当，就能快速帮助孩子取得进步或改正缺点。要给孩子讲清楚约定处罚的目的是为了促进他达到目标。在得到孩子认同的基础上，这种激励方法才会获得更好的效果。

世界著名作家马克·吐温认为，当孩子有了过失，不能姑息，必须给予适当的处罚。而处罚的方式不是由家长提出的，而是由被处罚者自己提出，然后要经过全家同意再实施。有一次，当女儿苏西打了妹妹时，马克·吐温就让苏西自己提出几种处罚方式，其中一项是不能和其他孩子一起坐干草车去农场，而这是她和其他孩子最喜欢的事情之一。这样的处罚既没有伤及孩子的身体，也达到了惩戒的作用。之后，苏西和其他孩子几乎再没有发生过随意打人的现象。

 教育智慧：

这种得到孩子事先认可的处罚，只要运用得当，就能快速帮助孩子取得进步或改正缺点。

094. 反复责备会让孩子放弃努力

当父母说一个孩子马马虎虎时，他可能会想："这不过是我的一次马虎行为，我其实可以做好的。"然而，如果父母不顾孩子的感受，不断重复说孩子的坏习惯，并开始责怪辱骂他时，孩子就会相信父母的话，认为自己确实是一个马虎的人。从那个时候起，他可能会避开需要认真的事情，因为他确信自己太马虎了，无法获得成功。

当父母说一个孩子愚蠢、笨拙时，在大多数情况下，孩子的第一反应可能是"不，我不笨"。然而，如果父母不断重复说这个孩子愚蠢、笨拙时，孩子的自信心就会随着父母的多次否定而消失，他会渐渐相信，自己是愚蠢的，然后放弃智力上的努力，认为避免愚蠢的方法就在于避开比赛和竞争，潜存在他内心的信念已经变成：如果我不去试，我就不会失败。

辱骂和严厉的批评常被父母当作教育孩子、使孩子对自己的错误行为刻骨铭心的手段，然而，这对于真正教育孩子的理由是不充分的。辱骂性的字眼，就像一支支毒箭，不应该用在孩子身上，当一个人说"这件衣服实在太难看了"时，这句话对衣服毫无影响，它既不会觉得受辱，也不会觉得尴尬，它还是那样子，完全不顾加在身上的任何形容词。但是，当孩子被说难看、愚蠢或者笨拙时，这些话就会对孩子造成影响，他们的身体和心灵就会有反应，厌恶、愤怒、憎恨就这样产生了，甚至报复性的幻想就出现了。这样不仅无益于事情的解决，还会对孩子的心灵健康起到极坏的影响。

 教育智慧：

辱骂性的字眼，就像一支支毒箭，不应该用在孩子身上。

095. 淘气的男孩是好的，淘气的女孩是巧的

"淘气"是孩子的专利，也是他们的权利，父母应该从孩子的"淘气"中搜寻他们的闪光点，不要表现出嫌弃孩子淘气的样子，应该用欣赏的眼光对待孩子的淘气，认可它并且尊重它。爱默生说："什么是野草？野草就是一种人们还没有发现其价值的植物。"真正的教育不仅能从"百分"、"三好"学生中选拔出佼佼者，而且也能从貌似"野草"的孩子中发现并培养出未来的栋梁之材。

现在很多父母都把孩子的一些"不乖行为"说成是淘气，如果不及时阻止就是对孩子的纵容。实事上孩子淘气并非全是坏事，那是孩子在用自己的方式进行探索，并且能从淘气的过程中学会不少东西。父母如果在这个时候干涉孩子，孩子专注的情绪就会被打扰，这对孩子的大脑发育是很不利的。

淘气是孩子的天性，硬"扳"的方法是不可取的。父母在管教孩子时，要充分考虑到顺其自然地诱导，不能按照一个模式去塑造孩子。

顽皮之中往往蕴含着创造，是孩子智慧发展的原始动力。没有一个孩子不淘气，只有程度不同。那些看似挑战、不听话的举动常惹火家长，但这正是孩子聪明的表现。所以，家长千万不要一味地只会教育孩子"听话"。

前苏联教育家苏霍姆林斯基说："儿童的智慧在他的手指尖上。"每个孩子都有创造力，有时候他们就是因"创造"了一些恶作剧，在大人那儿落一个"淘气包"的绰号。其实父母要做的不是训斥孩子或者勒令他们改变这种行为，父母要做的是想办法如何将孩子的这种创造力引上正确的轨道并让它健康地发展。

常言道："淘气的男孩是好的，淘气的女孩是巧的。"孩子们在"淘气"过程中，通过观察、触摸、谛听以及联想，使视觉、触觉、听觉、嗅觉、味觉都得到锻炼和发展。也正是因为"淘气"的经验，孩子的思维能力才得以提高，也正是因为"淘气"的经验，他们才逐渐认识了纷纭复杂的大千世界，从无知变为有知，从愚昧变得聪明，从幼稚发展为成熟。

所以，当你遇到孩子严重的捣蛋行为，比如拆掉你心爱的音响器材时，也请务必镇定，告诉自己，这其实是小顽童的研究成果，你的小宝贝已从探索中印证了他自己的想法，真是了不起！所以，放他一马吧，理解他的淘气并善待他的淘气，让他的好奇心和自信心健康地成长吧！

教育智慧:

任何一个孩子生来都是调皮的，但不能将此作为孩子的缺点，顽皮之中往往蕴含着创造，是孩子智慧发展的原始动力。

096. <u>**定下一些规矩，然后执行下去**</u>

设定限制对于有些家长而言是有难度的，而更有难度的则是始终坚持这些限制。首先，孩子并不喜欢受限制。比如说，当你提醒他该关电视机了，他可不会对你说声谢谢。要是他发起牢骚并做出可怜巴巴的样子，你可能做的惟一方法就是向他妥协，毕竟说一句"好吧好吧，再看最后一个节目吧"就能立刻让他开心起来。你想要看到的并不是他即时的满足，而是让他能够在长远上获得最好的发展。也就是说，你该把电视机给关了。

反复无常的言行，会让孩子对你和他们自己缺乏信心。当你对孩子说着"请你挂上电话过来吃饭"，然后却自顾自地吃了起来，根本不等他，这样你就给了他一个含糊不清的信号：你再让他去吃饭时，他是否就可以忽视你呢？那么下次他还会去遵守别的规矩吗？

当你为孩子感到心烦意乱时，很容易就不再坚持初衷了。

教育智慧:

反复无常的言行，会让孩子对你和他们自己缺乏信心。

097. 建立有规律的作息时间

　　幼儿心中没有所谓的行事规律的概念，如果孩子没有一定的规律性，妈妈这时一定不能心软，而是要以教养的一致性和条理分明的原则，来对孩子的生活加以规律性的限制。让孩子每天早晚都做同样的事以减轻父母的压力。父母不需要在孩子穿衣服、吃饭或是洗澡这些事上面和孩子争论，催促他们或是哄骗他们。固定的作息可以给孩子一种可预期性，避免让生活作息无规律。孩子必须在一定的时间上床睡觉，一定的时间起床吃早餐。如果每天都要催促孩子起床、穿衣、吃饭，孩子的一天不但精神很紧张，而且没有养成守纪律和自立的习惯。

　　一个有规律的作息时间对父母来说，不需要在每一件小事上都和孩子纠缠。因为孩子的作息已经建立，所以很少有引发冲突的理由。但是，要让孩子严格叶遵守这样的作息制度，绝非一件容易的事，家长一定要有耐心而且要努力。和孩子一起坐下来认真讨论一下新规则的作息，要乐观且正面的和孩子讨论，以赢得孩子的支持。在讨论过后，马上开始实施，而且要贯彻始终，这是给孩子确立固定作息制度的一个小窍门。

　　当然，每天都要孩子很严格的坚持生活作息是不现实的，但要尽可能地固定作息，因为通过遵守每日固定的作息时间，孩子可以得到很充分的安全感。

 教育智慧：

　　一个有规律的作息时间对父母来说，不需要在每一件小事上都和孩子纠缠。因为孩子的作息已经建立，所以很少有引发冲突的理由。

098. *优点不说不得了，缺点少说逐渐少*

不同的家庭有不同的教育方式。有的家长希望孩子进步快，老说孩子慢；希望孩子细心，老说孩子粗心；希望孩子胆大，老说孩子胆小；希望孩子聪明，老说孩子笨……他们总是习惯地认为：优点不说少不了，缺点不说不得了。而赏识教育观点正好相反：优点不说不得了，缺点少说逐渐少。孩子如果很少被父母肯定，那么自信心就有被逐渐摧毁的可能。

 教育智慧:

孩子如果很少被父母肯定，那么自信心就有被逐渐摧毁的可能。

099. *父母可贵的品质将使孩子受益终生*

有一位报社编辑在回忆自己所受到的家庭教育时是这样说的：

我要衷心地感谢我的父母，是他们的爱哺育了我，是他们给我提供了良好的家庭教育，培养了我读书的兴趣，使我树立了人生奋斗的目标，使我从偏远山村来到全国一流的高等学府求学，是他们默默的奉献使我有机会坐在大学里静心读书。没有他们，就没有我今天的一切。他们没有太多的文化，但我的父亲在 55 岁的时候还坚持参加函授学习，并取得了会计专业的中专文凭，这对一个生活在农村里的老年人来说，需要多么大的毅力！要知道我的父亲在学校里受到的最高教育只是小学教育！

父母总是以自己的言传身教，默默地影响着我。在我小时候，生活条件很差，我上大学以后，家里更加困难，但父母从未在我面前流露过任何的沮丧情绪，从没有让任何负面的情绪影响过我。母亲曾经告诉过我：

"一个农民家庭要供两个上大学的学生，你知道有多难！为了攒你们上大学的钱，你爸每天晚上都在编苹果篓子。那么冷的冬天，人家戴着手套都嫌冷，而你爸爸光着手在用紫槐条子编篓子，编得手指都流血了，肿得和萝卜一样。"是啊，父亲在昏暗的煤油灯下编篓子编得视力严重下降！他为我们的前途做出了巨大的牺牲和无私的奉献！

对孩子的教育是每个家长责无旁贷的。而教育中最重要的是进行品质教育，这个"品质"，就得从平时的点点滴滴抓起。家长只有在提高自身素质的前提下，从点点滴滴的细节上做好表率，才能培养孩子具有乐观、善良、坚强、真诚、无私、宽容的品质，而这些可贵的品质将使孩子受益终生。

 教育智慧:

对孩子的教育是每个家长责无旁贷的。而教育中最重要的是进行品格教育，这个"品格"，就得从平时的点点滴滴抓起。

100. 多与孩子交谈，孩子会变得更聪明

每一个父母都希望自己的孩子聪明伶俐，那么你就抽出更多的时间，与孩子说说话吧！语言能从多方面刺激孩子的感官，孩子在听大人说话时，需要用眼睛看着你的表情，用耳朵听着你的声音，用大脑思索你所表达的内容，还要做出相应的反应，再把自己的反应用适当的语言表达出来。这对幼儿是一个综合训练，对智力开发十分有益。即使是在孩子什么也不懂的时候，母亲若常常对着他说话，也会刺激孩子的听觉视觉感官而有利于智力的发展。

据美国一项研究显示，父母与9个月至3岁的幼儿多交谈，会使这些孩子日后变得更聪明。IQ（智商）测试表明，父母经常与孩子交谈，对智

力开发效果明显。美国该项目的研究人员指出，在所有家庭中，家长在防止孩子们发生危险及麻烦方面，付出的努力几乎是相似或相近的，但在与孩子耐心地交谈、细致地回答孩子提问及互相沟通方面，知识分子家庭与普通职工家庭有所不同。科研人员曾经对 42 个家庭的儿童，做过长达两年半的调查，发现白领家庭中家长较健谈，与孩子谈话的频率，比一般蓝领家庭高两倍，比靠救济的家庭高 4 倍。这就是为什么在不同家庭生长的孩子，上学以后，呈现出智商及学习成绩有差别的重要原因之一。

父母能经常亲热地与孩子交谈，孩子有事才会和你讲，有心里话才会对你说，你才能及时地帮助孩子解决生活中的困惑。同时，在交谈过程中，也可将父母对子女的殷切期望传达给孩子，这对孩子智力的提高，进取心的激励也大有裨益。

 教育智慧:

即使是在孩子什么也不懂的时候，母亲若常常对着他说话，也会刺激孩子的听觉视觉感官而有利于智力的发展。

101. 蹲下来同孩子讲话

不可否认，每位父母都对自己的孩子抱有一份发自内心的爱，但很多沟通的失败并不是因为缺少对孩子的爱，而是因为缺乏对孩子的尊重。父母们总认为"你是我的孩子，就得听我的"，因而动辄就对孩子居高临下、横眉冷对。他们从不致力于心灵上的深层次沟通，而试图一厢情愿地尽到所谓的职责，结果反而让孩子被这种变味的爱遮蔽得透不过气来。

朱丽亚有两个孩子。当我们一同去超级市场时，四岁的儿子因为姐姐先坐汽车而不高兴了。朱丽亚在车门口蹲下，两只手握住儿子的双手，目光正视着孩子，诚恳地说："罗姆，谁先进汽车并不重要，对吗?"罗姆看着妈妈会意地点点头，钻进了汽车并挨着姐姐坐下了。

第二天上午，我们和孩子们去公园玩，罗姆兴奋地在草坪上奔跑着，不小心绊了一跤，眼泪在他的眼睛里滚动着，马上要流出来了。这时，朱丽亚又很自然地蹲下来，亲切地对儿子说："你已经不是小宝宝了，是不是？你是个大男孩儿，绊一下没关系的，对吗？"孩子一下子就收住了眼泪，自豪地去玩了。

说起对孩子的教育方式，朱丽亚说："在我小的时候，我的父母就是这样同我们说话的。我认为，孩子也是独立的人，因为他们比我们矮一些，我们就应该蹲下来同他们说话……"

是的，家长蹲下来同孩子在同一个高度上谈话，能促使孩子意识到自己同成年人一样，是受到尊重的人，有利于从小培养起孩子独立自尊的人格，可以帮助孩子认真地对待自己的问题或缺点，也为孩子创造了乐于接受教育的良好心境。而不是使孩子听而不闻或产生逆反心理。

 教育智慧：

如果我们总是站着面对孩子，我们与孩子的距离，就不仅是身高上的几十厘米，而是一代人与一代人之间的距离，是一颗心与一颗心之间不能沟通的距离。

102. **不要漫天批评**

父母在批评孩子时，不要漫天批评，把孩子从小到大的错误全都说出来，这样做很容易引起孩子的反感，导致孩子倔强、顽固性格的形成。其实，孩子本身也会反省其行为。这时候，如果你纠出他过去的错误或是做过的其他坏事，孩子的心里受到冲击，产生反感也是理所当然的。

比如，孩子如果一边做功课一边看电视，父母原本说一下"写作业时不要看电视"也就完了。但是，这时候偏偏又加上"你就是这样，所以什么事也干不了"等，和此事没关系的话全都来了。而且会受当时情绪的影响，越骂越凶。

即使原来听话的孩子，听到父母把自己已改的错误一件件地翻出来，心里很可能产生逆反心理。结果，当场应该解决的事情被父母丢在一边，变成徒劳无功的说教。在这种说教中，孩子由此产生的情绪，要不就是对父母的责骂置之不理，根本不放在心上，要不就是与父母顶撞。

很明显，这样的责骂方式会使结果越来越糟，不仅没有唤醒孩子的反省意识，反而养成了他对自己的错误行为漠然视之的态度。这说明责骂孩子也要抓住重点。

 教育智慧：

即使原来听话的孩子，听到父母把自己已改的错误一件件地翻出来，心里很可能产生逆反心理。

103. 赏识教育

中国传统文化似乎有"棍棒底下出孝子"的说法，受此影响，许多家长在教育孩子的过程中总是喜欢用暴力的方式。孩子成绩不好或者做事做得不对，父母不是坐下来给孩子分析原因，而往往是当众责骂，甚至拳脚相加。但事实证明，一味的打骂并不能解决孩子所遇到的身心问题。有关部门通过对2000多名未成年犯和1000多名普通未成年人调查资料的分析比较后发现，家庭暴力是未成年人产生不良行为的催化剂。据调查，这些未成年犯在犯罪前常有许多不端行为，这时他们常常受到父母的打骂。调查结果表明，父母一味地打骂孩子不仅加剧了不良行为的产生，而且经常在父母的打骂中生活的孩子，极易产生不良的性格特征。

在这方面，美国的"赏识教育"法值得我们借鉴。所谓"赏识教育"，就是发现孩子的一点点优点就及时给予夸奖和鼓励。

美国有著名的"一屋、二实、三主、四不"的教育方法。所谓"一屋"，就是一个谈话的小屋，将有问题的孩子单独叫去，在民主的氛围中靠轻松谈心来解决问题；"二实"就是核实事实，不是只听某人的片面之词，而是要分析事实，让孩子明白对或者错在何处；"三主"是以说服教育为主，以尊重孩子为主、以表扬为主；"四不"就是不在客人面前说孩子，不在家人都在场的时候说孩子——这是为了不伤害孩子的自尊心，不在饭桌上说孩子——注意孩子的饮食健康，不在气头上说孩子——这个时候父母容易说出过激的话。

 教育智慧:

父母一味地打骂孩子不仅加剧了不良行为的产生，而且经常在父母的打骂中生活的孩子，极易产生不良的性格特征。

104. 消除孩子的焦虑情绪

孩子总是通过行为表露自己的情绪。在多数情况下，他们是直截了当的，但有时也会较为隐蔽，需要我们认真识别。

当孩子缺乏安全感或面临困境时，他们也许会产生攻击性行为，以示反抗，也许会表现为退缩，不参加活动。往往越是不自信的孩子越容易采用哭叫或攻击性行为来保护自己。当孩子内心紧张时，会用手紧紧地抓住成人的手，或者突然改变平时的习惯，变得寡言少语或喋喋不休，甚至出现一时性的口吃。孩子有时会采用一种习惯性动作，如吮手指来表达自己的情绪。吮手指是一种征兆，它表达了孩子内心的焦虑，以及需要得到更多的安全保障的愿望。此外，还有咬指甲、吮衣角，甚至玩弄自己的生殖器等行为，都与孩子情绪紧张、内心焦虑，寻求满足有关。还有一种较常见的行为，是孩子喜欢抱着一样东西睡觉，如抱着一只枕头、抱着一只玩具熊、抱着一本书等，这也与孩子内心焦虑有关。

　　家长一旦发现孩子有类似的行为，千万不要粗暴地训斥、打骂孩子，也不要强行夺走孩子的东西，因为这样做只会加剧孩子的紧张和焦虑，给孩子造成更大的心理伤害。正确的做法是，首先从家庭气氛或教养方式中寻找原因，消除产生不安情绪的根源，然后采用适当的方式，如游戏、唱歌、旅游等，让孩子宣泄内心的情绪，体会到父母的关爱，增强自信心，逐渐克服情绪障碍。随着孩子情绪的调整，一些行为习惯也会逐渐得到改变。

 教育智慧：

　　首先从家庭气氛或教养方式中寻找原因，消除产生不安情绪的根源，然后采用适当的方式，如游戏、唱歌、旅游等，让孩子宣泄内心的情绪，体会到父母的关爱，增强自信心，逐渐克服情绪障碍。

105. 不吃苦中苦，难得甜中甜

　　有一位企业家把自己的成功归结于童年时母亲的吃苦教育，他说母亲对他的教诲至今仍记忆犹新：

　　每晚吃饭的时候，我总要瞧准时机，站在自家门口，闻对门邻居餐桌上飘出的肉香，然后抽动鼻子，把香气吸进肚子里，久而久之，我甚至能分辨出邻居家吃的是什么肉。我不理解邻居家的餐桌上为什么总有鱼有肉，而我们家十天半个月才能吃上一次肉。

　　有一天，我终于问妈妈："邻居的餐桌上为什么总有肉？"我想知道这个谜底。妈妈没有回答我。一个星期天，妈妈问："你今晚想不想吃肉？"

我说："当然想，做梦都想。"妈妈说："好吧，你跟我走。"

妈妈带我到了一家建筑工地，她向工头要了一截土方，工头在土方上画了白灰线，并告诉母亲，挖完了线内的土方，给工钱。妈妈说："挖吧，挖完了，今晚就有肉吃了。"

我只挖了一会儿，手就发软了，且磨起了泡。妈妈比划着说："已得一元钱了。挖吧，再挖挖又得一元钱了。"我又支撑了一会儿，终于挖不动了。我说："妈妈，这太辛苦了，我吃不了这辛苦。"妈妈说："歇一下吧，你歇一下我去干。"我就这样歇一会儿又一会儿，而妈妈总是不停地干。我记得那是初秋，天气仍然很热，妈妈的衣服湿了干，干了又湿，衣服上都能看到盐渍了。这样累，我甚至再也不想吃肉了。

一天下来，我们终于把这土方挖完了。妈妈从工头那儿领了10元钱，这时候，我连走路的力气都没有了。

晚上，餐桌上摆上了香喷喷的鱼和肉，弟妹们吃得香极了。妈妈对我说："孩子，我想你知道邻居餐桌上的谜底了吧！"

妈妈又说："这就叫吃苦，孩子，你知道吗？"我心灵为之一震，面对餐桌上的鱼和肉，还有吃得正香的弟妹，我哭了。

那年我11岁，我刻骨铭心地记住了邻居餐桌上的谜底和妈妈说的"吃苦"两个字。

 教育智慧:

"艰难困苦，玉汝于成"。让孩子吃点苦并不是什么坏事，相反，它会成为孩子积极向上的原动力。

106. 不能哄骗孩子

在生活中，我们经常看到，孩子哭闹时，父母常用许诺来哄孩子：

"别哭了，回头妈妈给你买支冲锋枪。"尽管这样说了，家长并没想到兑现。但孩子却信以为真，满怀希望地等待着，结果一次次许诺都是一张张空头支票，孩子的一次次希望都成了泡影，久而久之，孩子就逐渐失去了对家长的信任。

还有很多家长为了严格要求孩子，经常说一些"气话"，例如，有的孩子在学校表现不好，学习成绩差，家长不假思索地就对孩子说："你再不改正你的坏习惯，以后就不要踏进家门！"结果孩子还是天天回家。这样不但起不到教育的效果，反而让孩子觉得父母言而无信，给孩子带来负面作用。所以说，家长对孩子做不到的事尽量不要要求，要求孩子做到的事一定要做到，不能随随便便地说完了事。

有的家长爱给孩子许愿，比如，要是学习成绩能提高到90分以上，就带他去旅游等等，结果因工作关系或经济问题落了空。

久而久之，父母就给孩子留下说话不算数、欺骗的印象，孩子说话也就随随便便了，或有意无意地说谎话，形成表里不一的坏习惯。

家长对孩子必须言而有信，以诚相待，这样，孩子才会信任家长，什么事、有什么想法都愿意告诉家长。而且孩子喜欢模仿，他们时时刻刻都在观察模仿成人的行为。因此，家长就要为孩子做好榜样。如果要求孩子不说谎话，家长就不能哄骗孩子，否则，孩子是难以形成诚实的品质。

 教育智慧:

家长对孩子做不到的事尽量不要要求，要求孩子做到的事一定要做到，不能随随便便地说完了事。

107. 充满爱的婚姻给孩子带来稳定感

只要婚姻关系协调，家庭就稳定。充满爱的婚姻给孩子带来稳定感，融洽的父母关系给孩子带来安全感。在这样的家庭中成长起来的孩子坚信父母的婚姻关系牢不可破。每天，父母要让孩子看到并感受到父母间的真诚相爱。成功的家庭教育就源于这坚如磐石的婚姻关系。

你也许会认为抚养孩子同婚姻没什么直接关系，但事实是，这两者间关系密切。你的婚姻是影响孩子一生成长的最重要因素。一个每天都怀疑自己的父母是否相爱的孩子和一个对父母之间的爱毫不怀疑的孩子，他们之间有着非常大的区别。

和谐的婚姻虽然不能保证在教育子女的过程中不出现任何问题，但是大多数教育问题都可以通过和谐的婚姻来解决或者得到帮助。良好的婚姻关系对孩子的行为能够产生积极的影响，并提升孩子爱的意识与归属感，使孩子学会包容，并增强孩子的自尊。

 教育智慧:

和谐的婚姻虽然不能保证在教育子女的过程中不出现任何问题，但是大多数教育问题都可以通过和谐的婚姻来解决或者得到帮助。

108. 别用可怕的故事吓唬孩子

在美国有一种坏习惯，为了使孩子做好事，家长们就往他们的头脑里灌输各种关于惩罚、地狱之火等故事。教育专家们认为这种方法是非常错误的。

用可怕的故事吓唬孩子，会使孩子变得歇斯底里或精神错乱。因为恐惧是人的天性，即使不吓唬，孩子也怕黑暗等等，因此不应当用可怕的故事吓唬孩子，应当使他们知道世上没有什么可怕的东西。孩子信任父母，父母说的话他们都信以为真。所以，只要父母注意引导，孩子就不会怕黑暗了。用恶魔和幽灵等吓唬孩子是非常有害的。由于有这种错误的教育方法，使得世上有许多人终生怯懦、胆小怕事。

 教育智慧：

用恶魔和幽灵等吓唬孩子是非常有害的。

109. **让孩子亲自体验成长**

注射室里，有两个带孩子第一次来打预防针的家长。第一个家长，事先没有对孩子灌输任何打针的概念，孩子睁大眼睛看着护士拿这拿那，觉得很新奇。当护士轻轻拿起孩子的臂膀，笑着涂上酒精的时候，孩子觉得很好玩。最后护士摇晃一下注射器，针头停在孩子的皮肤上，然后手轻轻一动，很快地扎了下去。孩子愣住了，屏住呼吸，全神贯注地捕捉这个从来没有体验过的"游戏"。刚刚皱了皱眉头，针已经抽出来了。整个过程，家长没有说一句话。

直到走出注射室的大门，家长才尽可能若无其事地说："孩子，这就是打针。打针就是为了让你不生病。但是，打针有一点点疼。你看，你刚才是不是有一点点疼？"孩子认真地点了点头。

第二个家长，在打针的好几天前，就开始对孩子说："孩子，我们要去打针了，打针不疼，一点都不疼，一会儿就好了。你很勇敢，别人都哭，你都不会哭，你是最勇敢的孩子，你一定不会哭的……"

然而，在注射室里，孩子一看见那个被父母描述过的注射器，就浑身一抖，紧紧地抱住了妈妈。护士小姐费了好大的劲才拉过孩子的手臂，刚刚开始擦酒精，针都还没靠过去，孩子已经涨得满脸通红，终于忍不住"哇"地一声大哭起来。走出注射室的大门，为了补偿"受罪了"的孩子，家长买了孩子哭一路要一路的所有东西。

这就是接受了预期暗示和没有接受预期暗示的孩子之间的区别。前者，孩子不仅没有哭，还全神贯注地体验了打针的全部过程，亲自明白了打针和"疼"之间的某种联系。后者，孩子不仅哭得撕心裂肺，紧张和恐惧代替了一切，而且家长还要承担负面效应——养成孩子用条件和父母作物质交换的习惯。

对成长过程中每一个细节的体验，应该比成长最终达到的那个终点更重要。学习也有学习的快乐，中国人都知道"学而时习之不亦乐乎"这句话，但是这种快乐只会被那些在宽松的学习环境下、顺其自然的成长过程中长大的孩子所体验到。而被家长的预期牢牢罩住的孩子，就像一个穿上了一双红舞鞋的人，在盲目的旋转中身不由己，永远也停不下来。别说成长的细节体验不到，学习的快乐感受不到，就是最起码的心灵自由也没有。

 教育智慧:

对成长过程中每一个细节的体验，应该比成长最终达到的那个终点更重要。

110. **做家务是最好的成长机会**

要求孩子帮助做家务，洗碗、擦地、收拾房间等，对于孩子来说，这种帮忙与其说是为了父母，莫不如说给孩子提供锻炼的机会。这是因为帮忙对于孩子来说，不是单纯过家家游戏，而是真正的生活，必须认真做。孩子自然而然学会了安排计划，使家务活与学习时间调剂好。因为孩子不能偷懒不做，这也培养了孩子的耐性。

让孩子帮助做家务，从心理学上讲，对孩子的成长也大有帮助。这就是说让孩子在家中担当一定的角色，通过做些家务而受到大人的赏识，是孩子在心中找到自我存在价值的契机。

还有这样的情况，父母很长时间一直认为"这个孩子什么也不会"。但是，有一天家里来了客人，由于谁都没有时间出去，就给这个孩子写个纸条让他拿着去买东西，结果他很圆满地把任务完成了。父母夸奖这个孩子"做得很好"。而从那以后，这个孩子再也不是什么都不会的孩子了。买东西、扫地、帮助家里做家务，样样都干得很好。

孩子就这样找到了自我存在的价值。这种喜悦超过了大人的想像，并且也增加了孩子的上进心。从这一点来考虑，孩子想帮忙的时候，有些大人就阻止说"你多余来插手"或"你与其干这个还不如去学习呢"，这种态度的毁灭性是可以想像的。确实有时孩子帮忙反倒是越帮越忙。可是，只因为如此，就把孩子的帮忙说成是"多余的"，这不正是说明父母的态度过于急躁了吗？

 教育智慧：

让孩子在家中担当一定的角色，通过能做些家务而受到大人赏识的过程，是孩子在心中找到自我存在价值的契机。

111. 让孩子滚滚烂泥巴

侗族人有一种独特的成年仪式，一个人有 3 个生日要滚烂泥巴，即：5 岁，10 岁，15 岁。他们有句俗语："从母亲那里学到善良，从父亲那里学到勤劳，从祖父那里学到耐性。"

5 岁的小孩，就要脱离母亲的怀抱，开始跟着父亲学习劳动。母亲把孩子领到田边，由父亲在田坎那边接着。

到了 10 岁，父亲把他领到田边，由祖父在田坎那边接着（没有祖父则请寨里德高望重的老人）。意思是孩子初步养成了劳动的习惯，下一步要向祖父学习并锻炼意志、培养耐性了。

到了 15 岁，则由祖父把他带到田边，对面田坎上没有人接，从这时候起，也就意味着他长大成人了，需要自己去体味人间的艰辛了。

让孩子滚烂泥巴，是侗族人作践自己的孩子吗？

有句话说："靠吃别人的饭过日子，就会饿一辈子。"而现实中的有些年轻人，他们在家靠父母，工作靠单位，稍有挫折，便一蹶不振。

侗族人的孩子是幸福的。他们被父母呵护过，父亲教导过，祖父训示过，然后自己去滚那烂泥巴。滚一身烂泥巴，增强勇于独步人生的毅力，这对每一个初涉人世者来说都是足以为训的。

 教育智慧:

滚一身烂泥巴，增强勇于独步人生的毅力，这对每一个初涉人世者来说都是足以为训的。

112. 不要在书籍上节省

一个没有书籍、杂志、报纸的家庭，如同一座没有窗户的房屋。有了书籍，孩子们常常接触书本，自然会产生读书的兴趣，不知不觉会增长很多的知识。

聪明的孩子在学生时代就养成了一种重要的能力，那就是熟悉各门各类的大量书籍。从一个汗牛充栋的图书馆中，善于辨别选择图书，这种能力对他们的一生很有益处。就像一个工人善于选择工具一样。

耶鲁大学的校长海德雷说："在各界做事的人——无论商界、交通界还是实业界，都告诉我最需要的人才是善于选择书本和灵活运用书本知识的青年。这种能力最初是家庭培养的。"

只要家中备有大量的辞典、百科全书、参考书和其他有益的书籍，孩子就会在不知不觉中利用它们来教育自己。这种教育成本往往比接受学校教育便宜 10 倍以上。家中备有各种书籍，孩子们就乐于待在家里，因为阅读是愉快的。

家庭是人们获得基本生活训练的场所。

在家庭中，我们养成习惯，形成志趣，而这些习惯和志趣将奠定我们此后生活的基础，影响到一生。

宁可在衣着上节省，也不要在书籍上节省。如果你不能使孩子们受到高等教育，那你至少该给他们购置有益的书籍和定期刊物，让他们有提升自己才华的机会。

 教育智慧：

一个没有书籍、杂志、报纸的家庭，如同一座没有窗户的房屋。

113. 给孩子做一个榜样

作为母亲，除了要为家庭生活做理智的决定外，还要成为孩子的一个好榜样。总的原则是言行一致。当然，如果你作为母亲不在这方面起榜样的作用，就不能教孩子们这样做。如果做父母的靠借债生活，就不能教孩子量入而出。如果大人们整天忙忙碌碌，就无法让孩子与我们共享有意义的理智生活的乐趣。记住，除言行需一致外，使孩子乐于接受父母言行的教诲也同样重要。如果父母把俭朴的生活看作是物质匮乏，那么就无法期待孩子对生活前景充满信心；如果父母用正确的方式使生活变俭朴，孩子们也会看到俭朴生活是令人愉快的，是有回报的。俭朴生活的正确做法应该是：在日常生活中决定怎样消费要根据需要，而不是为了少花钱。安排生活日程是一个范例，怎样花钱又是一个范例。不要让孩子得出这样的结论：俭朴生活就是物质匮乏的生活，只要有了更多的钱，就能什么都解决了。

孩子可以被看作是一面镜子，给他们爱，他们会报之以爱；无所给予，他们便无所回报；无条件的爱得到无条件的回报，有条件的爱得到有条件的回报。因此，不管你怎样把净化和丰富精神世界的活动引入家庭生活，记住，有一点是最重要的：如果你的内心没有爱，就不可能给别人爱。一个母亲首先要做的是，要让自己的内心世界充满爱，这样你才有多余的爱给别人，才能培养和引发你的孩子来自内心的爱。

你应该让孩子理解，无附加条件地爱他人，就是不要任何回报的爱。你要学会把孩子看作是与你脱离的、独特的人去爱他们，你的职责是把他们变成与你一样的人，即让他们通过自己的努力尽力成为最好的人。的确，这种无私的、无目的的爱和服务是纯洁的精神生活的最高境界：那就是给予别人而不期待任何回报。

 教育智慧:

一个母亲首先要做的是，要让自己的内心世界充满爱，这样你才有多余的爱给别人，才能培养和引发你的孩子来自内心的爱。

114. 约束也是爱的一种形式

孩子既需要爱，也需要约束。约束也是爱的一种形式。如果你害怕拒绝孩子的要求，当需要他们拒绝时，他们也不知道如何说出口。记住，每个拒绝是对某事的答应。

记住什么是接受，拒绝才会有意义。有一次，我约了一个人，她的孩子非常蛮横，无论走到哪里都会发脾气、搞破坏。我问孩子的母亲，为什么让孩子为所欲为，她说希望孩子能够自由成长。但孩子并不自由，如果他出现在不需要发脾气的场合，孩子没有其他的选择。

如果你尊重自己做出的决定，孩子们也会。你不敢让孩子收敛一点，那不是孩子的原因，而是你的原因。如果你相信自己设定的界限是健康的，尊重它们，你的孩子也会这么做。

 教育智慧:

如果你害怕拒绝孩子的要求，当需要他们拒绝时，他们也不知道如何说出口。

115. 凡事总往好处想

怀有消极心态的孩子，他们在遇到困难或挫折时总爱往坏处想，眼睛更多注意的是问题本身，怀疑自己的能力，不相信自己的潜力，没有克服困难的勇气，他们最后的选择往往是降低标准，放弃努力。即使去做，他们往往也不会去想尽办法，竭尽全力，所以他们通常很难成功，也不可能成为非常优秀的人。

凡事总往坏处想的人，往往会遇到更多他们认为的坏事，甚至是发生一些悲剧。有一个叫尼克的调度员在一家铁路公司工作，平时工作很认真，但是看待事物总是很悲观。有一天，大家都提前下班了，尼克一个人不幸被关在一辆冰柜车里，任凭他如何敲打，都没有一个人发现。他心想，冰柜车里的温度通常在摄氏零下 20 度左右，这样下去他一定会被冻死的，于是赶紧用"冻"得发抖的手写下了遗书。第二天早晨，当人们把他送进医院时，医生发现他已经无法抢救了。其实，那天冰柜的冷冻系统因为要维修，刚好没有开启，车里也有足够的氧气。所以，尼克完全是死于自己心中的想像，死于他的消极心态。

拥有积极心态的孩子，他们无论遇到什么困难或挫折，都会要求自己看到事物有利的一面，把注意力集中在解决问题的方法上，而不是问题本身。他们不会去找种种理由和借口，而是要求自己一定要找到解决问题的方法，不达目的不罢休。所以，他们总是能够让自己从一个又一个的困难和挫折中走向成功。

一个女孩儿带着她心爱的小狗穿过马路时，一辆突如其来的汽车撞死了她的小狗。朋友们怕她难过，都来安慰她，她却对朋友说："还算不错，因为撞死的不是我！"

戴尔·卡耐基曾说过："我闷闷不乐，因为我少了一双鞋，直到我在街上，见到有人缺了两条腿。"

 教育智慧：

拥有积极心态的孩子，他们无论遇到什么困难或挫折，都会要求自己看到事物有利的一面，把注意力集中在解决问题的方法上，而不是问题本身。

116. 拒绝孩子的过分要求

强调孩子的权利要得到家长的尊重，但这并不是说我们应一味地迁就孩子。在一些原则问题上，父母还是应坚持一定限度。适度的规矩对孩子来说还是必要的。

拒绝孩子的过分要求，不使他们为所欲为。孩子年龄虽小，但很聪明，他们经常察言观色变换花样，让父母围着他们团团转，以达到自己的目的。做父母的，对某一件事一旦做出正确的决定，就应贯彻到底，不要随意改变主意，孩子们知道纠缠下去无望，便会放弃自己的无理要求。

贯彻决定需要坚定不移，甚至要施加压力，特别是对比较小的孩子。当爸爸说"不"的时候一定要态度明确，爸爸必须使他的限制贯彻到底。如果孩子不是从心里明白，训斥、威胁或打屁股是没用的。因为孩子们挨了打，可能会暂时停止那些坏行为而把冲突转移到其他的地方，这样会产生别的麻烦。

 教育智慧：

拒绝孩子的过分要求，不使他们为所欲为。做父母的，对某一件事一旦做出正确的决定，就应贯彻到底，不要随意改变主意。

117. 继父母应当将管教的工作留给生身父母

在再婚家庭中——尤其是在那些新组成的再婚家庭中，继父母应当将管教的工作留给生身父母。如果他们进入该家庭后，立刻就想用新的规则和管教手段来控制继子女，那么继女子将会相当排斥他们。孩子会说："你不是我妈妈！"或"你不是我爸爸！"因此，许多刚当上继父或继母的人觉得非常无力，他们常感到在新婚伴侣和孩子的紧密联结中"被忽略不计"。他们所犯的错误是尝试使用控制权以及尝试建立新的规定和惯例。这样做不仅会引起孩子的怨恨，还会使得继父母与新配偶、与继子女以及孩子亲身父亲或母亲的关系变得紧张。

有时，继父母会与他们的继子女独处并负责照管。在这种情况下，亲生父母应当非常清楚地声明，继子女是受到照管的。继父母在管教他们的继子女时应当遵循他或她的配偶的规定和风格，甚至哪怕并不同意配偶的管教宗旨。

 教育智慧：

在再婚家庭中——尤其是在那些新组成的再婚家庭中，继父母应当将管教的工作留给生身父母。

118. 从小培养孩子乐观的性格

有一对孪生姐妹来到花园里玩耍，看到花园里的玫瑰花开了，姐姐高兴地说："这真是一个可爱的花园啊！所有带刺的花梗上面都开着鲜艳的花。"而妹妹却皱着眉头说："这个花园真讨厌，每一朵花下面的花梗都有可怕的刺。"

不同的人对同一件事情会有不同的态度。乐观的人与悲观的人对事情的看法是截然不同的。

因此，作为父母，一定要从小培养孩子乐观的性格。儿童心理学家马丁·赛力格曼认为，乐观不但是迷人的性格特征，还具有更神奇的功能，它能使人对生活中的许多困难产生心理免疫力。乐观的孩子不易患忧郁症，他们也更容易成功，身体也比悲观的孩子更健康。也许有些孩子天生就比较乐观，有些孩子则相反。但心理学家发现，乐观思想是可以培养的，即使孩子天生不具备乐观性格，也可以通过后天的努力培养出来。

对于孩子来说，乐观是其对未来充满信心而又不断进取的个性特征。悲观会使孩子的人生之路越走越窄，而乐观则会使孩子的人生之路越走越宽。一个心性乐观的孩子往往能够智慧地对待人生——面对诸多的无奈，仰望夜空，看到的是闪烁的星斗；俯视大地，看到的是郁郁葱葱的美景，这种乐观是坚韧不拔的毅力支撑起来的一片天地。

 教育智慧：

悲观会使孩子的人生之路越走越窄，而乐观则会使孩子的人生之路越走越宽。

119. 赞扬孩子的努力，不赞扬他的聪明

在赏识教育理论的引导下，不少家长总不忘记对孩子说些好听的话。殊不知，漂亮话也要看怎么说，说得不恰当——漂亮话未必就管用。

漂亮话你一定对孩子说过不止一次，因为不少家教文章就是这么教父母的。这些话听起来蛮好听的，也挺鼓劲的，似乎也符合一些基本的教育理念。可是认真分析，它们却可能对孩子的成长产生不利的影响。

父母对孩子不当的赞扬方式也会影响孩子的成长。父母赞扬孩子是出于好意，但如果方法不当，则可能促使孩子自大心理膨胀，给社会及家庭带来不良后果。过分赞扬孩子会引起孤芳自赏为表现形式的自大心理。而那些具有不切实际的自大心理的学生在受到侮辱或批评时，会表现出过激行为。这种孤芳自赏的自负性格甚至会影响人的一生。

因此，家长在称赞孩子时一定要谨慎，最好的方式是赞扬他或她的努力，而不应该过分夸其聪明，因为后者可能使孩子在遇到挫折时无所适从。从有利于孩子健康成长的目的出发，父母的评价应以孩子的具体表现为准，而不应是空洞的赞扬，因为空洞的赞扬会使孩子产生自己很优秀的假象。这样的人进入社会后，一旦发现人们并不认为自己很优秀时，就会感到愤怒，从而表现出反社会的倾向。

 教育智慧：

家长在称赞孩子时一定要谨慎，最好的方式是赞扬他或她的努力，而不应该过分夸其聪明，因为后者可能使孩子在遇到挫折时无所适从。

120. 孩子也会对父母所做的事情感兴趣

有一位母亲给她的孩子报名参加了英语学习班、体操班、钢琴班、游泳班。但是这对孩子来说是值得高兴的事情吗？仅仅考虑到花费在路上的时间，以及课后的练习时间，就能知道孩子基本上每天都是在匆匆忙忙中度过的，根本没有玩耍的时间。

这只是父母经济上宽裕的结果，根本不是为了孩子着想，这是错误的投资方法。花钱让孩子学习的东西，最终却成了孩子讨厌的事情。

音乐家的孩子之所以也成为音乐家，不仅仅是因为身处音乐的环境之中，而是因为看到父母享受音乐的幸福，对父母心生羡慕的缘故。医生的孩子也立志成为医生，是因为他们也想感受父母从救死扶伤中得到的莫大欣慰。演员的孩子也想当演员，当然是因为他们也想像父母那样去感动别人。

"会弹钢琴是很了不起的哦，能够丰富你未来的人生。"这种话无论对孩子说多少遍，如果家里从来都没有钢琴声，孩子练琴也一定很勉强。

 教育智慧:

看到父母兴高采烈的样子，孩子也会对父母所做的事情感兴趣。

121. 网瘾的最大原因是缺少沟通

网络作为信息时代的标志，它的发展让家长欢喜也让家长忧，它一方面丰富了孩子的视野，拓展了孩子的知识层面，另一方面它也断送了一些自制力差的孩子的前途。

有位心理学博士说，自制力较差的孩子容易受到网络的消极影响，那些注重现在享乐的孩子极易出现网络成瘾的症状。而那些性格内向的孩子，由于在现实的交往中遭遇门槛，他们往往求助于网络的虚拟世界来建立自己的交往系统，这使他们在现实中更加封闭和孤立。

美国密歇根州立大学心理学系教授琳达·杰克逊，对 130 个平均年龄为 13.5 岁的美国孩子进行了跟踪调查，结果表明，美国孩子不经常使用网上聊天工具。许多孩子都表示，既然有父母和朋友，为什么还要同陌生人交谈？

网络为什么对中国孩子有这么大的吸引力呢？天津大学网瘾疏导中心的专家透露，最易上网成瘾的孩子的年龄段集中于十三四岁，也就是处于青春期、叛逆期的孩子。专家认为这部分青春少年在受到家庭、学校、社会三方面影响的同时，丰富多彩的网络对其吸引力也非常大。如果前三者吸引力大于后者，青少年则不会上网成瘾。反之，网络成瘾的可能性就很大了。

但是，为什么在相同的社会和学校环境下，有的孩子能够抵制住网络的诱惑，有的却不行？专家指出，家庭教育方式是最主要的影响因素。

一些孩子说："网上交朋友很容易，没想到现实生活中却这么难。"有的孩子说："我每天除了上学，回家关上门就是面对电脑，家里没人管我，我孤独。不是我自己孤立了自己，而是家庭把我孤立了。"可见，孩子依赖网络的一个很大原因是孩子寂寞，缺少沟通。

 教育智慧:

美国孩子不经常使用网上聊天工具。许多孩子都表示，既然有父母和朋友，为什么还要同陌生人交谈？

122. 孩子来自你的身体，但并不属于你

尽管我们的教育已经取得了相当大的发展，但仍然有许多父母不明白自己在教育孩子的过程中的职责是什么。有的父母把孩子当作希望的载体，想通过孩子去实现自己不能实现的梦想，满足自己成功的虚荣心。于是从孩子很小时便给孩子灌输知识，订下条规，制订各种各样的发展规划，要孩子努力奋斗，争取荣誉。从这种意义上看，孩子就成了父母实现愿望的工具，而丝毫没有自主权。

这是对孩子的摧残，也是对孩子天性自塑的催残。有些家长给孩子设计发展方向时，并不考虑或很少考虑孩子的兴趣和爱好，一厢情愿地培养未来的艺术家。

这样忽视孩子的兴趣和爱好，硬性安排孩子学习某一门技艺，孩子可能会因为好奇而摆弄一段时间。但是，要作为一种职业，而孩子又不具备此种先天的悟性，则无异于一种身体和精神的双重折磨。这种硬性的强求，不仅会掩盖一个人真正的才能，而且还会抑制他们自我选择和独立思考的能力，为孩子的成才之路埋下隐患。

 教育智慧：

忽视孩子的兴趣和爱好，硬性安排孩子学习某一门技艺，孩子可能会因为好奇而摆弄一段时间。但是，要作为一种职业，而孩子又不具备此种先天的悟性，则无异于一种身体和精神的双重折磨。

123. 小时偷针，大时偷金

如果发现孩子拿了别人的东西时，父母往往持两种态度：一种暗暗吃惊，这事可不能声张，既不管教，又怕人知道；另一种大惊失色，孩子怎么会"偷"了？进而严厉责罚。

孩子最初出现这种行为，往往不是有意识地要占有这种物品，他们心目中也不见得有"偷"这个概念，所以，家长不要简单粗暴地下这样的结论，尽量避免使用"偷窃"这个字眼去训斥孩子，以免强化这种错误行为。而应该寻找出现这种现象的原因和孩子的动机，耐心地引导孩子认识这种行为是错误的，告诉他应该把东西送还给人家。当他这样做了以后，家长应表扬他，向他表示只有这样做才是正确的。对于上幼儿园的孩子可以用拥抱以示奖赏。如果年龄大一点的孩子不止一次地出现这种"偷窃"行为，家长就不能掉以轻心了，因为这是个危险的信号，"小时偷针，大时偷金"，这是古人告诫我们的。在这个时候家长一方面要采取严肃措施正确对待，另一方面也要分析情况，找到具体的原因，防止孩子在成年后滑向深渊。

为了能使孩子自己讲出原因，先要让孩子强烈地感受到偷窃行为的严重后果。具体方法有：可以带孩子去看法庭的公审或让孩子观看具有法制威慑作用的影视片。也可由父母中的一方扮"红脸"，狠狠地训斥孩子，并且设法让孩子知道，为了他的不良行为父母伤透了心。然后父母中的另一方可以扮"白脸"，给他点温暖，并与他好好谈心。要设法让孩子感到，他讲出任何原因来，爸爸和妈妈都是能够理解的。在孩子的心理出现波动时，父母只要有耐心，孩子肯定会吐露实情，说出他偷东西的真实原因。

孩子偷拿别人的东西，多是自己的欲求不能满足而产生的行为。孩子的欲求是正当的需要，父母就应该满足。一时满足不了，就要说明情况，给孩子以期待的希望。同时训练他一定的抑制能力，但千万不要哄骗。哄骗的结果不但使父母失掉威信，而且孩子还会重犯错误。如果孩子的欲求是不正当的需要，父母一定不要去满足他，而要耐心地向他解释，克制他的贪心，教育他抑制自己。

 教育智慧：

为了能使孩子自己讲出原因，先要让孩子强烈地感受到偷窃行为的严重后果。

124. 如何在离婚后保护子女

一段婚姻的尽头，夫妻双方总是要经常吵架和相互指责，他们的孩子——也就是这些事件中无辜的目击证人——一定会变得非常没有安全感。毕竟，看着自己所爱和依赖的两个人用如此火爆且难以捉摸的方式对待彼此，孩子心里可能会想：他们到底什么时候才能停战休兵，拨一点时间来照顾照顾我呢？如果父母要求子女选边站，或在离婚后刻意拉拢孩子来打击对方，只会在所有相关当事人心中留下许多负面的感受。很多夫妻在离婚后或多或少会留下一些愤怒的问题没有解决。

俗话说，时间能治疗一切创伤。研究显示，对离了婚的配偶及他们的孩子而言，事情并非总是如此。婚姻专家茱蒂丝·沃勒斯坦，曾经就离婚对子女的影响做过研究，结果发现一个普遍到令人吃惊的现象：很多配偶在离婚后仍然会继续怨恨对方，并进而影响到两人的子女。一方面源于旧恨——他们始终无法忘怀受伤和羞辱的感受；另一方面源于新仇——譬如抱怨对方支付的子女抚养费太少，或抱怨自己要负担的抚养费太重，或嫉妒对方找了一个新的伴侣（而且通常比自己还要年轻）。所谓离婚可以让爱恨交加的婚姻关系画上句号的说法，其实是一个误解。但这些苟延残喘、永无休止的愤怒却带给许多孩子莫大的痛苦。

诚如心理学家塔瑞斯所说："离婚后应该尽力克制甚至消除自己的愤怒，有道德上的理由也有心理上的理由——这样做可以保护他们自己，也可以保护他们的子女。"离婚的父母一旦能够把彼此的分歧摆到一旁，尽量不激怒对方，也尽量不被对方给激怒，其实就是在帮孩子一个大忙——这样孩子才能抱着信心继续在人生的道路上前进，走向光明。

 教育智慧:

离婚后应该尽力克制甚至消除自己的愤怒，有道德上的理由也有心理上的理由——这样做可以保护他们自己，也可以保护他们的子女。

125. 尊重孩子的隐私

据调查，大多数的家长都偷偷翻看过自己孩子的书包，偷看自己孩子的日记。一项专项调查结果显示，70%的孩子都强烈反对父母偷翻自己的书包，偷看自己的日记。

父母为什么这么"喜欢"偷看孩子的日记？归根到底就是父母和孩子之间产生了矛盾，是父母在与孩子的"沟通"上出现了问题。孩子们因为苦于跟父母的沟通，于是就把自己的苦衷写在日记里。父母们因为感到孩子跟自己的沟通越来越少，才"被迫"采取了"偷看"的方式。

不管父母有什么理由偷看孩子的日记，都是不对的。孩子也有思想，也有秘密，也有不想让别人知道的隐私，也有一间心灵的密室。父母要想真正尊重孩子，首先就要尊重孩子的隐私权，不窥探、翻看孩子的隐私。

很多家长认为孩子写在日记中的内容是孩子最真实的心灵写照，可以最准确地反映出孩子的思想，判断孩子是否有早恋的苗头等等。所以，翻看孩子的日记是教育的需要。但窥探孩子的隐私真的有助于家庭教育吗？

事实并非如此，这种行为除了会导致孩子的强烈反抗，加剧孩子的逆反心理以外，还会使孩子对父母产生极大的不信任。当孩子不再信任父母时，父母所说的话，即使是很好的建议，孩子也会拒绝接受，并且会彻底关闭与父母沟通的心灵之门。

　　想真正了解孩子的思想和行为，就要从正面的渠道——与孩子建立畅通无阻的沟通来实现，这样才能取得好的教育成果。

 教育智慧：

　　当孩子不再信任父母时，父母所说的话，即使是很好的建议，孩子也会拒绝接受，并且会彻底关闭与父母沟通的心灵之门。

126. 再富也不能富孩子

　　每个父母都十分疼爱自己的孩子，比尔·盖茨与妻子当然也不例外，作为世界上最有钱的人，他们无疑是最能满足孩子们金钱欲望的人。但是在满足孩子们的一些要求上，他们却绝对是一对"吝啬鬼"。

　　在生活中，比尔·盖茨从不会给孩子们一笔很可观的钱，并且声明说不会把自己的财产遗留给自己的孩子，因为他怕这会消磨孩子们向上的精神。他曾公开表示过："我不会将自己的所有财产留给自己的继承人，因为这样对他们没有一点好处。"对此有记者好奇地问他："难道不担心将来孩子们会因此而恨你们吗？"盖茨和夫人笑了笑回答道："我们相信，如果父母教育得法，孩子们对待财富的看法不会和父母不同。"

　　作为世界首富的孩子，罗瑞和珍妮弗甚至不能得到他们最想要的玩具，当他们看到别的孩子可以拿着一些零用钱买自己喜欢的东西时，他们甚至有些羡慕。对此，比尔·盖茨有自己的说法，即再富也不能富孩子。

　　比尔·盖茨认为，人的成功只与个人努力有关，而与金钱多少没有多大关系。确实，比尔·盖茨几乎所有创业的资金都是他自己在上学之余打工挣来的，而从来没有向父母伸过手。所有人都钦佩他这一点。所以他也希望自己的孩子能和自己一样，而如果给孩子们很多钱，势必会磨灭孩子向上的斗志，让他们成为平庸的人。所以，盖茨夫妇二人宁愿将这些钱捐给最需要它的人，也不随意交给孩子挥霍。

正如林则徐所说："子孙若如我，留钱做什么？贤而多财，则损其志；子孙不如我，留钱做什么？愚而多财，益增其过。"

 教育智慧:

如果给孩子们很多钱，势必会磨灭孩子向上的斗志，让他们成为平庸的人。

127. 向孩子学习

所谓宽容就是待人有度量，不苛求，对他人的过失能够予以谅解，不计较。大人们都清楚，在人和人的交往中，因为有了宽容才使彼此的关系更为融洽和谐。而作为家长，对待孩子，这条法则却被甩在脑后，不再被我们遵守。有时孩子在这方面比我们做得更出色。

一大早，漂亮的妈妈兴高采烈地穿上新买的衣服，准备送女儿去上学。谁知道出门的时候手里拿的垃圾洒了一地，还把刚刚穿上的新衣服弄脏了。正当这位漂亮妈妈懊恼的时候，身边的女儿开口了："妈妈，不要难过了，你又不是故意的，垃圾我来帮你扫，衣服脏了洗一洗就干净了嘛！"

女儿的一席话，让漂亮妈妈触动很大，她想如果是女儿倒翻了垃圾，弄得身上一塌糊涂，她一定会责备女儿的，并且还会告诉她以后再也不给她买新衣服了。想着想着，妈妈的眼睛湿润了。女儿以为妈妈还在生气，捧着她的脸说："妈妈真的不要紧，下次小心点就好了。"

不知道做父母的是否已经体会到，自己的孩子真的很宽容大人。回想一下，你的孩子是否也是这样？从来不计较你犯的错误或者进步不够快，尽管你的过错有时是直接伤害到他的，比如你急躁起来，会不分青红皂白，就因芝麻大点的事情狠狠地数落你的孩子一顿。但是，一转身他们就会把你的过失忘得一干二净。这就是孩子的宽容。

 教育智慧：

不知道做父母的是否已经体会到，自己的孩子真的很宽容大人。

128. 告诉孩子他很棒

英国心理学家哈德菲指出，人的精神状态对身体有巨大的影响作用。他邀请了三个人做一项心理影响生理状况的实验，他让三个人在三种不同的情况下，尽全力握紧握力计。在一般的清醒情况下，他们平均的握力是45 公斤；第二种情况是，把三人催眠，并告诉他们身体很虚弱，结果他们平均握力只有 13 公斤；第三种情况是，继续把三人催眠，然后告诉他们身体很强壮，结果他们的平均握力达到了 64 公斤。

实验表明，人在被催眠以后，他的潜意识就可以直接被影响。而潜意识无法分辨真假，外界输入什么，它们就会信以为真。专家们的研究还发现，人们在清醒状态下潜意识也是可以被影响的，但是必须大量重复，才能起到影响潜意识的作用。也就是说，父母完全可以把那些今天尚不是事实的东西反复输入给孩子，只要你重复的次数足够多了，孩子的潜意识就会信以为真。当孩子的潜意识受到了影响，他在行为中就会逐渐表现出来。

所以，只要你持续不断地把"你很聪明"、"你很棒"这类的信息传递给孩子，重复多了，孩子的潜意识一旦受到影响，他或她就会变得越来越聪明、越来越棒。

 教育智慧:

只要你持续不断地把"你很聪明"、"你很棒"这类的信息传递给孩子，重复多了，孩子的潜意识一旦受到影响，他或她就会变得越来越聪明、越来越棒。

129. 儿童时代是培养习惯的最佳时期

3岁至12岁是孩子形成良好行为习惯的关键期。12岁以后，孩子已经逐渐形成许多习惯，新习惯要想扎下根来就难多了。凡是学习成绩好而且稳定的孩子，都是从小养成了良好的学习习惯；而成绩忽好忽坏的孩子，往往缺乏良好的学习习惯。现在的一些父母非常重视孩子的学习成绩，在教育方面投入大量的时间和财力，而忽视学习习惯的培养。这恐怕是父母最大的误区所在。

儿童时代是培养习惯的最佳时期。一般的情况下，通过奖励和惩罚，坚持三五十天，儿童的一个好习惯就可以形成了。早期教育一公斤的气力等于后期教育花一吨的气力。一个人能否养成良好的行为习惯和高尚的思想品德，关键在于小学阶段的教育，特别是低年级的教育。

几年前，当几十位诺贝尔化学奖得主聚会之时，记者问一位荣获诺贝尔化学奖的科学家："请问您在哪所大学学到您认为最重要的东西的?"这位科学家平静地说："在幼儿园。""在幼儿园能学到什么?""学到把自己的东西分一半给小伙伴；不是自己的东西不要拿；东西要放整齐；吃饭前要洗手；做错事要表示歉意；午饭后要休息；要仔细观察大自然。"这位科学家出人意料的回答，直截明了地概括了儿时养成良好习惯对人的一生具有决定性意义。

教育智慧:

　　小时候形成良好习惯终生受益，而且也容易形成。小的时候学什么像什么，种什么长什么。

130. **对于孩子的顶撞暂时不予理睬**

　　孩子顶撞行为的产生是由于父母片面地看待他，难以使他服气造成的。例如，有时孩子为了帮父母做家事，但由于知识经验缺乏，造成错误的行为。此时，父母指责他，就容易出现顶撞行为。因此，父母看到孩子有错误行为的时候，要了解他的动机，要尊重孩子、相信孩子，不能不问缘由地指责。要肯定孩子的积极因素，帮助他看到自己做错的地方，并教给他如何把事情做好的方法，使孩子心服口服。

　　民主型的家长与专横型的家长相比，后者的孩子顶撞行为更严重、更难改。因此，父母要让孩子不顶撞，首先要提高自身的修养。面对孩子的顶撞行为，家长不应同孩子一般计较，要表现出忍让、仁爱、同情别人、帮助弱小的良好品质，这能潜移默化地影响孩子。

　　积极办法是以幽默来对待孩子的顶撞。父母不能跟孩子一般计较。要知道，孩子的脾气来得快，去得也快，父母采用幽默的方法主动缓和一下气氛，给孩子留有一个下台的机会和思考的余地。孩子会想：我这样发火究竟是为什么？值得吗？他会感到歉疚，往往会很快平和下来。

　　或者对于孩子的顶撞暂时不予理睬，这样做也是为了让孩子有时间去思考他的所作所为，平息他的冲动。等孩子的情绪平静后再心平气和地与孩子交换意见，这时他容易接受意见。在谈话中，应表示理解他的烦恼与冲动，但必须讲明不该发脾气的道理。同时，作为父母也应该反省自己，如果有错误要勇于坦率地向孩子承认。父母通过自己的言行教会孩子学会克制自己，懂得理解和体谅别人，有了烦恼不应该随意向别人发脾气。在和上中学的孩子提要求时应简洁明了，谈话切忌唠叨，这是减少冲突的重要原则。

 教育智慧：

家长要允许孩子的顶撞行为出现多次反复，要纠正孩子的顶撞行为，不能急于求成。因为孩子的自我控制能力是比较差的，家长千万不能因此失去教育的耐心。

131. 保护孩子幼稚的好奇心

好奇心是孩子创造力的表现，许多发明往往都来源于好奇心。可是许多父母却忽视了孩子的好奇心，认为孩子的许多问题滑稽可笑。可能大家都知道，正是好奇心促使美国著名企业家福特发明了汽车。福特在很小的时候，就表现出了与众不同的好奇心，尤其对机械类的装置。以至于他的父亲只要一见到福特回家，便立即把手表藏起来。因为那些华丽昂贵的怀表经常被福特拆得七零八落。

福特在自己的房间里藏了7种"秘密武器"。床旁边有个小柜，里边整齐地摆放着钻孔机、挫刀、铁锤、铆钉、螺栓和螺丝帽，这些东西都是他亲自动手收集的。福特小的时候是公认的淘气包，他经常偷偷溜到底特律镇上，把脸贴在钟表店的玻璃窗上，看店里的师傅拿小钳子修理手表。他有时入了迷，以至忘了时间，天黑时才匆匆跑回家。当福特和修表师傅熟悉之后，修表师傅有时还把他不能用的手表送给他，这时，福特便会在房间里整晚地分解组合，直到第二天凌晨三四点。福特的母亲对他的好奇心非常关心和支持，他非常感谢母亲。晚年他在自己的回忆录中写道："她给了我勇气，教我忍耐和自律，这是我克敌制胜的法宝。"可以说，正是母亲的鼓励和支持使福特的心灵世界充满了丰富的想像。这好奇心最终使他发明了汽车，并创办了世界著名的福特汽车公司。

当孩子把我们新买给他的玩具很快大卸八块时，我们是怎样对待孩子的呢？批评呵斥甚至打骂，这样的教育方法该是多么残忍地扼杀了孩子探索未知世界的好奇心啊！当孩子刚刚萌芽的好奇心受到打击的时候，他或许就会变得规规矩矩，但却丢掉了先天本来具有的天才的创造力。

意大利著名教育专家蒙特梭利说："这是因为他想知道这件东西的构造，他是在寻找玩具里边是否有有趣的东西，因为从外观上玩具没有一点使他感兴趣的地方。"作为父母，我们有责任保护孩子幼稚的好奇心，并采取合适的方法满足他想了解外部世界的强烈欲望。

教育智慧:

当孩子刚刚萌芽的好奇心受到打击的时候，他或许就会变得规规矩矩，但却丢掉了先天本来具有的天才的创造力。

132. 自卑者愈自卑，自信者更自信

孩子得到成功（尽管只是做好某件小事）的激励，往往对其他事情也会投入极大的热情，并在此基础上取得更大的成功，这就如同"马太效应"所阐述的一样。"马太效应"是社会学家罗伯特·莫顿提出的一个理论。他认为，如果到了一个陌生的地方，在就餐时，人们往往会选择生意比较好的饭店就餐，哪怕需要在店堂中等一等，人们也不愿意去一个客人寥寥的饭店。到医院就诊，人们宁愿排长队也不愿到同一个科室的另一个不需排队的医生处就诊。

于是，人多的饭店客人越来越多，老板生意越做越大；而客人少的饭店人越来越少，最终门可罗雀，老板只好关门大吉。罗伯特·莫顿把这种

现象称之为"马太效应"，即"贫者越贫，富者越富"。

在人们教育孩子的过程中经常能够看到这种现象，就是自卑者愈自卑，自信者更自信。有的孩子因为某种原因产生了自卑感，做起事情没有任何信心，结果遭到失败，失败的次数多了自然会受到父母的斥责，孩子对自己也就不再抱有希望，从而加重了自卑；有的孩子因为一次成功的体验而产生强大的自信，得到父母的表扬后更加信心百倍，进一步增强了自己的信心，从而取得了更大的成功。

当孩子取得成功后，因成功而培养的自信心，对其新成绩的取得会产生进一步的推动作用。随着新成绩的取得，心理因素再次得到优化，从而形成了一个不断发展的良性循环，使得孩子不断获得成功。

 教育智慧：

在人们教育孩子的过程中经常能够看到这种现象，就是自卑者愈自卑，自信者更自信。

133. **少带孩子去电影院**

有的年轻父母，为了自己娱乐或者没有经验，常常带孩子去电影院。

电影院是人们聚集的公共场所，不利于孩子的健康。其一，这里聚集了成百上千人，长时间门窗紧闭，空气极坏。即使有空调设备也不能完全解决空气新鲜的问题。空气污浊，缺氧对孩子的呼吸系统、血液循环系统以及大脑发育都有直接影响。其二，容易传染疾病。有些传染病对孩子的健康威胁极大。一种是通过呼吸传染的疾病，如感冒、麻疹、水痘、猩红热、肺结核、腮腺炎等。一种是通过接触传染的疾病，如痢疾、肝炎等。电影院空气不新鲜，会降低人的抗病能力。年龄较小的孩子，本来抗病能力就差，在这种环境里更容易染上疾病。而且孩子还喜欢到处乱摸，而电影院里的观众来自四面八方，椅子扶手、椅背被不计其数的人摸过，可能带有各种细菌，孩子摸过椅子，再拿东西吃，就会病从口入。

有些家长看成人节目也带着孩子，孩子看不懂，甚至模仿脏话或者一些不健康的东西，对孩子身心不利。因此，从孩子的身心健康出发，应该少带孩子去电影院。

 教育智慧:

有些家长看成人节目也带着孩子，孩子看不懂，甚至模仿脏话或者一些不健康的东西，对孩子身心不利。

134. 让孩子多喝水

医学博士布莱斯指出，水分摄取不足，血液比重就会升高，身体组织及细胞所产生的废物就不易排除，因而毒害了身体。

水分的摄入不要仅喝开水，最理想的就是多吃水果、蔬菜，多喝鲜榨果汁。因为水果的水分含量非常高，所以它们具有很好的体内涤清效果。食草动物的寿命通常比食肉动物的寿命更长，就是因为前者体内有充足的水分帮助它们排除废物和毒素。

专家研究发现，大脑所需的主要养分就是葡萄糖，而水果中含有大量的可以转化为葡萄糖的果糖，所以，水果又是最好的健脑食物，同时它还可以让人产生旺盛的精力。

 教育智慧:

水分摄取不足，血液比重就会升高，身体组织及细胞所产生的废物就不易排除，因而毒害了身体。

135. 为孩子朗读

为孩子朗读，这是美国教育专家吉姆·特利里思一直努力提倡的，他认为这是当今最有效的教育秘诀。但是，大多数家长对这一"秘诀"都抱怀疑态度，原因是太简单，且不费什么气力。

特利里思劝告家长，不管多么忙碌也要抽空给孩子朗读，因为那是除搂抱以外，父母能给子女的最好的东西。他甚至提出了一个大胆的论点：阅读已成为今日生活中最重要的社会元素。你花在阅读上的时间越多，就越聪明；你越聪明，将来赚钱就越多；你赚钱越多，孩子在学校的表现就会越好。所以，如果你能帮助孩子养成阅读的习惯，你不但是造福于他，也会惠及他的下一代。

特利里思努力推广朗读，并不是因为他自己喜爱朗读，而是因为他曾从朗读中得益不浅。

他为两个孩子朗读的书本数量，几乎有孩子吃饭的次数那么多。他说："我小时候，爸爸常常读给我听。所以，我希望我的孩子也体会到我童年时有过的美好感觉。"

研究人员认为，高声朗读是父母对孩子表达的爱语。随着孩子的成长，他们会把朗读看成是一种安宁和安全的声音。

美国总统布什的母亲也极力提倡父母与孩子共同阅读，她说："我总是尽可能多地与孩子们一起读书，有时我也让他们读给我听。我的一些孩子直到很大后，还保持着与我共同读书的习惯。当他们放假或有空闲的时候，我们就会轮流地读一本名著。有时，还会就精彩的部分进行讨论。"

为了培养孩子良好的阅读习惯，布什夫人常常在固定的时间送书给孩子们。每个月的某一天，悄悄地把书放在孩子们的枕头下；在孩子生日时送一套书；家庭旅游时，让孩子带一本心爱的书同行；外出用餐时，也可以带一两本书，让孩子有书可翻。

给孩子念书，教孩子阅读，不仅仅在于训练他们的学习和思考能力，另一重要方面是，他们的性情和志趣可以从中受到良好的熏陶。同孩子一起看书，还可以调节家庭气氛，使孩子充分地感受母爱。

教育专家认为，培养孩子的读书兴趣，越早开始效果就越好。婴幼儿瞪着眼睛听你念书的时候，他们的语言和理解能力正在悄悄地发展着。

 教育智慧：

给孩子念书，教孩子阅读，不仅仅在于训练他们的学习和思考能力，另一重要方面是，他们的性情和志趣可以从中受到良好的熏陶。

136. 让孩子养成在自己身上找原因的习惯

一名中学生带着一小袋大米乘公交车。因为疲劳，一上车他就昏昏欲睡。突然，一个紧急刹车把他从梦中唤醒。他睁开眼睛，米袋口松开了，米从袋子里洒了出来。一个年轻人漠然地目睹了米袋口松开到米洒了一地的整个过程，但他没有帮忙扶起袋子，也没有提醒那个中学生。中学生对他的行径气愤不已。

当他回到家里，便向母亲怒气冲冲地讲述车上的遭遇，他用最狠毒、最丑恶的字眼来诅咒同车的那个年轻人。他满以为母亲会与他一样同仇敌忾，声讨那个年轻人的劣行。不料母亲却平静地说："孩子，你可以觉得委屈，甚至可以埋怨，但你没有权利要求别人去承担你自己的责任和过失。作为母亲，我只能希望我的孩子在别人的米袋口松开时，能帮忙系上。"

这是一位睿智的母亲，她很平静地告诉孩子一个做人的道理：凡事不要把希望寄托在别人身上，不要埋怨人，更不要把责任推给别人。

世界上没有不犯错误的人，做错了事总是把责任推给别人，自己永远也不会得到提高。如果做错了事，能够从自身找原因，吸取教训，那么，他就不会再犯第二次错误。所以说，在孩子做错了事，我们要让孩子养成在自己身上找原因的习惯，这对孩子的成长是有百利而无一害的。

 教育智慧：

在孩子做错了事，我们要让孩子养成在自己身上找原因的习惯，这对孩子的成长是有百利而无一害的。

137. 爱的教育

今天的孩子是幸福的，特别是 20 世纪 80 年代后的孩子们，多是独生子女，无论是生活条件还是智力开发都和过去有着天壤之别。可是耳闻目睹的许多事情常常令我们惊讶。记得一位母亲哭诉说，她买了 18 只大虾，孩子一口气吃了 17 个，剩下一个母亲想尝尝味道，可是孩子居然大哭起来，质问母亲："你明明知道我爱吃，为什么不给我留着？"无数的事实让父母们不禁自问：现在的孩子到底是怎么了？为什么我们的爱换来的却是孩子的无情与麻木不仁？

在当今青少年当中，待人卑鄙和为人刻薄的很多，孩子残忍行为上升趋势的事实令人惊恐。为人刻薄也许不会导致看得见的伤害，但是，它却会留下无法磨灭的感情上的伤痕，撕碎道德成长的结构。

反省一下我们是怎样教育孩子的吧！父母对孩子是倍加呵护，舍得花大本钱进行智力投资，可是惟独忘了对孩子进行爱的教育，进行责任心的教育，似乎他们天生只有学习，别的什么都不需要。渐渐地，我们的孩子不知道什么是爱，也不知道怎样表达爱。他们不知道爱父母，不会爱他人，不懂爱生活、不屑爱这个社会；我们的孩子不知道为别人付出，从来不去考虑和体谅他人的需要，也不懂得对生命要有所感恩。孩子不知道自已应该为他人做什么，也不去了解他人的需要、家庭的需要和社会的需要，更不要说帮助别人、欣赏别人、表达自己对他人的爱。

只有爱的教育才可以让我们的孩子警觉别人的困难，并唤醒孩子的良知与感情，使得孩子们变得宽容而具有同情心，能理解别人的需要，去帮助那些受到伤害和需要帮助的人。

 教育智慧：

一个没有爱的能力的孩子是可怕的，他的感情生活也将一无所有。

138. 要鼓励孩子说实话

孩子做了错事，许多父母认为严厉的惩罚可以遏制孩子的行为，其实恰恰相反。严厉的惩罚增强了孩子的恐惧感，不但不能解决问题，而且还会迫使孩子产生防卫心理来进一步编造谎言。

我们试想一下，当我们小时候做错事后说了实话，父母反而大发雷霆，把我们痛打一顿，那么我们以后还敢说实话吗？作为父母，应该让孩子感到，对父母讲真话并不可怕，完全可以得到父母的谅解。否则，孩子会因为恐惧，而以说谎来逃避责任。所以当你发现孩子有了过失行为时，千万不要着急、气恼，甚至不分青红皂白地训斥孩子。要本着关心爱护的原则，要采取细致、耐心的方法，冷静地听听孩子的想法，帮助孩子找出错误的根源，改正错误。切不可急躁、粗暴，甚至施加压力，进行打骂、体罚等，这样只会适得其反，让孩子走向说谎的一面。

因此，当孩子有了过错时，要鼓励孩子说老实话。当他如实地向父母说明以后，父母应该在让孩子明是非、辨善恶的基础上，进行正面教育，加以引导，切忌把孩子的诚实品质给扼杀在粗暴的打骂声中。

教育智慧:

严厉的惩罚增强了孩子的恐惧感，不但不能解决问题，而且还会迫使孩子产生防卫心理来进一步编造谎言。

139. 父母应该做到"有令必行"

我们时常可以看到的一个现象，是孩子明知故犯的行为，在大人明确地告诉不要做某种事后，孩子的反应是"我偏偏要做"。其实孩子明知故犯的目的也不外四种：得到注意、展示权利、寻求报复和自认乏力。针对孩子行为背后的心理动机对症下药，才能避免不必要的紧张，最有效地教育孩子。

当我们意识到孩子在有意挑衅时，有时最好的解决方法是撤离"战场"。孩子对父母的要求做不可理喻的抵抗时，其目的常常是为了与父母进行权利的较量或对自己的行为范围的试探，看看自己能得到多大的自主权。如果我们卷入这场冲突，是向他们投降，对孩子的错误动机是一种鼓励。在这种形势下，想对孩子的具体问题进行现场纠正往往是徒劳无功的。因为他们是"醉翁之意不在酒"。我们应将注意力放在他们的动机上，而不是就事论事。我们需要做的是改变他们的态度，因此撤退本身并不意味着放弃对他们的教育，而是对孩子教育的一种方法，可以说是对他们错误动机的"釜底抽薪"。

父母们常常抱怨孩子对自己的要求毫不在意，他们经常会说的一句话就是："我对你讲了一百遍了，为什么不听？"听了这句话，孩子们的反应会是什么呢？"还不是老一套"，"又来了"。父母们不应拿这句话来问孩子，而应问自己。当我们警告孩子，我们对他们的行为将要采取措施时，我们应该清楚这一警告是否能实现，我们是否会像所说的去做，如果我们根本不会实施我们的警告，那么就犯了根本性的错误。因为这样的结果只能使孩子对你的话相信程度降低，甚至完全不相信，认为你不过是危言耸听，大可不必当真。有了这样的想法，自然会对父母的话当"耳边风"。

有时，对于一些显而易见的道理，父母反复强调，用太多的话语来说明，相信孩子终究会领悟他们所叙述的道理。而孩子们并非不懂应该怎样做，他们只是大都有着自己的不情愿或其他目的。在这种情况下，孩子对家长的"唠叨"便厌烦，非但不照此改正，反而变本加厉。语言的劝告对他们就起不了一点帮助。

因此，父母应该做到"有令必行"，并最大限度地去了解孩子们行为背后的目的，那样你就会发现其实没有"不听话的孩子"，每个孩子都很懂事，都很明白事理。

 教育智慧:

当我们警告孩子，我们对他们的行为将要采取措施时，我们应该清楚这一警告是否能实现，我们是否会像所说的去做，如果我们根本不会实施我们的警告，那么就犯了根本性的错误。

140. 修养是人生第一课

耶鲁大学有一批应届毕业生，共22人，实习时被导师带到华盛顿的白宫某实验室参观。全体学生坐在会议室里等待实验室主任胡里奥的到来。这时有秘书给大家倒水，同学们毫无表情地看着他忙活，其中一个还问了一句："有咖啡吗？"

秘书抱歉地告诉他刚刚用完。当秘书给一个名叫比尔的学生倒水时，比尔轻声说："谢谢，大热的天，辛苦了。"这是秘书这天惟一听到的一句感谢的话。

门开了，胡里奥主任走进来和大家打招呼，没有一个人回应。比尔左右看了看，带头鼓了几下掌，同学们这才稀稀拉拉地跟着拍手，掌声显得很零乱。接着胡里奥主任亲自给大家讲解有关情况，他看到同学们没有带笔记本，就吩咐秘书把实验室印的纪念手册送给同学们做纪念。大家都坐在那里，随意用一只手接过胡里奥主任双手递过来的手册。

胡里奥主任的脸色越来越难看，他已经快没有耐心了。就在这时，比尔礼貌地站起来，身体微倾，双手接住手册恭敬地说了一声："谢谢您！"胡里奥闻听此言，不觉眼前一亮，他拍了拍比尔的肩膀问："你叫什么名字？"比尔照实作答，胡里奥主任微笑着点头回到自己的座位上。

两个月后，比尔被该实验室录取了。有几位同学感到不满来找导师："比尔的学习算是中等，凭什么选他不选我们？"导师笑道："比尔是人家来点名要的。其实你们的机会是均等的，你们的成绩甚至比比尔还要好，但是除了学习之外，你们需要学的东西太多了，修养是第一课。"

俗话说得好，做事先做人。一个人的道德修养是其事业能否成功的基础所在。没有修养的人，无论你的学识有多么渊博，也是不受人欢迎的。一个人从小就要不断地提升自己的修养，因为人际关系将决定我们的前途和命运。

孔子曾说过："质胜文则野，文胜质则史。文质彬彬，然后君子。"这是说，只是品格质朴而不注重礼节仪表，就会显得粗野；光注重礼节仪表，却缺乏质朴的品格，就会显得虚浮。只有礼节仪表同质朴的品格结合，才是一个有教养的人。

 教育智慧：

一个人的道德修养是其事业能否成功的基础所在。没有修养的人，无论你的学识有多么渊博，也是不受人欢迎的。

141. 成长尽在艰难之中

有许多人在失败和挫折面前竟然发现自己不为人知的另一面，有的人因此而开创了另一片新天地。这就是因为当人们遇到困境时，会不自觉地调动潜力，从而取得了意想不到的成果。而当我们处于和平顺境时，往往因为惰性而将这些才能深深地埋了起来。

当一位音乐系的学生走进练习室时，在钢琴上，摆着一份全新的乐谱。"超高难度……"他翻动着乐谱，喃喃自语，感觉自己对弹奏钢琴的信心似乎跌到了谷底，消磨殆尽了。

自他从师于新的指导教授后，已经有 3 个月了，他每天都练习着超高难度的乐谱。这位指导教授是个极有名的钢琴大师。授课第一天他给自己的新学生一份乐谱。"试试看吧！"他说。乐谱的难度很高，学生弹得生涩僵滞、错误百出。"还不熟，回去好好练习！"教授在下课时，如此叮嘱学生。

学生练了一个星期，第二周上课时正准备让教授验收，没想到教授又给了他一份难度更高的乐谱。"试试看吧！"上星期的课，教授提也没提。学生再次挣扎于更高难度的技巧挑战。

第三周，更难的乐谱又出现了，同样的情形持续着，学生每次在课堂上都被一份新的乐谱所困扰，然后把它带回去练习，接着再回到课堂上，重新面临两倍难度的乐谱，却怎么样都追不上进度，一点也没有因为上周的练习而有驾轻就熟的感觉。学生感到越来越不安、沮丧和气馁。

最后学生终于忍不住了，他向教授提出了质疑。教授没有开口，而是抽出了最早的那份乐谱，交给学生，"弹奏吧！"他以坚定的目光望着学生。

不可思议的事情发生了，连学生自己都觉得惊讶万分，他居然可以将这首曲子弹奏得如此美妙、如此精湛！教授又让学生试了第二堂课的乐谱，学生依然是高水准的表现……演奏结束后，学生怔怔地看着自己的老师，说不出话来。

"如果当初我任由你表现最擅长的部分，可能你现在还在练习最早的那份乐谱，就不会有现在这样的成绩了……"钢琴大师缓缓地说。

我们往往习惯于表现自己熟悉和擅长的领域。但如果我们愿意想一想，将会恍然大悟：我们今天的能力，都是在看似紧锣密鼓的工作挑战、永无歇止、难度渐升的环境压力中不知不觉培养出来的。

 教育智慧：

人们遇到困境时，会不自觉地调动潜力，从而取得了意想不到的成果。而当我们处于和平顺境时，往往因为惰性而将这些才能深深地埋了起来。

142. 你到底有多诚实，孩子就信赖你多少

每个父亲都曾有过类似的经历：刚会走路的小家伙站在一米高的石墙上对自己说："爸爸，接着我好吗？"孩子总是还没等爸爸回答就跳下来，因为他知道爸爸会在下面接着他。孩子天性信赖父母，尤其是当孩子还小的时候，对父母的话更是毫不质疑。不信可以试试看，如果你说你把他的鼻子捏掉了，他会赶紧在你手里找鼻子。你假装又把鼻子安回去了，他会轻轻松一口气。

随着孩子渐渐长大，他们开始由绝对信赖父母转向相对信赖。随着智力的发展，他们懂得从高墙上跳下来，稍有差错就会伤着自己。除非孩子心里有十足的把握，知道大人会接住他，否则他是不会跳下来的。即使孩子认为大人能接住他，为了安全起见，他也会选择爬下来。

各位父母，如果你的孩子是6～12岁，那他们就不会单单因为你说了

什么而信任你。你是否能赢得孩子的信任取决于你的是否诚实。这个过程虽然看不见，但它确实存在。你到底有多诚实，孩子就信赖你多少。在孩子的教育问题上，父母绝不能有半点儿松懈和侥幸心理，因为孩子不会给父母这样的机会。

 教育智慧：

如果你的孩子是 6 ～ 12 岁，那他们就不会单单因为你说了什么而信任你。你是否能赢得孩子的信任取决于你的是否诚实。

143. 物质的给予并不能代替你对孩子的关心

1958 年，在美国威斯康星大学一间普通的实验室里，一个叫哈洛的心理学家进行了一项震惊世界的恒河猴实验。哈洛和其他研究人员在实验室里放入了两只人造母猴，其中一个是用金属做成的金属母猴，另一只是浑身包裹着柔软绒布的布母猴。金属母猴的面部表情僵硬，只有两只眼睛和一个鼻子，但研究人员却在金属母猴的胸前安装了橡皮奶头，小猴子饿的时候可以从金属母猴的奶头里吸吮到奶汁。布母猴的面部表情则更温和、逼真一些，但它却没有可以给小猴子吃的奶汁。研究人员将这样两只"母猴"放进了实验室的笼子里，然后让小恒河猴待在里面，让它自由地选择其中一个做为自己的母亲。结果发现，小恒河猴几乎整天依偎在布母猴的怀抱中，不到饥饿的时候，根本就不靠近金属母猴。

研究人员又把两只分别由布母猴和金属母猴抚养长大的小猴子与自己的"母亲"分开一段时间。当两只小猴子再次看到自己的"母亲"时，布母猴抚养的小猴子马上依偎到"母亲"的怀里，拥抱"母亲"、亲吻"母亲"，显得非常安静；而金属母猴抚养的小猴子，见到自己的"母亲"后却表现出焦躁不安，没有任何与"母亲"亲热的反应。

不要说我们给了孩子多少，为孩子付出了多少，先问问自己到底给了孩子多少"温暖"和"爱"！我们是不是常常对孩子微笑，给他抚慰，时常让他感到平静和幸福！物质的给予并不能代替你对孩子的关心，就像金属母猴的奶汁不能代替母亲温暖的怀抱一样。

谁都不可能永久地继承别人给他的财富，但却可以永久地传承幸福！

 教育智慧：

不要说我们给了孩子多少，为孩子付出了多少，先问问自己到底给了孩子多少"温暖"和"爱"！

144. 只考虑安全，就不会独立

来自现实教育的调查指出，小孩子使用工具的能力越来越差。铅笔刀是电动的，玩具也多半是塑料制品。不能用刀削铅笔，没有必要自己用刀做玩具。上版画课时，让孩子带雕刻刀，马上就有人把手划破了。

但是，如果人一次也不体验危险性，也就不会产生回避这种危险的智慧。这或许有些夸张，但是可以说，人类的历史就是反复与这种危险进行斗争的历史。

例如孩子经常喜欢爬树，在父母看来这是一种危险，而对孩子来说却是有价值的危险。首先，孩子可以看到树的整体，判断自己是否能爬上去。如果认为能爬，就会思考下一步的方法，确定从何处往上爬，哪个树枝能支撑自己的体重，需要确认的项目很多。当然有时也会从树上掉下来受伤。但是这是由于自己的判断不得法而产生的失败，这将成为下一次成功爬树的反面经验。

然而，现在的孩子们几乎没有得到尝试这种错误的机会，用一句话来说，这就是父母过度保护的结果，是由于小型家族化与出生率下降、孩子的人数减少、父母对孩子过于关怀所致。

如果只是考虑孩子的"安全"，孩子就不会更早地自立，就不能具有自己处理事务的能力。

 教育智慧：

不让孩子面对小的危险，就不能使其度过人生的大危险。

145. 没有一个孩子不喜欢自己做事

独立生活能力是人生存与发展的基本能力，这种能力不是天生的，要从小加以培养。我们要培养孩子逐步养成自己照顾自己的好习惯。

首先，鼓励他们。其实，没有一个孩子不喜欢自己做事，"做"是他们锻炼的机会。孩子一会走时就有帮助妈妈的愿望，两岁的孩子就会帮大人拿东西、跑跑腿。3 岁的孩子自立愿望非常强烈，什么事情都想去干，但是他们还太小，独立活动能力还很差，常常会把事办糟。这时，家长就应鼓励他们试一试。如果孩子把水泼到沙发上了，你不要责怪他们，因为保护孩子的心灵远比你的沙发重要。这对你来说，他们只是犯了个小小的"可爱"的错误。这样的失误，随着他们长大就会避免了。

其次，不要代替他们。孩子动作发展成熟了，具备一定的能力了，不要总认为孩子小就替他们做这做那。孩子只有通过独立做事，才能体验到各种感情，这种感情与别人代替他们或强迫他们做时是大不一样的。

苏姆林斯基说："一个儿童为了浇花，提了一小桶水，接着又提第 2 桶、第 3 桶、第 4 桶，他累得满头大汗。你不必担心，对他来说，这是世界上任何别的喜悦都不能比拟的真正的喜悦。在这种劳动中，人不仅可以了解世界，而且可以了解自己。童年时期的自我教育正是从了解自己开始的，这种自我了解是愉快的。一个 5 岁的小孩栽的一棵玫瑰，开出了一朵美丽的花，他不仅惊讶地观看自己双手劳动的成果，而且还审视自己本身：'难道这是我自己做成的吗？'这样，儿童在体验无与伦比的劳动乐趣的同时，还可以认识自己。"

父母代替孩子做事，不仅不会给他们带来幸福，相反，他们会因失去了自己做事的机会而苦恼。他们既尝不到成功的快乐，也体会不到失败的痛苦，他们品尝的是成人禁止他们干事的悲伤和怨恨。这对孩子成长有百害而无一利。

教育智慧：

父母代替孩子做事，不仅不会给他们带来幸福，相反，他们会因失去了自己做事的机会而苦恼。

146. **不能图省事**

法国启蒙思想家卢梭说过："你知道用什么方法一定可以使你的孩子成为不幸的人吗？这个方法就是对他百依百顺。"

失掉"权威"的父母是不能教育好子女的。

一味顺从子女的要求，过分娇宠，等于间接剥夺了子女的发展权。子女本来应锻炼的独立处理事情的能力无法形成，父母的爱又不能覆盖子女的一生，子女长大后很难成为有用的人才。

另一方面，过分娇宠，对子女百依百顺，只会让他们习惯以自我为中心，习惯发号施令，容不下不同的意见，这对子女今后的正常交往和生活都会造成障碍。

然而，许多年轻的家长并没有注意到，每当子女用自己的方式哭、吵闹、软磨，迫使父母让步，实现自己的愿望，在父母面前取得胜利的时候，他们实际上给子女传递了这样一个信息：他们是全家关注的中心，全家人都要服从他们的意志，他们的愿望不受限制，他们的行为不受约束；凡是他们想要得到的东西，他们都能得到；凡是他们不喜欢做的事情，在这个家里就行不通；父母的任何要求都是可以对抗、可以改变的，父母的权威是不存在的。当子女不服从家长的正当教育时，这些好心的家长就以新的许诺换取子女暂时的"听话"。于是，子女最初的反抗胜利了，父母的管教失败了。

所以，一味满足子女的要求，这不是在爱他们，而是在害他们。如果父母对子女提出的各种要求，不管是否合理，一律满足，那么，长此以往，就会助长子女嚣张的气焰，什么都想要，而且想要的东西必须得手，这样就会养成坏习惯，甚至步入歧途。

 教育智慧：

失掉"权威"的父母是不能教育好子女的。

147. 别替孩子出头

一位当儿科医生的朋友这么跟别人抱怨："虽然是向孩子问问题，可是母亲总是抢着回答。"

这种情况并不仅仅发生在医院，在其他任何场合也有类似的事情在发生。

母亲并没有权利剥夺孩子与他人说话的权利。在孩子自己讲述完毕之后，如果有不全面不准确的地方，母亲再加以补充和纠正也不迟。

如果做父母的因为坚信自己的孩子老实且怕羞，就事事捷足先登，替孩子出头，这样可能会让孩子错过很多机会。

以母亲的经验当然认为刀子是危险物品。但是刀子只不过是用具的一种，其本身并不危险。只是由于使用方法的不同，从而让刀子有了便利的用具和危险品之分。只有让孩子亲自使用过，他才真正学会刀子的正确使用方法。

学习骑自行车也是如此。每个人都是在不断摔跤的过程中学会骑车的。孩子刚开始学走路的时候，也是通过不断摔跤才记住怎么走路的。没有哪个孩子的父母会因为孩子站起来走路会摔跤而制止他的站立。

因此，希望做父母的不要在孩子想做什么事情的时候泼冷水。

当然，如何避免孩子受重伤就是父母的责任了。可以在孩子发生严重的事故之前加以制止，平时让孩子受点小伤，让他们有机会亲身经历小的失败也是好事。

 教育智慧：

如果做父母的因为坚信自己的孩子老实且怕羞，就事事捷足先登，替孩子出头，这样可能会让孩子错过很多机会。

148. 要懂得人与人都是平等的

与几乎所有大城市的地铁站一样，芝加哥地铁站也是流浪艺人的谋生站台。在那里，经常可以看到衣着考究的父母与他们的儿女一起静静伫立、聆听。一曲终了，父母方叫孩子趋前放入硬币，然后对演奏者说"谢谢"。芝加哥一些学校的家长委员会针对一些孩童"面带漠然的施与"提出异议，要求家长教育孩子们尊重卖艺艺人，"要知道他们虽然落魄，却也是有才情有独特价值观的人。我们必须听完一曲再给钱，这样，给出去的钱就变成了一种欣赏，而不是居高临下的怜悯。"在这些措施的实施下，美国的孩子也大都懂得人与人都是平等的，并且人与人之间应互相帮助，互相爱护。

在这些方面，我们的确应该向美国人学习。家长们一定要教育孩子树立这一理念。其实唤起孩子对他人的尊重并不难，例如，看到马路上工作的环卫工人，就要让孩子懂得人没有高低贵贱之分，只有社会分工的不同，应该尊重每一个普通劳动者的道理。而这时如果父母拿清洁工人做例子，对孩子说如果不好好学习，将来只能像他们一样扫马路，那么孩子立即就会认为这是一份十分低贱的工作，从而产生对这些人的鄙视态度。所以父母们一定要注意教育的方式和技巧。

 教育智慧：

要孩子懂得人与人都是平等的，并且人与人之间应互相帮助，互相爱护。

149. 在尝试中接受教训

一位母亲准备带她8岁的女儿去野外郊游，临行前，她告诉女儿应该带些什么东西，并让女儿自己收拾行李。到了野外，女儿发现不仅自己的衣服带得太少，而且忘记了带手电筒。

母亲问女儿："为什么衣服带少了呢？""我以为这里的天气和城里一样，没想到这儿冷多了，下次再来，我就知道该如何做了。"

母亲说："是的，你应该先了解一下这儿的天气情况，做好充分的准备。那么，手电筒又是怎么回事？"女儿说："我想到手电筒了，但在出发时忙来忙去，就把它忘了。"

母亲说："你一定要记住，如果不细心地对待每件事，你就会尝到粗心的苦头。"女儿说："我明白了，以后我一定要像爸爸出门时那样，先列一个物品单子，这样就不会忘掉东西了。"

"没关系，这次我把你忘掉了的东西都带来了。"母亲一边说着，一边把东西拿了出来。女儿一下子高兴起来，并过来亲吻了母亲。

美国著名教育家斯特娜夫人与女儿的这个故事流传已久，年幼的女儿第一次出游，少带了东西，这是很正常的事。对这种失误，作为母亲，并没有立即指出来，让她弥补，而是让它既成事实，让孩子在尝试中接受教训，获得经验。

人非圣贤，孰能无过？更何况不谙世事的孩子，要允许孩子有过失，让其在挫折中成长。詹妮花 50 美元买了同学本森的一双只值 15 美元的球鞋，本森的妈妈找到詹妮家道歉。没想到詹妮的爸爸笑道："谢谢您的孩子，要不，詹妮怎么会从这个错误中汲取教训呢？"中国的家长要求孩子像躲避瘟疫一样避免错误，但在西方人的骨子里，对待孩子的错误十分冷静：孩子是在犯错中长大的，在孩子成长过程中，起最大推动作用的就是由错误带来的教训。

 教育智慧：

孩子是在犯错中长大的，在孩子成长过程中，起最大推动作用的就是由错误带来的教训。

150. 顶撞行为正是孩子成长的表现

顶撞的意思是指孩子不听从大人的教育、批评或指挥，为自己的思想和行为进行辩解。它似乎含有对长辈的不尊重、为自己的错误狡辩的意思。孩子顶撞家长固然不对，但对孩子的顶撞行为要作具体的分析。出现这种现象，父母往往是有责任的，这与父母不了解孩子心理发展的特点有关。从小学三四年级开始，孩子逐渐学会了独立地把自己的行为和别人的行为加以比较，把别人的行为当作评价自己的依据。这样，自我意识的独立性开始发展，他们注意关心周围的人和事，并且有了自己的看法。当内心评价的标准与大人发生矛盾时，他们就会产生不满。孩子遇事有自己的看法，自我意识、自我评价有了一定的发展，这是令人高兴的，父母不必惊惶失措。当然还有一种情况是，孩子想干什么就干什么，犯了错误也不接受别人的劝告等。

父母要知道，孩子的顶撞行为正是孩子成长的表现。孩子越小，对父母的依赖性越大，越能遵照父母的意志行动。孩子上学后，渐渐地产生了一种强烈的自主性和独立性，产生不再依赖父母的心理。这时，他既不是小孩子，也不是成年人，既有孩子的行为，也有成年人的行为。因此，他的情绪往往不稳定，独立生活能力和适应社会能力还很差，但也不愿意父母过分干涉。父母如果不能满足他的需要，他就会感到失望，就有可能顶撞父母，甚至有时明明知道自己不对，也要坚持自己的意见。

从心理学的角度来看，孩子的这种顶撞行为带有自我成长的意识，是人人都要经历的过程。在这个过程中，孩子通过顶撞来表现自己的想法，来证明自己的社会地位、自己的价值，来引起大人对他的注意，改变大人长期以来无视他的能力的现象。因此，在孩子的成长中，顶撞行为有其积极的一面，父母应该理解他，不仅不要惊惶失措，还要帮助孩子尽快成长。例如，有些事情可让孩子去做，培养他的做事能力。如果孩子在做事的过程中出了差错，也不要过于责备，让孩子自己反省，在反省中成长。

 教育智慧：

从心理学的角度来看，孩子的这种顶撞行为带有自我成长的意识，是人人都要经历的过程。

151. 花一点时间，从孩子的角度考虑问题

如果你的孩子每到做功课的时间总是拖拖拉拉，你虽然警告过他好几次了，但他还是留恋在电视机前面，或热衷于电动玩具。看到这种情形，

你当下的第一反应通常是对你的孩子破口大骂："关掉电视！马上去做作业！"接下来你的孩子可能为自己的行为找各种借口，或气呼呼地回你一句："知道了！"

这个时候，你与其和孩子你来我往地进行言词交锋，不如静下心来，花一点时间从孩子的角度去看这件事。也许，他希望在读书之前有一段时间可以放松一下；也许，他是用这个拖延战术来掩饰他的焦虑，譬如，他在数学方面碰到了困难，却不想向别人求助。在检视过各种可能性之后，你对事情就会产生新的看法。

当孩子觉得父母了解他们，而不是监视他们的一举一动时，孩子往往会变得更有责任感。你的孩子也许更愿意敞开心胸，说出他在功课方面的担忧。当他知道他可以在你面前暴露自己的弱点（对某个科目感到特别头痛）而不用担心受罚时，他可能会觉得松了一口气。当他知道你是可以商量的，当他知道你愿意尊重他的需求，或在功课上给予帮助时，他就不会用防卫的姿态来掩饰自己的担忧了。

对孩子大呼小叫或厉声指责，确实有可能逼孩子听话，但是，这样做并不能教会他们如何面对今后生命中的种种挑战。你透过以身作则让孩子看到，你了解他们的心情，孩子将在你的鼓励之下得到更充分的发展。

 教育智慧：

当孩子觉得父母了解他们，而不是监视他们的一举一动时，孩子往往会变得更有责任感。

152. 不理睬是一种温柔的惩罚方式

心理学家发现，有时候孩子干坏事，是想吸引父母的注意力，满足他们渴望安慰和关爱的心理需要。这个时候父母发脾气，正好迎合了他们的心意；如果父母撤消关注，孩子没辙了，就自然对干坏事不感兴趣了。

撤消关注就是不理睬。这是一种温柔的惩罚孩子的方式，对孩子的不良行为有抑制作用。如果他们发现蛮横无理得不到家人的关注，他就不会用这种畸形方式来博得父母的关心了。孩子"人来疯"等行为都是这种心理的表现。运用这一策略要注意一些原则：

一是多次使用才能见效，孩子在变好以前可能变得更坏，还有可能出现反复，父母要有心理准备。

二是家庭成员保持一致。如果父母之间或者父母和爷爷奶奶之间态度不一致，孩子就会打开缺口，寻求"袒护"，教育效果更为糟糕。

三是与关爱配合使用。当孩子出现适宜行为时要及时地给予关爱和赞赏。让孩子明白：自己的哪些行为是父母不喜欢的，哪些是父母喜欢的。

四是不能间歇使用。这样不但不能纠正孩子的不良行为，反而加剧了他们的胡搅蛮缠、无理取闹的次数。

 教育智慧：

如果他们发现蛮横无理得不到家人的关注，他就不会用这种畸形方式来博得父母的关心了。

153. 激励的力量

杰克·韦尔奇从小就得了口吃症，而且似乎根除不掉。有时候因为口吃还引来不少笑话，这让韦尔奇难堪不已。他在自传中曾写道："在大学里的星期五，天主教徒是不准吃肉的，所以我经常点一份烤面包夹金枪鱼。不可避免地，女服务员准会给我端来双份而不是一份的三明治，因为她听我说的是'两份金枪鱼三明治'（tu－tunasandwiches 听起来像 two tunasandwiches）。"曾经有一段时间，过度的自卑让韦尔奇萎靡不振。

　　针对韦尔奇的这一顽症，他的母亲总是为他的口吃找一些完美的理由。她会对韦尔奇说："这并不是什么缺陷，只是因为你太聪明了。没有任何一个人的舌头可以跟得上你这样聪明的脑袋瓜，别急，慢慢来！让我们一起努力。我想经过一段时间的训练，你嘴巴说的和你心里想的会一样快。"

　　在母亲所做的努力中，韦尔奇汲取了大量的精神养分，更培养出了一种高度的自信。后来，韦尔奇从未对自己的口吃有过丝毫的忧虑。相反，略带口吃的毛病并没有阻碍韦尔奇的发展，而注意到这个弱点的人，大都对他产生了某种敬意，因为他竟能克服这个障碍，在商界出类拔萃。美国全国广播公司新闻部总裁迈克尔对他十分敬佩，甚至开玩笑地说："他真有力量，真有效率，我恨不得自己也口吃。"

　　"我们所经历的一切都会成为我们信心建立的基石。"这是韦尔奇后来的感悟，也是他母亲之所以这样做的初衷，并且随着岁月的递增，他的能力和信心得到了极大的提升。

　　杰克·韦尔奇的母亲从来没有管理过任何人，但是她知道如何去建立孩子的自尊心和自信心。试想，如果是一般不够明智的父母，可能会让儿子为这个缺陷感到自卑，但她却把其变成一种激励，让韦尔奇在不断的矫正中坚定了自己的信心，这便是母亲给予他的财富。

 教育智慧:

　　杰克·韦尔奇的母亲从来没有管理过任何人，但是她知道如何去建立孩子的自尊心和自信心。

154. **教育不论出身的贵贱**

　　很多家长把自己难以实现的人生目标、理想都加到子女头上，任劳任怨，对子女倾尽全部心血地投入。为了培养孩子成才，有多少父母给我们演绎了可歌可泣的故事？"砸锅卖铁，也要供孩子读书"，这句话也在许多文学影视作品中出现过。在当今中国，子女教育对并不富裕的老百姓而言，绝对是家庭中的头等大事，是排在首位的经济支出，其他任何消费都得为教育消费让路。

可另一方面，调查数据也无情地表明，中国父母有80%承认自己不懂教育，父母的行动让我们感动得落泪，可这个数字则让我们沉重得喘不过气来。

孩子的明天在很大程度上掌握在今天的父母手中。"龙生龙，凤生凤，老鼠生儿会打洞"之说，强调的是出身的贵贱，是唯成分论的意思。实际上，父母的官职等级、社会地位、经济条件、学识等对孩子的影响虽然也有相当大的成分，但对于孩子一生起决定性作用的还是父母的教育方法。

 教育智慧：

父母的官职等级、社会地位、经济条件、学识等对孩子的影响虽然也有相当大的成分，但对于孩子一生起决定性作用的还是父母的教育方法。

155. 严家无悍虏，慈母有败子

高尔基曾说过："爱孩子，这是母鸡也会的事。"孩子需要爱，就像小草需要雨露，人类需要氧气与水一样。爱，对孩子的生理及心理的健康发展无疑有着重大的影响。但不同方式的爱将结出不同的果子，错误的爱只能结出苦果。

过分溺爱与娇惯实际上是害了孩子。对子女的爱，就是因为过了头，才变成了"害"。水之所以能溺死人，是因为人被水淹过了头，吸不到氧气而窒息。"严家无悍虏，慈母有败子"，这是千百万父母家教实践经验的正确总结，应使每个父母记取。

目前，对独生子女的溺爱，已经成为一个较为普遍的社会性问题。北大医院的宋琳教授，根据她对家长及儿童的接触，提出了"溺爱综合症"这一新名词。这种病除了造成小儿消化不良、营养不全等身体发育方面的问题外，还给孩子造成了个性发育异常，甚至产生某种人格缺陷。

过分的爱，首先会使家长的心态扭曲，失去平常心。孩子只要一离开自己的视线，便心神不定，甚至魂不守舍。怕孩子走丢了，怕出车祸，怕受人欺侮，怕男孩子学坏，怕女孩子受害，如此等等，不一而足。这样的家长，总是神经兮兮，唠唠叨叨，让孩子为你的不得体行为，在同学面前丢脸，从而伤害孩子的自尊心。

受溺爱的孩子，是否对家长就满意了呢？答案是出人意料的，尤其会令那些百般娇宠孩子的父母震惊。在一项对中学毕业生进行的调查中，有一道题目是：你最讨厌的人是谁？竟有不少学生回答是自己的父母。这些家长几乎痛心疾首，深觉委屈感伤。自己时时刻刻为儿女操碎了心，春去秋来，酷暑严寒，年复一年，为孩子准备一日三餐，四季穿戴，到头来落了个"最讨厌的人"。在你伤心，不理解，甚到愤怒的同时，难道不该好好地反思吗？只有爱得恰当，爱得理智，使自己成为孩子可亲、可敬、可爱的人，你的教育才会有影响，你的愿望才可能在孩子身上有所体现。

 教育智慧：

过分的爱，首先会使家长的心态扭曲，失去平常心。

156. 封闭性教育是有弊而无益

在家庭中，做父母的对子女闭口不谈性的问题，对孩子提出的性问题也是讳莫如深、羞于启齿。如果孩子问及时，不是一顿斥责，就是顾左右而言他。

大量事实证明，封闭性教育是有弊而无益的。对青少年不谈性问题，不进行性教育，当他们在遇到这些问题无法从正面的渠道得到答案时，便会从一些不健康的网站或书籍中找寻答案，很多孩子甚至因此形成了不健康的性心理。朦胧的性意识和对性知识缺乏正确的认识，很容易使孩子走入歧途。

家长应是孩子性教育的启蒙老师，父母的观念会深刻地影响孩子。因此在性教育中，做父母的首先应加强性知识和性道德的学习，对性及性教育应有一个正确的认识。如果父母感觉性是不洁的，对孩子所问的有关性的问题不但不正确回答，反而斥责他们，孩子自然就会感到性是神秘的、不洁的。相反，如果父母感觉性是美好的，如同日出日落，月亏月圆一样自然，那么孩子对性问题也会有正确的概念。

当孩子进入青春期后，随着他们性意识的觉醒，应及时进行性知识和性道德教育，父母要选择适当的语言和适当的时机告诉他们，由于内分泌系统的成熟，性激素产生过多，少男少女开始出现第二性征，男孩子会长胡须、声音变粗、阴茎、睾丸增大，并出现遗精等生理变化；女孩子乳房隆起，臀部变宽，声音变细并伴有月经来潮。对男孩的遗精和女孩的月经初潮，应告诉他们这是一种正常的生理现象，是进入青春期的标志。

鲁迅先生说："生物的个体，总免不了衰老和死亡，为继续生命起见，就有一种本能，这就是性欲。因性欲才有性交，因性交才有后代，继续了生命，性交也并非罪恶，并非不净。"因此对性问题大可不必羞羞答答，遮遮掩掩，应很自然地谈论它，让孩子能正确地认识它。

 教育智慧:

当孩子进入青春期后，随着他们性意识的觉醒，应及时进行性知识和性道德教育。

157. **不推卸自己的责任**

　　成功的父母，他们都有这样一个特点，那就是无论遇到什么困难和问题，都是积极地去寻找解决的方法，从不给自己找任何借口，从不去以各种理由推卸自己的责任。而不成功的父母，总是为自己教育不好孩子寻找各种各样的理由或借口。其实，每个借口都是事实，只是失败的父母才把它们当作事实，而成功的父母从来就不把它们当作不可改变的事实。

　　今天，面对青少年频频发生离家出走、自杀及违法犯罪等事件，持消极心态的父母往往会从游戏厅、网吧等外界因素找原因，结果只会简单地禁止孩子去上述场所，或者是被动地等待政府采取取缔措施；而持积极心态的父母，则会更多地从孩子的灵魂深处找原因，从家庭教育方式的改进中寻找治本的方法，真正培养出孩子的自律精神与自控能力。

教育智慧：

　　每个借口都是事实，只是失败的父母才把它们当作事实，而成功的父母从来就不把它们当作不可改变的事实。

158. **统一教育思想**

　　毫无疑问，孩子们需要大人在教育他们时有一个统一明确的标准，而不是父亲用这一套教育方法，母亲是另一套教育方法，到学校后老师又新换了一种教育思想。这样换来换去，时间长了，孩子就会觉得迷糊，他搞不清究竟哪一种规范和标准才是正确的，因此当一人一个规范时，孩子就会想，或许这事情本身就没有一个明确的谁对谁错的标准，于是，他就不会理睬所有的标准和要求。这种状况非常不利于孩子的健康成长。时间长了，我们会发现虽然我们给他制订的规范非常多，但实际上孩子生长在一个完全没有规范的世界里——规范过多的结果是他们不再相信任何的规范。针对这种状况，建立一个大人之间的统一的规范和标准就显得非常重要。

作为父母，只有统一全家甚至和孩子有密切关系的所有人的思想，形成一种教育合力，才能保证教育效果达到最佳。这种统一，首先，也是最重要的，应该是家庭中父母在制订教育规范方面必须统一，对于同一件事情，不能父亲说对，母亲说错。惩罚和鼓励孩子的标准也必须统一，这样孩子才容易接受。父母必须记住，在家庭中，两条或者多条规范等于没有规范。其次，要做好和其他亲人沟通教育思想的工作。孩子的奶奶家的教育方法和孩子父母的教育方法总是不一致，孩子不得不在这一个规范和那一个规范之间变来变去，这也不利于孩子的健康成长。最后，父母应该和老师以及孩子经常接触的其他人之间保持必要的沟通和联系，尽量让孩子在一个相对统一的教育标准中生活。

 教育智慧:

作为父母，只有统一全家甚至和孩子有密切关系的所有人的思想，形成一种教育合力，才能保证教育效果达到最佳。

159. 惩罚要"量刑适中"

惩罚孩子的目的自然是为了引起孩子的良性转化，那么惩罚的"量刑"就必须合乎孩子的行为。

惩罚过重容易引起孩子的对抗情绪，太轻了又不足以使孩子引以为戒。因此惩罚孩子要以达到目的为原则，既不能轻描淡写，又不能小题大做滥用"刑罚"。

大教育家洛克说过："儿童第一次受到惩罚的时候，非等完全达到目的之后，不可中止。"其中的道理耐人寻味。

其实，在日常生活中我们都有这样一种体会，对绝大多数孩子来说，父母只需要用自己的言语或行动向孩子表示一点点哪怕是极其微小的不满，孩子都会觉得是对他的错误的惩罚，从而自觉改错。因而现代教育心理学认为，惩罚包括间接的和直接的批评。给孩子使个眼色、对他的行动加以限制、扣留他喜欢的东西、没收他的玩具，甚至在吃饭时减少他爱吃的菜肴或者让他穿一件旧衣服等等，都是惩罚的手段与方式。

 教育智慧：

惩罚孩子要以达到目的为原则，既不能轻描淡写，又不能小题大做滥用"刑罚"。

160. 爱玩的孩子才聪明

鲁迅先生在《风筝》一文中说："游戏是儿童最正当的行为。"俄国作家高尔基也认为："游戏是儿童认识世界的途径。"

游戏之所以正当，是因为它不仅好玩，而且能寓教育于其中，帮助儿童扩大知识领域，陶冶性格，并促进德、智、体、美各方面的发展，尤其对儿童的智力开发，有着不可估量的作用。

常常听到一些父母抱怨般评价自己的孩子："这孩子太贪玩了，什么也学不进去。"为了让孩子"学进去"一些知识，他们往往采取逼迫甚至暴力的手段，扼杀孩子的"玩兴"。

爱玩是孩子的天性，而玩的过程，非常有助于孩子的智力开发。

美国飞机发明家莱特兄弟在《我们是怎样发明飞机的》一书中，耐人寻味地回忆道："我们最早对飞机发生兴趣是从儿童时期开始的。父亲给我们带回来一个小玩具，用橡皮筋做动力，使它飞入空中。我们就照这个玩具仿制了几个，都能成功地飞起来……"就是这种能飞的玩具，使莱特兄弟玩得十分上瘾，并引发了造飞机的想像。后来，他们几经周折，在滑翔机上安装了发动机和螺旋桨，让世界上第一架真正的飞机飞上了蓝天。其中使用的螺旋桨，就是少年时在玩具上的那种螺旋桨。

游戏对孩子来说，是一个开始探索客观世界的过程。游戏可促使儿童对新知识发生兴趣，为了玩好一种新的游戏，孩子们常常要进行认真地学习，以便更好地投入游戏当中。

所以，当你的孩子正兴高采烈地用积木或纸盒造房子时，千万别为了收拾屋子而破坏了孩子的游戏。这样会无情地摧残孩子的精神世界，不但影响孩子游戏的快乐，而且有碍于孩子的智力及想像力的发展。

游戏是深受孩子喜爱并能培养其全面发展的有力手段，家长应该设法把教育与游戏有机地结合起来，使孩子在"寓教于乐"中茁壮成长。

 教育智慧:

爱玩是孩子的天性，而玩的过程，非常有助于孩子的智力开发。

161. 不过分夸奖孩子

不允许孩子失败，是不完整的教育。如果你吝惜自己的赞扬，只在孩子表现出色时才夸奖几句，那么，你是在向孩子传达错误的信息：你在告诉孩子，你的爱是有条件的，而这个条件是孩子一生都难以达到的——那就是永远完美。除此之外任何努力都不值得赞扬。

有些父母认为，不轻易夸奖孩子，会促使孩子更加努力。他们还指出这种做法似乎很有效。事实上，这种做法培养出来的是一群心里充满怨恨的孩子，他们拼命挣扎想获得父母的赞扬。可悲的是，这些父母对真相全然不知，还坐在那儿等着孩子来感恩！

请相信，获得父母赞扬的孩子会继续努力，做得更好。他这样做不是为了获取什么人的爱，而是因为他从不担心失败会使他失去父母的关怀。因为孩子相信自己永远是父母关注的焦点，而父母的关爱不会因为他的失败而有丝毫的减少。

鼓励你的孩子抓住机会，尝试新的事物。告诉你的孩子，无论他们是否抓住机会，是否成功，你对他们的爱都不会改变。告诉孩子"只要做事，就难免失败"，失败是可以接受的，最重要的是你努力了。

 教育智慧:

有些父母认为，不轻易夸奖孩子，会促使孩子更加努力。他们还指出这种做法似乎很有效。事实上，这种做法培养出来的是一群心里充满怨恨的孩子。

162. 要育子成龙，不要望子成龙

从孩子的降生开始，到孩子成长的每一天，父母都带着望子成龙的心情为孩子倾注了无限的爱。但过分的溺爱并不能使孩子成才，望子成龙这句话应该改为育子成龙，因为目前我们的家庭教育中有一种倾向是颇令人担忧的。曾有一位儿童教育家说过，只知索取，不知付出；只知爱己，不知爱人，是当前独生子女的通病。仁爱是人类最光辉灿烂的人性，最崇高伟大的品德。教子做人，首先要赋予他一颗仁爱之心。

是孩子生下来就不会爱别人吗？不，那么"爱丢失症"的根源在哪里？是父母的"极度关爱"、"过分溺爱"、"无限纵容"滋长了孩子的自私，使孩子心中只有自己，没有别人。

不少家长认为，如今条件好了，孩子又是独根独苗，因此，无论如何不能让孩子吃苦受累。经常可以听到这样的话："我们的童年过得很艰辛，再不能让孩子经受我们的那些磨难了。"正是怀着这种想法，父母们尽其所能地从各方面满足孩子的需求，包括一些不必要的甚至是无理的要求，代替孩子完成一些理应由他们自己完成的事。如做作业、干家务、值日扫地等等。他们尽力把孩子的生活道路铺得平平顺顺的，似乎这样就能保证孩子幸福健康地成长。但是事实上，这种幸福观很容易导致孩子的灾难。

 教育智慧:

父母的"极度关爱"、"过分溺爱"、"无限纵容"滋长了孩子的自私，使孩子心中只有自己，没有别人。

163. 保护好孩子的单纯

孩子是天真烂漫的，他们往往对一些在大人看来微不足道，甚至是非常可笑的事情产生极大的热情和兴趣。比如：孩子走在街上，会突然驻足，盯着正在行驶的洒水车观看。他在想汽车为什么会流出这么多的水，不知从什么地方来的，所有汽车都能流出那么多的水吗？或者，马路也口渴吗？马路也要把水喝到肚子里去吗？马路的肚子在哪里？这时父母不要生拉硬扯地要孩子离开，不要因为耽误了时间去批评孩子或耻笑孩子，要知道这正是孩子的天性使然。孩子的思维是单项的，而正是靠着众多的单项思维，使其不断地丰富知识，积累经验，产生智能。这对孩子日后的认知能力的培养，奠定了良好的基础。

也许你还有这样的经历，孩子的口袋里总会装着几颗小石子，几张揉皱了的画片。他们会对你说："这个石子像小猫，这个石子多像娃娃呀！""这些带花纹的石子一定是雨花石。"或者，有一天，孩子带回了一株小草，他学着大人的样子把小草种在了花盆里，并且给它浇水，弄得满手满身的泥，甚至把屋子也弄脏了。此时作为父母，不应横加干涉或阻拦，或干脆将这些东西统统扔进垃圾箱，因为它们对于你是垃圾，对于孩子则是心爱的宝贝，你怎么能将他的宝贝扔掉呢？

作为家长的你一定要清楚地认识到，孩子对这些事情的热爱，正是对生活的最初发现，也正是他们认识生活、热爱生活的开端。我们强调这种好的开端，它会在孩子人格的形成过程中，在将来与孩子沟通中，同样是一个好的开端。你尊重了他们的天性，他们的身心发育才会更健康。

 教育智慧:

孩子的思维是单项的，而正是靠着众多的单项思维，使其不断地丰富知识，积累经验，产生智能。

164. 走进孩子心中的世界

青少年研究专家告诉我们，随着孩子的长大，心中会逐渐有一些秘密，会有些不愿意告诉大人的东西，这标志着孩子已经由幼稚走向成熟，由依赖走向独立，这种现象被称为"心理断乳"。作为父母应该为孩子的成长拍手叫好。然而，有不少父母总是不那么乐意接受孩子的独立意识，总是想把孩子庇护在自己的羽翼之下，于是就不讲方式地去"刺探"孩子心中的秘密，反而招来孩子的反感，孩子们对自己的秘密便加强了警戒。

其实孩子拼命守护自己心中的秘密，他们并未得到什么快乐，他们是迫不得已而为之。他们是多么希望能够向人诉说自己心中的秘密，祈求心灵的共鸣。但他们为什么不能向自己父母诉说呢？因为他们在几十年的生活中，也得到了一定的经验和教训，那就是将自己的秘密讲给父母，得到的将是指责、猜测、嘲笑、批评。于是在他们长大了，也聪明了的时候，他们便向父母关上了心灵之门，免得引来不必要的麻烦。

有调查显示，在能主动和父母沟通、交流的学生中，大部分学生成绩优良，心理健康。自杀、离家出走、早恋等事件和现象往往发生在那些不与父母沟通、交流的学生身上。孩子上小学时，有些家长还不屑于和孩子沟通、交流，而到了中学阶段，他们却一下子感觉到他们和子女之间的距离不断拉大，有的家长甚至一点点退回到只能管理孩子的生活起居的狭窄空间里。

因此，父母要多花些时间补上家庭教育这门课，以科学的观念、正确的方法，打开孩子心中的那扇门，走进孩子心中的世界。

 教育智慧：

孩子上小学时，有些家长还不屑于和孩子沟通、交流，而到了中学阶段，他们却一下子感觉到他们和子女之间的距离不断拉大。

165. 给孩子思考的机会

使孩子头脑变得聪明的最重要的一点，是给孩子思考的机会，让其自己动脑筋思考问题。

如果让孩子用今天与昨天相同的方法处理问题，那么孩子就不需要动脑思考什么，只有使孩子今天遇到了用昨天的方法解决不了的事情，才能够刺激孩子的大脑。如果孩子每天从起床开始到晚上入睡，对每件事都按部就班地去执行家长的指令，这种"听话"的孩子是不会有所成就的。所以，对于孩子而言，墨守成规比癌症更可怕，一旦得了这种病，孩子的头脑就会老化。孩子的大脑正处于发育阶段，不经常使用大脑的孩子，其精神发育便会比正常的孩子迟缓。

据美国心理学家布鲁姆，对幼儿到成人的智力发育情况做追踪研究的结果表明，0~4岁儿童的智力发育程度完全可以决定18岁以前的智力最高值。即0~4岁期间智力直线上升的孩子，其以后也会保持这个速度，到了18岁高峰期时达到最高水平。相反，智力缓慢上升的孩子，到了18岁高峰期时，也完全处于低水平。并且，决定这个智力上升程度的绝大部分因素，在于周围对孩子有多大的刺激。

在日本的某小学，老师带学生到百货店去买东西时，要求每位学生只能带50日元，尽量用这些钱多买有用的东西。他们平时用50日元买一块巧克力还常常不够，这次却要拿这点钱到高级物品齐全的老字号商店去用，学生们最初感到不知所措，过了两个小时之后，他们终于想出了买许多东西的窍门，最后完成任务回家了。强行要求的作用，恰恰可以激发孩子头脑的灵活性。

因此，当孩子遇到困难时，切勿代替孩子做出"结论"，对于孩子来说，遇到困难时恰好是思考的最佳时机。

 教育智慧：

当孩子遇到困难时，切勿代替孩子做出"结论"，对于孩子来说，遇到困难时恰好是思考的最佳时机。

166. 反复培养孩子的思考能力

19世纪的哲学家、教育家爱德华·谢根博士，提出了顺其自然地引导孩子提高思考能力的方法。

他把物品的名称分三个阶段教给孩子，比如，把铅笔、圆珠笔和毛笔拿给孩子看，第一阶段首先拿出铅笔，指着铅笔对孩子说："这是铅笔。"第二阶段是并排拿着3枝笔问："哪枝是铅笔呢？"让孩子自己选择。第三个阶段是拿着铅笔问："这是什么？"

这样以"这个"、"哪个"、"什么"来提问、让孩子回答的方法即为"谢根三阶段",这样反复做来培养孩子的思考能力。

 教育智慧：

从易到难,分阶段培养孩子的思考能力。

167. 电视让孩子懒于动脑

同样一个问题,每个人反应速度是不一样的,在保证准确性的基础上,反应速度快的人智商显然要高于反应速度慢的人,将来他们所获得的机会当然也高于后者。于是,加快孩子头脑的反应速度,是每位家长应该十分重视的事情。

法国和美国的科学家在研究大量智商测验成绩时发现：决定成败的一个重要因素是心理活动的速度。我们来看一个简单的题目：说出数列3、6、9、12……在这个题目上,没有人会感到困难,也没有人会出现错误,但是,有的人可能在几秒钟内说出十几个数字,有的人则只能说出几个。这种速度上的差异,将在那些难度较大的问题上得到同样的表现。也就是说,对容易的问题回答得快的人,对困难的问题回答也快,反之亦然。这种普遍存在的心理活动的速度差异,是决定智力差异的基本的和固有的基础。

要想加快孩子头脑反应的速度,其方法是：

对提出的问题和所说的话只讲一遍,并要求孩子快速反应,不许"嗯啊嗯啊"地磨蹭;要求孩子阅读和说话的速度在保证效果的基础上尽可能地快。保持良好的作息习惯以便孩子的阅读,保持户外活动适度,减少孩子看电视的时间。陪伴和指导孩子完成大量反应力方面的训练题。

欧美科学家在研究中发现,人们在看电视时的脑电波和睡眠时的脑电波非常接近，这对于 6 岁以下的孩子来说，显然是耽误了刺激大脑发育的最佳时段。那些常守在电视机前长大的孩子，最容易养成懒于动脑筋的坏习惯，因为和电视机在一起傻傻地看就够了，没有人迫使你做出反应。

所以，除非是大人陪着孩子边看、边问、边讲，把电视节目当教材，才能起到扩大儿童知识面的作用。即使如此，对 6 岁以下的孩子来说，仍然不如用实物作认知对象的效果好。

 教育智慧：

那些常守在电视机前长大的孩子，最容易养成懒于动脑筋的坏习惯，因为和电视机在一起傻傻地看就够了，没有人迫使你做出反应。

168. 别总是盯着孩子的缺点

父母在教育孩子的过程中常常犯这样的错误：他们总是盯着孩子的缺点看，而忽略了事情都是有正反两方面的，也许换个角度后，父母会发现事情对于孩子来说是利大于弊，孩子原先的缺点就成了优势了。

孩子考数学时如果 20 道题里错了 5 道，父母便会责备孩子。他们只看到错了 5 道题，却没有看到算对了 15 道。这种态度只能打击孩子的自信心。事实上，孩子已经知道成绩不理想了，老师也在考卷上写得很明白了，父母不要再给他增加压力了。只要孩子做出了努力，获得的任何进步都要给他们鼓励，应该重视他们努力的过程，而不是单看结果。

或许孩子不如你意，没有按照你设计的路线或你的意愿发展，或许孩子没有达到你预期的目标，或许孩子身上有这样那样你认为的缺点……不妨换个角度来看孩子，比如说，把孩子的调皮看成活泼，把孩子的问题多看成好学上进，把孩子的拆装玩具看成一次实践……你会发现，孩子做任何事都有其可爱之处，也都有积极的一面。

父母总是盯着孩子的缺点或错误不放，就如同只看到白纸上的一个小黑点而看不到整张白纸一样，那小小的黑点看久了，眼里只有那个小黑点了。

金无足赤，人无完人。每个人都会犯错，何况孩子，犯错实际上也是一种吸取教训的机会。父母应换个角度来看孩子所犯的错误，了解其根源，多角度了解孩子某一行为的真正意图。

 教育智慧：

只要孩子做出了努力，获得的任何进步都要给他们鼓励，应该重视他们努力的过程，而不是单看结果。

169. 别让孩子受到好奇心的伤害

人们时常争论这个问题：是趁早为孩子们讲明他们感到稀奇的事情呢，还是另外拿一些小事将他们敷衍过去？我们认为，这两种办法都不能用。首先，我们不给他们以机会，他们就不会产生好奇心。因此，要尽可能使他们不产生好奇心；其次，当你遇到一些并不是非解答不可的问题时，你不可随便欺骗提问题的人，你宁可不许他问，也不应向他说一番谎话。你按照这个法则做，他是不会感到奇怪的，如果你已经在一些不重要的事情上使他服从了这个法则的话。最后，如果你决定回答他的问题，那就不管他问什么问题，你都要尽量答得简单，话中不可带有不可思议和模糊的意味，而且不可发笑。满足孩子的好奇心，比引起他的好奇心所造成的危害要少得多。

你所做的回答一定要很慎重、简短和肯定，不能有丝毫犹豫不决的口气。同时，你所回答的话，一定要很真实。成年人如果意识不到对孩子撒谎的危害，就不能教育孩子知道对大人撒谎的危害。做老师的只要有一次向学生撒谎撒漏了底，就可能使他的全部教育成果毁灭。

　　某些事情绝对不能让孩子们知道，对他们来说也许是最好不过的。但不可能永远隐瞒他们的事情，就应当趁早告诉他们。要么就别让他们产生好奇心，否则就必须满足他们的好奇心，以免他们达到一定的年龄后，受到自己好奇心的危害。关于这一点，你在很大的程度上要看孩子的特殊情况以及他周围的人和你预计到他将要遇到的环境等等，来决定你对他的方法。重要的是，这时候在任何事情上都不能凭偶然的情形办事，如果你没有把握使他在16岁以前不知道两性的区别，那就干脆让他在10岁以前知道这种区别好了。

 教育智慧：

　　某些事情绝对不能让孩子们知道，对他们来说也许是最好不过的。但不可能永远隐瞒他们的事情，就应当趁早告诉他们。

170. 永不放弃孩子

　　大卫·洪贝克曾经指出：当大人对孩子产生信心时，将有两件事情会发生，第一，大人本身会变得更为乐观，因此当他和孩子沟通时，其言语及行动都更为正面；第二，大人这样的态度让孩子在学习上更加勇敢、更加热诚。他还指出，只要校方相信"每个孩子都会成功"，那么学校本身也会办得更成功。

　　这种信心就是你需要的，如此你才能带给孩子最好的。具体地说就是：永不放弃孩子。这是作为成功父母最重要的秘诀。如此，父母的信心就展现出一种可为的态度，这样的态度推动你去做，让你知道这些事一定可以办到。你会知道你的孩子做得还不错，而且你也是一个不错的父母，同时，许多人都站在你这边，大家都会帮助你教养出健康、快乐的孩子。

不管每一天或是外面的世界如何，这些都是真的。

教育智慧：

"我永不放弃孩子"这是作为成功父母最重要的秘诀。

171. 对孩子的限制随着年龄增长而放宽

心理学家研究认为，0~5岁是人的性格形成的关键阶段，所以家长要注意对孩子在这个年龄段的性格培养和塑造。

虽然性格受遗传因素影响，但更多的还是后天环境的影响。研究证明，孩子到了5岁左右，人格塑造已经基本上完成80%以上，其余部分要在日后的生活中慢慢形成。要是家长在孩子的这一关键时期注意培养孩子的性格，这会使孩子受益终生，而最好的性格榜样则是家长本身的行为。要是家长说谎、自私、自利、违背诺言，孩子就会潜移默化地受到这样的影响。

生活中要对孩子少指责、多鼓励，过多地批评会打击孩子的自信心，甚至使孩子产生自卑心理。心理学家认为，每个人内心都有一个"触击敏感区"，适当地赞扬会激发孩子的热情和对美好事物的追求。作为家长应该比他人更了解自己孩子性格上的特点，从而有针对性地帮助孩子在性格发展上扬长避短，鼓励其不断进步。

父母对孩子的限制随着年龄增长应放宽，让孩子有自己的人生价值观，在孩子成长中给予正确的引导才会帮助孩子塑造较为完善的性格。

教育智慧：

父母对孩子的限制随着年龄增长应放宽，让孩子有自己的人生价值观，在孩子成长中给予正确的引导才会帮助孩子塑造较为完善的性格。

172. 重要的是保护自己

　　有记者曾以"当你遇到坏人时该怎样做"为题，对一些初中生和小学生做过一次调查，结果大多数孩子回答是"我和他拼了"、"我带一把水果刀放在书包里，遇到坏人时，我用刀捅死他"。

　　这话听来似乎很勇敢，其实是很危险的。一个十几岁的小孩，用水果刀同坏人对抗，能胜得了吗？

　　如果因此把坏人激怒了，或他夺走了你的刀，用那刀来对付你，你是不是会受更大的伤害？所以，还是告诉孩子在自己处于弱势的时候，最为重要的是想办法保护自己，使自己受到的伤害减到最小。在弱势中，如果坏人要抢你的钱，就把钱给他，要抢你的表、项链，就自己摘下来给他。

　　如果孩子遇到歹徒，我们应当告诫他们，首先要尽量保护自己。要见义"智"为，不要蛮干，学会机智地与坏人周旋，设法报警或通知成年人，努力做到既要保护自己，又要制服坏人。

 教育智慧:

　　我们要告诉孩子，无论在什么地方，有多大力量，都要记住，重要的是保护自己。

173. 及时进行惩罚

　　惩罚还有一个时效性的问题，妈妈常对孩子说的那句"爸爸回来后就有你瞧的啦"的口头禅，并不适合实际情形。因为孩子没有什么时间观念，等到他被惩罚时，他早忘了惩罚的原因了。

发现孩子错误之后，及时进行惩罚，指出其错误所在及应该承担的后果。如发现孩子将家中的玻璃缸打碎了，应要求他立即将玻璃打扫干净，并扔到垃圾桶里，而不要等时过境迁，把他那天将玻璃缸打碎了这件事再纠出来进行批评。

在惩罚孩子时，家长经常将他以前犯的错误都翻出来，前后联系，越想越气，结果没有掌握好惩罚的尺度，惩罚过重，对孩子造成伤害。家长应注意惩罚的针对性，就事论事，不要让自己的情绪一发不可收拾。

让孩子清楚地知道他做错了什么才受到惩罚，并告诉他正确的行为。不要让他以为自己生来就会犯错，或者自己本身就是个错，惩罚对事不对人。

 教育智慧：

不要让他以为自己生来就犯错，或者自己本身就是个错，惩罚对事不对人。

174. 不经一事，不长一智

你的家庭里也许会遭遇离婚、死亡、批评或慢性疾病等使人心灵受到创伤的事情。在这种危机时期，你的孩子很可能会感到伤心或害怕，这时你就是他的榜样，他将通过观察你学会怎样处理自己的感受。

如果你撒谎掩盖你的感觉，那么孩子可能会怀疑自己的理解力。所以，你应该把自己的真实感受讲出来。

尽管这会让你痛苦，你还是尽力与他谈论这些伤心事。问他问题，帮助他说出他的痛苦。当然，要避免告诉他那些不应该让他感受到的事实，克制住这样的冲动。但一定要让他知道你也有恐惧，补充一点告诉他，你能承受得起的恐惧。这样你的孩子会更坚强。

淋不着风雨的孩子便难知风雨的无情。如果你不信任你的孩子，总以为"他们不过是孩子"，小看他们的能力，替他们打点好一切，孩子应当得到锻炼的机会就被家长剥夺了。长此以往形成惰性后，家长却反过来指责、抱怨孩子，这也是有失公允的。

要让你的孩子具有承受物质和精神双重挫折的能力。

挫折并不可怕，关键是如何面对，家长和老师的信任与尊重塑造了孩子自信的高度。自信心来源于家长的培养，来源于宽松和谐的环境，也来源于孩子战胜挫折的能力。所以必须给孩子这样的机会。

孩子真的太小，不能单独行动吗？有的孩子都上小学五六年级了，父母还天天接送孩子上下学，这完全是对孩子自立能力的不信任。其实，让孩子独立行动——比如单独去不太远的亲戚家，独自去公园游玩等，这是培养孩子的好办法。人们常说"不经一事，不长一智"，倘若总不让孩子自己出去见世面、经风雨，孩子怎能长大呢？

 教育智慧:

淋不着风雨的孩子便难知风雨的无情。如果你不信任你的孩子，总以为"他们不过是孩子"，小看他们的能力，替他们打点好一切，孩子应当得到锻炼的机会就被家长剥夺了。

175. 没有比逆境更有价值的教育

在每次的努力之中，我们都能学到一些自身行为的宝贵的经验教训。而正确对待失败，却正是我们成长和成熟的一个重要组成部分。大多数家长都希望培养出有才干的孩子，却没有认识到应该及早让孩子对挫折和失意逐渐有所了解。

举重运动员开始训练时，最初是使用较轻的重量，然后一点儿一点儿地增加重量，直到他们能举起重得令人不可思议的杠铃。同样，经常让孩子受一点儿小小的压力，会增强他们对挫折和失败的承受力，逐渐坚强和成熟起来。这样，如果逆境真的出现时，他们就不会像暴风雨中的茅草房一样，轻而易举地被摧毁，他们能在灾难的飓风面前顽强地挺立。

许多心理学家认为：对挫折和失败的体验，能使人对待风险应付自如，一旦发现自己能挺过来，那么对失败的恐惧就更少了。要是孩子们失败了没有受到严厉的指责，他们就会觉得尝试失败的行为是一种轻松的体验，从而更多地去尝试。无论成功还是失败，他们下次遇到问题时，就会比较从容白若地应付，而再下次，就更加从容了。

没有达到目的是很令人失望的，但这也能使孩子接受教训和总结经验。家长们应该鼓励孩子们进行积极的尝试。

从失败中学习新事物非常重要。若能如此，就不会再犯同样的错误，更不会失去信心。日本学者戴斯雷里曾说："没有比逆境更有价值的教育。"如果把失败弃之不顾，不加反省就意志消沉，那么即使开始下一项工作也不会收到好的效果。遇到失败，若只是简单地以"跟不上人家"为借口，就不会有任何进步，没有在失败中的学习精神，便永远得不到成长。况且，只有在失败中，才有值得学习的东西。

 教育智慧：

要及早给予孩子锻炼的机会，等他们长大了，就会拥有应付逆境的一套本领。

176. 惩罚针对行为，而不针对性格

惩罚往往也很奏效，但这必须是可容许的行为界限非常清晰的时候，这样孩子就会知道，他们因为什么受到了惩罚。收回一段时间特权，这种

做法很安全，也很有效。有一点必须明确，惩罚是针对行为，而不是针对孩子的性格。无论孩子做了什么，都不要收回关心和爱护。

有一位母亲，她11岁的儿子偷了别人一些钱，然后成功地——只是暂时——嫁祸给了一个无辜的同学。母亲觉得必须采取一些激进的做法，于是撤回了她的爱心——一个月之内都拒绝跟他说话，也不为他做任何事情。

事后证明，她的做法引来了灾难。当她意识到这一点的时候，于是开始努力弥补，几年下来，她都一直表现出深切的关爱、用心的照料，还采取了许多积极行动。但是，她儿子身上仍旧有很多问题，整个家庭也因此产生了巨大问题。这都归咎于在孩子需要关心帮助时，父母冷漠的态度。

惩罚不是加强纪律惟一的办法，通常也不是最好的办法。当你面对一个又哭又闹，或者嚷着要这要那的孩子的时候，一般你都会要么惩罚他们，要么为了得到安宁满足他们的要求。但是，你不应当这样做，你得让孩子知道，嘶叫是不管用的，只有"笑脸"才可能达到目的。试想一下，要是从孩子4岁开始，你就让他明白，露出笑脸能得到的报酬，比又喊又闹得到的多，那孩子会怎样呢？

 教育智慧：

有一点必须明确，惩罚是针对行为，而不是针对孩子的性格。无论孩子做了什么，都不要收回关心和爱护。

177. 孩子的性格培养，有很多是通过模仿而来

童年，是人格形成的关键期，孩童在这个阶段不仅会观察到各种不同的情绪，也学会用不同的方式来处理自己的情绪——这些情绪管理方法将成为他的适应策略，陪着他长大成人。

身为成年人，我们周围的人也会对我们的行为产生或多或少的影响。孩子从出生到性格的形成接触最多的人就是父母，所以说，父母是子女人生中的第一个老师，不仅如此，父母教给孩子的东西，影响还极为深远。

假设有一个小男孩生长在这样的家庭：他父亲的决策没有得到执行，就大发雷霆，把家里的每个人都臭骂一顿，吓得他们如坐针毡、不敢轻举妄动。透过这样的角色模范，小男孩观察到：原来，用强硬的方式来吓别人，就可以予取予求，让自己的需求得到满足（爸爸每一次这样做都奏效）。经由这样的过程，孩子于是开始模仿父亲的行为，将他的模式纳为己有。要是这个孩子还因为行为像父亲而得到奖赏——比方说，孩子的小伙伴因此而屈服于他的要求——他的行为就会得到强化，就变得跟爸爸越来越像。

孩子会步父母的后尘，并非明辨慎思、细心抉择之后的结果，是我们大人起了决定性的作用。

孩子的性格培养，有很多是透过模仿而来，因此为人父母者一定要以身作则，让子女知道如何表达自己的情绪是恰当的，如何又是不恰当的。父母是一个家庭的领导者，而子女则是跟随者，是学徒。因此，当父母发现孩子的性格不好或行为方式不正确时，首先需要改变的往往是父母，而非子女。

 教育智慧:

当父母发现孩子的性格不好或行为方式不正确时，首先需要改变的往往是父母，而非子女。

178. 让孩子"自作自受"

在孩子犯了错误之后，家长的态度对孩子来说很重要，对于孩子非原则性的错误，家长大可不必惊慌，更不必动怒，只需采取合理的方法说服教育即可。对于孩子的致命性或者说较大的错误，家长需要引起重视，必要时需要给孩子一定的惩罚。惩罚是一种教育手段，也是一种微妙的教育艺术。高明的惩罚会产生意想不到的效果，它将帮助孩子养成良好的行为习惯，建立正确的礼仪和是非观念。

用自然后果惩罚，通俗地说，就是"自作自受"。这种惩罚方式是法国教育家卢梭最先提出来的。他主张孩子犯了错误，不给予人为的惩罚，而是让孩子在错误所造成的直接后果中去自己体验不快或痛苦，从而迫使其改正错误。他举例说："孩子打破了他所用的东西，不要急于添补，要让他自己感受到需要它们。比如他打破了自己房间里的玻璃，让风日夜吹向他，也不怕他因此而伤风，即使是伤风也比漫不经心要好些。"

让孩子从不良的自然后果中受到惩罚的同时，也要辅以适当的说服教育，帮助孩子认识错误的危害性。

 教育智慧：

孩子犯了错误，不给予人为的惩罚，而是让孩子在错误所造成的直接后果中去自己体验不快或痛苦，从而迫使其改正错误。

179. 唠叨会让孩子产生反叛心理

心理学家指出，如果父母太爱唠叨，会使孩子产生强烈的反叛心理，甚至会影响到孩子的人格发展。孩子在成长的过程中，会要求更多的自主权，父母面对未成熟的孩子，又不懂如何满足他们的要求，惟有强迫他们去顺从。这样，父母愈唠叨，孩子愈希望得到自主，父母便愈唠叨，久而久之形成恶性循环。

每位家长都希望自己的孩子好好学习，少犯错误，可是家长们没有意识到，当他们把这种迫切的心情转化为唠叨后，往往会出现事与愿违的结果。这是为什么呢？原因很简单，家长终日不停地唠叨，会使孩子认为自己没有得到应有的尊重，进而出现逆反心理或者养成懒惰的习惯。此后，当孩子再次面对家长的唠叨时，他们要么不以为然，要么开口顶撞。

作为父母要知道，尽管孩子需要父母的体贴与照顾，但是他们不喜欢父母过多地唠叨与管束。据调查统计，98%的父母被孩子指责为唠叨。而父母自己曾承认，只要见到孩子，自己就会不由自主地要多说几句，多强调几次。

心理专家认为，唠叨就是永远一个标准，一种强调，在孩子身上翻来覆去地重复那几句话。常听孩子们说父母的话都能背出来了，耳朵都快听出茧子来了。但是父母并不认为自己是在唠叨，而觉得这是在教育孩子，关心孩子。其实不然，关爱应该是让孩子感到温暖和理解，并对他们有实际意义上的帮助，而大事小事都要管，最终又没有讲到点子上的唠叨，只能让孩子们产生反感并急于逃避，而且破坏了父母在孩子心目中树立的威信。

 教育智慧:

大事小事都要管，最终又没有讲到点子上的唠叨，只能让孩子们产生反感并急于逃避，而且破坏了父母在孩子心目中树立的威信。

180. 把命令换为提问

生活中，很多父母喜欢对着孩子发号施令，总是在给孩子下一个又一个命令："把电视关上！""快去做作业！""不要吵！"……这些命令几乎是不容反抗的，弄得孩子乐趣全无，只好撅着嘴，很不情愿地听从"命令"。

在这种"命令教育"下，孩子只是畏惧父母的权威一时听从，心里却一万个不愿意，甚至还为此痛恨父母滥用权威来剥夺他们享受乐趣的权利。

命令或强迫孩子做事情，永远无法达到教育的真正目的。在家庭教育中，光靠家长的地位和身份是不行的，最重要的是人格的感召力。要想使孩子自觉地养成良好的行为习惯，与其命令和禁止孩子，还不如制定正确的原则让孩子有章可循，这样才会更有效地对孩子进行感染和约束，达到命令与禁止达不到的效果，这才是家庭教育的正途。

要想抛弃不合理的"命令教育"，家长在和孩子说话的时候，不妨使用一些积极的方式去表达。比如，孩子说话很大声的时候，不要说"给我闭上嘴"，应该换成"说话小声点"。对孩子来说，这不仅是教育他做对的事情，而且还给了他正确的方法。父母的这种"批评"更易于孩子接受。

此外，家长还可以把命令换为提问。当孩子没有按照事先制订的作息时间表做事情的时候，父母可以说："你在做什么呢?"这对孩子是一个信息，提示他的行为不恰当，那么孩子就会立刻意识到自己的错误，进而自觉改正。

 教育智慧:

生活中不要用命令的口气和孩子说话，要尽量体现出父母和孩子友好协商的姿态，让孩子感到最终做决定的是自己，而不是父母。

181. 鼓励胆小怕事的孩子

发现孩子有胆小怕事的毛病时，父母不应该着急，而应该想办法纠正他的缺点，比如有些事情孩子因为是第一次做而害怕，这时父母可以示范给孩子看，让他看到事情并没有他想像的那么可怕，并让孩子感觉到做事情的快乐，这样他可能就有了想去尝试的欲望了。父母应该多鼓励孩子，并且切实做好孩子的后盾，当孩子自己认识到确实没有危险时或许他就会去体验一下了。

另外，父母还可以多鼓励孩子和胆子大的小孩玩，利用孩子模仿性强的特点，让他在玩耍中做出一些平时不敢做的事情。更重要的是用鼓励的方法，让孩子不要对事情那么敏感。例如：父母知道孩子怕小白兔，就可以特意跟孩子玩一个找小白兔的游戏，或让孩子翻阅有小白兔的画册和杂志，在看画册的过程中，让孩子在不知不觉中认识小兔。当孩子翻到印有小白兔的那一页时父母还可以故意指给孩子看，并鼓励孩子摸画册上的小白兔，以打消孩子恐惧的心理。这样时间长了，孩子可能慢慢地就因为熟悉而不害怕它了。

 教育智慧：

父母应该用鼓励的方法，让孩子不要对事情那么敏感。

182. 溺爱会使孩子变得无情

许多父母都有一个认识上的误区：千万不能亏待孩子，千万不能让孩子没面子，千万不能让孩子受委屈。于是百般呵护，小心侍候。等把孩子的虚荣"喂"大了，坏习惯"养"成了，孩子的心灵也麻木了，父母们这才如梦初醒。

父母的爱总是仁慈的，但是仁慈的心要用得恰到好处，过分的溺爱会使孩子变得无情。伟大的心理学家阿德勒博士，在其个性心理学畅销书《自卑与超越》中讲到：有三种儿童成年后，常常是生活中的失败者——有器官缺陷的、被忽视的、被宠坏的。特别是被宠坏的孩子，很可能成为社会中最危险的一群。

前苏联著名教育家霍姆林斯基任巴甫什中学校长时，就在校门屏风上写有这样一个校训："要爱你的妈妈！"有人很不理解，问他为何不写"爱人民、爱领袖、爱祖国"？他回答："对孩子的教育应当从具体的形象入手，试想，一个人连他的妈妈都不爱，还能爱别人吗？"

现在许多孩子之所以对父母不体谅，就是因为他们不能从生活中体会父母工作的劳累、挣钱的艰辛，感恩之心缺乏萌芽的土壤。要改变这种状况，就要有意识地为他们提供这种机会，悉心加以培养，让子女从小养成自己的事自己做的好习惯。只有这样，才能把子女教育成既懂得接受爱、又懂得回报爱的身心健康的好孩子。

只有心怀感恩，才能真真切切地感受幸福，从而珍惜所有，否则就会身在福中不知福，无来由地愤世嫉俗。父母应该让孩子明白这些道理，让孩子明白感恩既是一种做人的道德，又是一种处世哲学，是生活中的大智慧。

 教育智慧：

有三种儿童成年后，常常是生活中的失败者——有器官缺陷的、被忽视的、被宠坏的。

183. 教育主要在于本能的培养

罗素曾讲过他教子的一件逸事。一次，罗素的妻子给年幼的儿子讲黑胡子（法国民间故事中连续杀掉6个妻子的恶人）的故事以后，儿子在游戏中坚持选择扮演黑胡子，并认为黑胡子的妻子不服从命令，杀死她们是她们应得的惩罚。在游戏中，他甚至表演把女子的头颅血淋淋地割下来的恐怖情景。

有人质问罗素：作为一个著名的和平主义者，你怎么可以允许幼稚的儿子有杀人的念头并津津乐道呢？

　　面对这一问题，罗素坦然地认为：教育主要在于本能的培养，而不是压抑本能。在孩提时代通过装扮黑胡子，可以大致地满足一下他的权力支配欲。如果成人把孩子的权力支配欲在儿童时期就消灭于萌芽状态，他就会心灰意冷，死气沉沉。他不做好事，也不伤害他人。这种不做好事也不做坏事的懦夫，不是世界需要的人，也不是我们要努力培养的孩子。

　　在儿童年龄尚小、不足以造成破坏时，应当顺应他自然的天性，任其在梦想的王国里过着远古野蛮祖先的生活。不要害怕孩子将总是保持在这一水平上，因为他会追求更为高尚的趣味，并获得更多满足高尚趣味所需要的知识和技能。

　　罗素说："我在小孩子时，特别喜欢翻跟斗，但是现在我再也不翻了，尽管我认为这么做没有什么邪恶之处。同样地，喜欢扮演黑胡子的孩子也将会改变口味，而学习以其他方式寻求权力。"

 教育智慧:

　　教育主要在于本能的培养，而不是压抑本能。不要害怕孩子将总是保持在这一水平上，因为他会追求更为高尚的趣味，并获得更多满足高尚趣味所需要的知识和技能。

184. 谦让不等于懦弱

　　谦让是受人称赞的一种美德，但谦让不等于懦弱、自卑，否则就不能称为一种美德，而是一种个性的缺陷了。在孩子小的时候，父母应当警惕谦让后面所隐藏的这种个性上的缺陷。例如，一个小孩子得到一本自己非常喜爱的故事书，他走到哪里就带到哪里，不时翻阅一下。一天被邻居家的孩子看到了这本书，便十分强硬地要求借给他看。孩子的脸上显现了矛盾的表情，哼哼叽叽，说不出所以然。邻居家的孩子进一步加强攻势，最后孩子有些不情愿地答应了。邻居家的孩子没有丝毫感激的意思，还颇有理所当然的味道。

在这种心理格局中优势属于邻居家的孩子，而那个孩子只充当随从的角色，他的承诺是出于无奈甚至是违心讨好的成分。

谦让是传统的美德，但在竞争日益激烈的现代化的今天，也仍不失其价值。然而，谦让的行为如果是出于畏惧而非一颗博爱之心，那便归于懦弱了，一个出于怯懦而不敢维护自己应有权利的人，总是愤慨人与事的不平，这种愤慨易使人偏激，最终使人变得暴力，或使人丧失了自信与抗争的勇气，让自身的懦弱吞噬自己的灵魂。

对于一个有健康心态的孩子，我们不必过分介入他们与其他孩子的交往中。但对于懦弱、自卑的孩子，需要父母在心理上的支持，需要树立他们的自我意识，培养他们维护自己利益的勇气。

 教育智慧：

对于懦弱、自卑的孩子，需要父母在心理上的支持，需要树立他们的自我意识，培养他们维护自己利益的勇气。

185. 让孩子为自己的行为负责

日本著名学者高桥先生，在他《丑陋的日本人》一书中，曾详细记述了这样一个真实的故事：

当年，高桥敷先生在秘鲁一所大学任客座教授，曾与一对来自美国的教授夫妇毗邻而居。有一天，这对夫妇的小儿子不小心将足球踢到了高桥先生家的门上，一块花色玻璃被打碎了。

发生了这样的事情，高桥先生和他的夫人按照东方人的思维习惯，估计那对美国夫妇会很快登门赔礼道歉。然而，他们想错了。

那对美国教授在儿子闯祸之后，根本没有出现。

第二天一大早，是那个孩子自己，在出租车司机的帮助下，送来了一块玻璃。小家伙彬彬有礼地说："先生，对不起。昨天我不留神打碎了您家的玻璃，因为商店已经关门了，所以没能及时赔偿。请您收下它，也希望您能原谅我的过失。"

理所当然地，高桥夫妇不仅原谅了他，而且喜欢上了这个通情达理的孩子，他们款待孩子吃了早饭，还送给他一袋日本糖果。

事情本来可以划上句号了，然而，出人意料的是，当孩子拿着那袋糖果回家之后，那对美国夫妇却出面了。他们将那袋还没有开封的糖果还给了高桥夫妇，并且解释了不能接受的理由：一个孩子在闯了祸的时候，不应该得到奖励。

在这对美国父母看来，这个小"男子汉"应当学会对自己的行为后果负责任。之所以这样做，是让他为自己的过失付出代价。只有付出代价之后，他才能接受教训。

孩子做了错事，由家长替孩子认错、向别人道歉，其用心是出于疼爱孩子。然而，这种"疼爱"不是真正的疼爱，它在客观上是在袒护孩子的过错。孩子既不能从中得到应有的教训，也不能树立起对自己言行的责任感，从而也不可能谨慎自己的言行，很可能还会重犯过去的错误。

由于家长总是出面认错，代孩子"受过"，久而久之，孩子就会觉得有家长给他"兜着"，很容易放任自己的言行，逐渐变得肆无忌惮、为所欲为。

 教育智慧：

孩子做了错事，由家长替孩子认错、向别人道歉，其用心是出于疼爱孩子。然而，这种"疼爱"不是真正的疼爱，它在客观上是在袒护孩子的过错。

186. 别老是想"管"住孩子

"严格"不等同于"管"。你最好是从此不要再用"管"这个词，而要多想如何"激励"和"引导"孩子。老是想"管"住孩子的父母，多数都会以失败告终。因为孩子要么是永远都管不住，要么是父母必须管他一辈子。

严格的教育和训练虽然会给孩子带来一定的压力，但适度的压力是推动人前进的重要动力。当父母的严格要求取得了孩子自己的认可，当来自父母的压力最终转化为孩子内心给自己的压力之时，孩子才会取得更大、更长久的进步。

 教育智慧:

老是想"管"住孩子的父母，多数都会以失败告终。孩子要么是永远都管不住，要么是父母必须管他一辈子。

187. 学会爱他人必须从爱父母开始

学会爱他人必须从爱父母开始。爱心教育不能仅重表现行为，同时还要注意培养孩子学会体察别人的情绪，了解他人的困难，发现需要其帮助的事，更要学会为他人，首先是为父母、为家庭做出自己的奉献。这种奉献要从爱自己的母亲做起。

老威特在教育儿子卡尔·威特时，告诉卡尔：世界上像圣母一样高贵的是母亲，世界上最辛苦的也是母亲。母亲的工作最繁重、最辛苦也最光荣。

他不光这样教育儿子，还随时随地表达对妻子的爱。后来，卡尔·威特回忆父亲时讲述了这样一段故事：

在我的记忆中，父亲极少与母亲发生争吵，即使发生争执时，他也会让着母亲。从我懂事开始，每天清晨我都会跟父亲一起去温室剪花送给母亲。

在我7岁那年，母亲生了重病，父亲日夜守候在她床头，尽心照顾母亲。有一天早晨，当我睁开眼睛时，看到父亲坐在母亲床前，望着气喘不已的母亲，眼神里充满了悲伤和关切之情。我的心在那一瞬间被深深地震动了，那一刻我也真正明白了，怎样才算真正去爱一个人，什么才是爱与忠诚。

在父亲的影响下，在我4、5岁时，我就懂得帮母亲做一些家务活。晚上睡觉前，我会和母亲聊天。我可以从母亲对我的态度上，从她的眼神和动作中体会出她当天的心情是快乐还是忧伤，从而来决定怎样体贴母亲。刚开始我也做不到这一点，后来在父亲的教育下，我懂得了怎样去体贴别人。

 教育智慧：

要注意培养孩子学会体察别人的情绪，了解他人的困难，发现需要其帮助的事，更要学会为他人，首先是为父母、为家庭做出自己的贡献。

188. 孩子的九个请求

有一篇题为《美国孩子对父母的"告诫"》的文章，它以孩子的口吻这样写道：

①我很小，无论干什么，请不要要求我十全十美；我的腿很短，请慢些走路，以便我能跟得上您。

②我的眼睛不像您那样见过世面，请让我自己慢慢地观察一切事物，并希望您不要对我加以过分的限制。

③您的公务总是繁多，而我的童年是短暂的，请花一点时间给我讲一些有关世界上的奇闻，不要把我当作取乐的玩具。

④我的感情是脆弱的，请对我的反应敏感一点，不要整天责骂不休，对待我应像对待您自己一样。

⑤我是"上帝"赐给您的一件特别的礼物，请爱护我，指导我靠什么生活，训练我对人的礼貌。

⑥我需要您不断地鼓励，不要经常严肃地批评和威吓。但要记住，您可以批评我做错的事情，不要批评我本人。

⑦请给我一些自由，让我自己决定有关的事情，允许我做错事或不成功，以便从错误中吸取教训。

⑧不要让我经常重做某件事情，我知道做事是困难的。请不要试图把我同哥哥姐姐们相比较。

⑨不要怕同您一起去度周末，小孩需要从父母那里得到快乐，正像父母从小孩那里得到欢乐一样。

从这些短短的文字中，我们可以读出孩子心目中那种渴望理解、渴望帮助、渴望爱、渴望赏识的情感。

教育智慧：

世界上没有完人，不要期望孩子成为十全十美的人，少一些苛刻，多一些宽容，是对父母真诚的劝告。

189. 三分饥和寒

父母往往给孩子穿衣过多，尤其是在季节交替的时候，这种做法容易使孩子"伤热"。中医认为，孩子是"阳盛之体"，有内热，易导致外感，进而引起咳嗽，甚至肺炎。所以孩子从夏至秋，从秋至冬，要缓加衣，稍偏点凉较为适宜，即所谓"三分寒"。怎样判断孩子的冷热呢？一般只要手温和就可以了。

再一点是要孩子"三分饥"，即吃七成饱就可以了。现在生活条件好了，又是独生子女，爱吃什么就往饱处吃，尤其是吃些不易消化的肉食。孩子吃多了有两大害处：一是损伤脾胃，影响消化吸收，久之导致营养不良；二是吃得过多，造成胃肠积食。中医认为"久积化热"造成内热，有内热容易导致外寒，易生感冒等疾病。所以平时要少吃零食，养成定时定量的好习惯。

怎么自测孩子是否伤食呢？一是看孩子的舌苔，若舌苔厚，多为伤食；若舌苔黄厚，就是食积化热了。这时就要给孩子吃"化食通便"的药。另一种方法就是闻孩子口腔的气味，若是口中有酸腐味，也是食积的表现。

 教育智慧:

要健康，吃七成饱，缓加衣。

190. **不要把你的孩子推向错误的怀抱**

拥抱不仅会给你的孩子安全感，同时也满足了孩子的情感需求，这种需求将来会落实到孩子的伴侣身上。这一点对于家中有女儿，特别是青春期的少女的父亲尤为重要。当女儿进入青春期时，许多爸爸都下意识地避免与女儿身体的接触。可怜的女孩，她不仅要适应自己身体的变化，而且在她最需要帮助的时刻，遭遇父亲的冷落。

其实她还是你的小女儿，她仍然需要你的拥抱和亲吻。如果你不能给女儿渴望的爱和关怀，她的心会转向任何一个愿意给她这种关爱的人。不要把你的孩子推向错误的怀抱。

请记住一个忠告：你在女儿很小的时候逗她玩的那些做法，也许已不适合一个 13 岁的女孩。但她长大之后仍然渴望你对她的关爱和教导。当妈妈告诉女儿成长的秘密时，爸爸可以通过自己的行动悄悄地向女儿传递如何与异性相处的信息。爸爸信息的中心内容是：鼓励、保护并保守她女性的尊严与纯洁。

 教育智慧:

当妈妈告诉女儿成长的秘密时，爸爸可以通过自己的行动悄悄地向女儿传递如何与异性相处的信息。爸爸信息的中心内容是：鼓励、保护并保守她女性的尊严与纯洁。

191. 没有人会因为受责骂而改过

美国精神病专家惊异地发现，至少有 50% 的病人，精神崩溃的原因是由于在现实生活中得不到赏识。那些平时沉默寡言的人，一旦精神崩溃，就喜欢站在街头，当众演讲，口若悬河，滔滔不绝。平时胆小如鼠的人，一旦精神失常，就胆大妄为，有的甚至站在马路中间指挥交通。

在疯狂的世界里，他们可谓是找到了重要人物的感觉。

精神病专家无奈地说："我们完全可以把他们治愈，但怎么忍心让他们回到这个冷酷而没有人赏识的世界里呢？"

成人如此，何况孩子？

父母给予孩子很多在身体方面的照顾，但却很少注意到他自尊的发展，我们会准备营养丰富的食品，却忽视一句由衷的赞美能给他带来的无穷信心与快乐。吃饭、穿衣、身体健康只是孩子有形生命的需要，而内心世界的满足和愉悦是所有孩子无形生命的需求，是一种高级需求。

可是，我们有的家长却忽视了孩子的无形生命，不知道孩子心灵深处最强烈的需求是什么。他们认为，只要在物质生活中对孩子尽量满足，吃的、穿的、住的、玩的，都是最好的，对孩子来说，就足够了。这也正是他们苦思不得其解，为什么为孩子做了那么多，孩子却不领情的原因。

《赏识你的孩子》一书认为，无论什么人，受激励而改过，是很容易的，受责骂而改过，却是不大容易。小孩子尤其喜欢听好话，而不喜欢听恶语。如果家长总是用消极的方法来对待孩子，其结果，改过自新的孩子少，而怨恨父母的孩子多。即使不怨恨父母，至少也会有一点儿不喜欢父母了。

 教育智慧:

无论什么人，受激励而改过，是很容易的，受责骂而改过，却是不大容易。小孩子尤其喜欢听好话，而不喜欢听恶语。

192. 坐享其成者，很少能成就大业

作为父母，特别是母亲，对子女常常会有不合理的偏爱。在家庭中，最大或最小的孩子都可能得到优待。惟有居中的子女容易受到忽视，但他们往往是最有出息的。

在子女小时不应对他们过于苛刻，否则会使他们变得卑贱，甚至投机取巧，以致堕入下流，即使后来有了财富也不会正当利用。聪明的父母对子女在管理上是严格的，而在用钱上则略为宽松，这是非常正确的做法。

在子女还小时，父母就应当考虑他们将来的职业方向并加以培养，因为这时他们最容易塑造。但在这一点上要注意，并不是孩子小时所喜欢的，就是他们终生所愿从事的。如果孩子确有某种超群的天赋，那当然该

扶植发展。但就一般情况来说，下面这句格言是很有用的："长期的训练，会通过适应化难为易。"还应当注意，得不到遗产继承权的子女，常常会通过自身奋斗获得好的发展。而坐享其成者，却很少能成大业。

 教育智慧：

聪明的父母对子女在管理上是严格的，而在用钱上则略为宽松，这是非常正确的做法。

193. 与人分享，不吃独食

几乎每个家庭都实行"孩子优先"的原则：好吃的、好玩的、好用的都是子女优先，碰上奇缺的东西，就由子女自己独自享用了。可是随着子女逐渐长大，突然有一天，年轻的父母们发现，子女手中的东西不愿与人分享，甚至不愿意给父母和爷爷、奶奶。这时，父母可能会很尴尬，并且有些心酸，子女怎么成了"白眼狼"？

自私的孩子是谁造成的？是家长自己长期过分溺爱、娇纵的结果。现在的孩子大多是独生子，生活条件优越，特别是祖辈和父母众星捧月的态度，把孩子放在了说一不二的核心位置，助长了他们的独占欲，强化了他们的自我中心意识。孩子们只知享受和索取，却不知付出和奉献，长期下去，逐渐发展成极端自私的情感和行为。

总之，孩子吃独食，不愿与他人分享，是与家长的溺爱密切相关的。很多父母和长辈出于对孩子的爱，把好吃的、好玩的全让给孩子，孩子偶尔想让长辈分享，长辈在感动之余却常说："我们不吃，你自己吃吧。"长此下去就强化了孩子的独享意识，他们理所当然地把好吃的、好玩的据为己有。

做父母的不仅要爱孩子，更重要的是让孩子学会爱。千万不要一味地给予孩子爱，这对孩子是没有好处的。溺爱是父母与孩子关系上最可悲的事，用这种爱培养出来的孩子不懂得爱别人。因此，父母在爱孩子的时候，应该教孩子学会与人分享。

 **教育智慧:**

孩子吃独食，不愿与他人分享，是与家长的溺爱密切相关的。

194. 不要拿别人和孩子做比较

在家庭教育中，家长们经常拿自己的孩子与别的孩子进行比较，尤其是当孩子做错事情或遭遇失败时，这种比较更加普遍。

家长认为，这种比较可以激励孩子发奋，使孩子看到自己与优秀的孩子之间的距离，从而更加努力，赶上并超过对方。但如果这种比较用得过多过滥，尤其是在孩子失败之后使用，通常并不会起到正面的促进作用。相反，家长的这种尖刻的批评，会使孩子的自信心被彻底击垮，他们会认为自己比其他孩子相差一大截，因此而产生强烈的自卑，进而放弃努力，认为自己永远是一个失败者。以后做什么事情都没有信心。一个没有自信的孩子，将来很难做出什么成绩！

当孩子失败、失意的时候，不要拿别人和他做比较，这只会引起孩子的逆反，进而导致他的自卑，伤害了孩子脆弱的自尊，对孩子一点帮助都没有。

所以，家长要尽可能地避免拿自己的孩子与别的孩子进行比较，更不要因为孩子失败就对孩子进行奚落和讽刺。当孩子表现得比其他孩子差，或者遭遇失败时，父母最应该做的就是对孩子进行安慰，告诉他一两次的失败不算什么，更不能证明他没有能力，相反只要充满自信，找对方法，就一定能够成功。让孩子在挫折中坚强地站起来，是我们每一位做家长的责任。

 **教育智慧：**

让孩子在挫折中坚强地站起来，是我们每一位做家长的责任。

195. 不要碰到一点困难就去找父母

人人都有自己的兴趣和理想，许多人都有明确的目标，但真正能实现的却是极少数人。为什么呢？主要是大多数人没有持之以恒的毅力。所以，作为父母，我们不仅需要发现并培养他们的兴趣，而且还必须让他们具有战胜困难走向成功的坚强意志。虽然呼吁了多年，可现在许多父母仍没有对培养孩子的意志力给予足够的重视。

2004 年 8 月，由中、韩、日三国 90 名青少年，在内蒙古自治区科尔沁右翼中旗举行了国际草原探险夏令营活动。

30 名中国青少年、30 名韩国青少年、30 名日本青少年共同参加了草原探险。队员中最大的 19 岁，最小的只有 12 岁。在为期 5 天的夏令营中，主办方精心设计了由科尔沁国家级自然保护区步行到内蒙古五角枫自然保护区和翰嘎利湖的活动，平均每天步行 30 公里，全部是野外宿营。

正值当地遭受罕见的高温天气，整个行程十分艰苦。日本少年个个身背巨大的行囊，做足了准备。当地随行的人员想要帮他们时，立即遭到严词拒绝，他们觉得受到了侮辱。同行的中国孩子却叫苦不迭，队伍中手机铃声不断，全部都是中国孩子在向家长诉苦。活动结束时，日本、韩国的孩子对当地独特的蒙古族文化、丰富的旅游资源非常感兴趣，而中国的孩子却不以为然，只盼望早点回家。

这种夏令营活动已经不是第一次举行了，其实早在 1992 年 8 月，77 名日本孩子与 30 名中国孩子，曾经在内蒙古共同举行过一次草原探险夏令营。活动中充分暴露出中国孩子意志力薄弱的问题。可是 12 年后的今天，我们仍然看到在孩子身上还是存在着同样的问题。遇到困难不是自己想办法，不是凭借坚强的意志力去战胜它，而是想方设法地寻求父母的保护，孩子的这种思维方式让人担忧。

 教育智慧：

现在的孩子碰到一点困难就去找父母，将来到社会之后怎么办？面对无数的急流险滩，如果孩子经不起磨难的洗礼，不具备在黑暗中也持之以恒往前走的毅力，那么他只能被这个社会所淘汰。

196. 让孩子明白：在获取的同时也要付出

家长不要认为孩子是你全部的生活内容，不要让自己成为孩子的牺牲品。你也有自己的需求，请你不要忽视这一点。如果孩子的要求越来越过分，你就一定要及时制止，让孩子明白：在获取的同时，也要付出，爸爸妈妈和孩子一样，都有自己的需求。

张女士的女儿特别喜欢吃烧鸡，尤其爱吃鸡腿。每次买来烧鸡，张女士都先将鸡腿放在女儿的面前，而自己只吃鸡头、鸡爪。一次，朋友请张女士母女吃饭，给她们母女各夹了一只红烧鸡腿。没想到张女士的女儿说："我妈妈不爱吃鸡腿，妈妈爱吃鸡头、鸡爪。"张女士听后感到不是滋味，没想到自己对女儿的一片爱心，被误解成了自己的一种饮食爱好。后来又一次吃鸡时，张女士只将一只鸡腿送到女儿面前，自己也拿起一只吃了起来。女儿立刻瞪大了眼睛，大声吵了起来："你怎么把我的鸡腿吃了？"这时张女士郑重地对女儿说："不是妈妈喜欢吃鸡头，是爱你心切，才把鸡腿让给你吃。"可女儿并没有理解妈妈的苦心，总觉得这次少吃一只鸡腿很委屈。

类似的事情并不少见。很多家长都有这样的心态，只要孩子能学有所成，大人吃点苦、受点累无所谓。这种"不求回报"的无私母爱，会被孩子视为理所当然而习惯于这种模式，同时父母也失去了教育孩子尊敬父母、关心他人的机会。

 教育智慧:

这种"不求回报"的无私母爱，会被孩子视为理所当然而习惯于这种模式，同时父母也失去了教育孩子尊敬父母、关心他人机会。

197. 帮助孩子了解工作与金钱的关系

把金钱浪费在没有用的东西上，和省下每一分钱存起来而从不乱花的乐趣之间，要找出适当的平衡点，我们需要多年的经验，其中也会犯很多错。事情本来就应该是这样，就如詹姆士所说的："上帝给我们记忆，好让我们长大后，能把钱处理得比小时候好。"说到小孩和花钱，你别期待他们很快就会有清楚的洞察力。他们可能得花上好几年的时间来学习分辨"想要"和"需要"，以及如何做明智的选择。

如果你是消防员，而你的孩子曾见过你扑灭火焰，他们就可以想到你工作的情形；如果你是牙医，而你的孩子曾到过你的诊所或看过你检查病人的口腔，他们就会明白你是做什么的。

如果孩子并不完全明白父母每一天中在做些什么，他们当然也不会清楚父母不在家的这段时间，和他们在超级市场里买的糖果之间有何关联。

帮助孩子了解工作和金钱的关系是父母的职责。任何时刻都有讨论这一话题的机会：当你带着孩子一同工作时、当他要求买某种昂贵的东西你说不行时，或者当你在付每个月的账单时。

孩子帮忙做家务时，我不认为应当付钱，因为他们做的只是身为家庭一份子应做的日常家事——铺床、把玩具收拾好、挂好他们的衣服、晚餐后帮忙收拾碗筷、遛狗等等。我们当然不想教出一个在我们请他把垃圾拿出去，或者把洗好的碗筷从洗碗机里拿出来时会问"你要付我多少钱"的孩子。

教育智慧:

我们当然不想教出一个在我们请他把垃圾拿出去，或者把洗好的碗筷从洗碗机里拿出来时会问"你要付我多少钱"的孩子。

198. 创造温馨和谐的家庭氛围

日本的盛田昭夫曾说过："促使孩子智力发展的最好开端，就是创造愉快的家庭气氛和和睦的夫妻关系。"

一位美国学者通过对 20 多个国家、一万名经济条件不同家庭的儿童的调查发现，美国孩子对"最大的心愿与要求"的回答竟与中国的孩子惊人的相似。他们对吃穿玩用不很在意，而普遍重视家庭气氛和精神生活。他们都希望父母不吵架不失信，希望父母能尊重孩子，希望他们能少发脾气多一点笑容。

对于孩子来说，他的父母、家庭都是他无法选择的。父母在缔造他的生命的同时，也把一个特定的家庭赐给了他。只有宽松、和谐的家庭氛围，才能使孩子成为情商高、心理健康的人。这种氛围由家庭成员共同营造，温馨的爱弥漫在整个房间里，让所有人都感受到温暖。在这中间，父母的言行举止、行为习惯、道德修养、处世方式都起着很关键的作用。

美国曾有人做过一次调查，凡是能与孩子共同进餐的家庭，孩子在各方面的表现都远远强于那些做不到这一点的家庭。因为孩子能从父母那里感受到无尽的爱。

一个家庭具有了宽松、和谐的氛围，即便这个家庭不够富裕，每一个家庭成员也都如同生活在天堂里一般。孩子如果有幸能在这样的家庭成长，那么他的人生必将无限光明。如果你不能给予孩子太多的物质生活，也没有关系，你可以给予孩子一个温暖的家，一个充满笑声的成长环境，你的孩子一定也会是幸福快乐的。

 教育智慧：

一个家庭具有了宽松、和谐的氛围，即便这个家庭不够富裕，每一个家庭成员也都如同生活在天堂里一般。

199. 厌学是万恶之源

有一位教育专家曾说过："爱学是万善之源，厌学是万恶之源。"这句话虽有些偏激，但偏激的话往往更深刻，没有兴趣就没有真正的学习，我们都有这样的体会。

没有一个孩子不希望学习好，人天生就是爱学习的。人长大就要学会走路，认识世界，就要明白吃什么对自己有好处。学习和吃东西是一个道理，所以人本来就是爱学习的。为什么有些人后来越来越爱学习，有些人就开始厌学？厌学的人往往是产生了困难，没有人能够帮助他解决，还对他冷嘲热讽，使他产生了（在学习上）失败的体验，羞辱的体验。在这种的情况下，年龄越小的孩子就越容易退缩，这是常情。即使像我们成年人，如果有人说你差极了，怎么那么差呢，你也受不了，也会产生厌学拒学的心理。

小孩子的承受能力低，理解能力也低，更容易产生畏惧心理。畏惧心理多次出现之后，他就开始怀疑自己真的无能，这就是标签效应。你老说他笨，说他学不好，他就认为自己笨，自己不行。而他又精力旺盛，无处宣泄，于是肯定就会去捣乱，也就很容易走上歪路。

教育智慧:

厌学的人往往是产生了困难，没有人能够帮助他解决，还对他冷嘲热讽，使他产生了（在学习上）失败的体验，羞辱的体验。

200. **你越是看重他，他就会越不负众望**

著名画家本杰明·威斯特在小时候，有一天妈妈将他留在家里照顾他的妹妹莎莉。他在家里发现了几瓶彩色墨水，那些瓶子是一种诱惑，于是他开始画起莎莉的肖像。结果，他把各处都弄上了墨水的污渍，使家里变得脏乱不堪。

当他妈妈回来时，看到了一片脏乱，同时也看到了那张图画。她对于墨水污渍不置一问，却说道："啊，那是莎莉！"然后她弯下腰来亲吻了她的儿子。后来，本杰明·威斯特常常骄傲地说："我母亲的亲吻使我成了画家。"

《圣经》告诉我们：不要激恼你的孩子，以免使他气馁。很显然，鼓励比任何谴责都更为有效，孩子需要被肯定，更需要鼓励。了解、爱和鼓励对于他们才最有用。歌德曾说过："以一个人的现有表现期许之，他不会有所长进，以潜能与应有的成就期许之，他就会不负众望。"这对于望子成龙的父母来说，无疑是一个明训。

 教育智慧:

很显然，鼓励比任何谴责都更为有效，孩子需要被肯定，更需要鼓励。了解、爱和鼓励对于他们才最有用。

201. 教孩子学会心理换位

许多孩子只习惯于从自己的角度思考问题，而不习惯于站在别人的角度上思考问题。要消除这种现象，办法就是让孩子学会"心理换位"。

会下棋的人，可能都有这样的经历：刚学下棋时，往往仅考虑自己第一步怎样，第二步怎样，而并不考虑别人会怎样。只有棋下到一定水平后，才会考虑我怎样，对方会怎样应对，对于对方的应对，自己应当如何采取措施。如此考虑的回合数越多，个人的水平也会越高。处理生活中的问题也是如此，能够"心理换位"，能够站在对方的角度考虑问题，能够设身处地地为对方着想，生活中的许多矛盾就都容易化解了。

站在父母的角度上考虑，就会理解父母的良苦用心；站在祖父母或外祖父母的角度上考虑，就会理解老人的那份关爱和唠叨；站在老师的角度上考虑，就会理解老师的艰辛；站在同学的角度上考虑，就会觉得大多数同学是可爱可亲可交的。所以，教孩子学会心理换位是非常必要的。

 教育智慧:

能够"心理换位"，能够站在对方的角度考虑问题，能够设身处地地为对方着想，生活中的许多矛盾就都容易化解了。

202. 尊重孩子的隐秘世界

每个人心中都有不愿告诉他人的秘密，这当然也包括孩子。孩子的隐秘世界是孩子的私人空间，它完完全全属于孩子一个人，他们把所有的不希望别人知道、不希望别人了解的心事保存在他的隐秘世界里，生怕别人窥探到。即使这些所谓的"秘密"在大人眼中是多么幼稚、可笑，甚至算不上什么隐私，但这仍是孩子最不想让人知道的事情，他不希望有人干预他的世界。作为父母，一定要重视这一点。

十一二岁的少男少女总爱把自己的抽屉锁上，其实这是一种正常的心理特征，它体现了一种独立意识和自尊意识。宣告了他已成长为一个拥有个人行为秘密的人，不再像童年时期那样，心里有什么话都愿意向父母"敞开心扉"。这个"隐秘世界"是孩子自由个性的体现，包括父母在内的其他人再不可随意进入其内心世界的"警戒线"。毫无疑问，保护孩子的"隐秘世界"是对孩子的尊重，父母也会因此赢得孩子的敬重和爱戴。

心理学的研究告诉我们，孩子的自尊意识早在4~6岁便已形成，此时他们已能区分"好的我"和"坏的我"。随着年龄的增长，其分辨是非的能力也日益提高。所以，诸如对孩子频繁的啰嗦，居高临下的训斥，甚至拳脚相加的种种"家长制"做法，不仅达不到预期的效果，而且会适得其反，甚至导致严重的后果，因为它无视孩子的自尊。

我们大多数人总会犯这样的错误，总是要求别人对我们怎样，却从不审视自己的行为。例如父母往往教育孩子要尊重父母、师长，却忽略了孩子也需要父母的尊重。只有父母尊重孩子的独立人格，才有利于亲子之间顺畅的沟通。

 教育智慧：

我们大多数人总会犯这样的错误，总是要求别人对我们怎样，却从不审视自己的行为。

203. 贪吃者弱智

大脑发育的优劣，关系人的智力发育。婴儿降生后至4周岁是孩子智力发育的黄金时期。脑细胞的发育需要物质和精神两方面因素的促进，其物质基础是各种营养素。营养素缺乏不仅影响其功能，而且影响脑细胞的分裂，永久性脑细胞数量减少，使孩子痴呆、弱智。但是如果吃得过多，同样会使孩子痴呆、弱智。

大脑具有极其复杂的结构和旺盛的机能，物质代谢也十分活跃，脑需血量占输出量的 1/5，需氧量占人体总耗氧量的 1/40。人在大量进食时，消化道血管扩张，周身血流重新调整，大量血流集中在胃肠，以致脑部缺血，长此以往，势必影响其正常发育，影响其智力的发展，使幼儿产生头昏、无力、困倦的感觉。

再有，婴儿出生时，脂肪组织仅占体重的 16%，4～6 岁时约占 20%。正常情况下，脂肪组织的增长量很少。但若吃得过饱，食入的热量大大超过消耗的热量，热能就变成脂肪在体内蓄积起来，导致肥胖。脂肪在脑组织堆积过多，就会形成"肥胖脑"。大脑的沟回越明显，皱褶越多，智力水平越高。而"肥胖脑"使沟回拥挤不堪，导致脑沟回减少，皱褶消失，大脑皮层必然呈圆滑性，且神经网络的发育也差，使智力水平降低。脑活动方式是兴奋和抑制相互诱导，即某些部位兴奋，其毗邻区域处于抑制状态。若胃肠消化中枢因贪吃而连续兴奋，势必引起邻近的智能区的抑制，使智力变差。

幼儿零食多属高档精细食品，在加工中除去大量纤维素，因而导致便秘。便秘时，粪块在肠内运转迟缓，细菌作用产生大量有害物质，被吸收后经血液潜入大脑，会使脑细胞中毒受损，影响正常发育。

此外，长期进食过饱，一种被称为纤维芽细胞生长因子的物质在脑内积累，会促使脑动脉发生硬化。因此，从长远意义上讲，孩子贪吃、营养过剩，会加速大脑早衰，使孩子痴呆、弱智。

 教育智慧：

从长远意义上讲，孩子贪吃、营养过剩，会加速大脑早衰，使孩子痴呆、弱智。

204. 慎用物质激励

当孩子成绩不佳时，父母会想尽一切办法，或者请家庭教师，或者反复给他讲学习成绩的重要性，当所有这些都不奏效时，他们便许诺一旦成绩达到多少多少分，就给他买高档跑鞋，出外旅游等等。这种做法的确能对一个孩子的行为产生巨大的影响，使孩子产生高度的积极性，可效果往往是短暂的，从长远来看，这种手段注定会产生不利影响。当一个小孩受到多次"贿赂"时，他们会变得愈来愈依赖"贿赂"，甚至做点小事也是如此。

"贿赂"还会带来一个严重的问题，它可能成为孩子努力追求的首要目标，而不是起着使孩子内在动机发生转变的作用。当追求"贿赂"成为孩子的一种习惯，或者行为的动力时，家长如果再对孩子继续"贿赂"的话，孩子就可能和家长谈条件，要求加大"贿赂"的价码。

 教育智慧:

当一个小孩受到多次"贿赂"时，他们会变得愈来愈依赖"贿赂"，甚至做点小事也是如此。

205. 不养成孩子讨价还价的习惯

坚定而不支配是正确地教导孩子行事的准则。"坚定"就是有原则地决定要孩子做什么，并且不动摇地加以实现；"不支配"则是父母不强将自己的意愿、想法施加在孩子身上，而是正确引导孩子什么是应该去做的。坚定而不支配，是落实在父母与孩子互相尊重的基础上，父母尊重孩子的权利，让孩子学会尊重自己、尊重别人。

父母在教育孩子时一定要坚守自己的原则，是非分明，不养成孩子讨价还价的习惯，不因孩子的哀求、无理取闹而放弃自己的原则。这样则可引导孩子自动遵守规范限制、改善行为，并进而培养孩子严格要求自己的好习惯。

"坚定而不支配"就是拒绝孩子过分的要求，但也必须对所制定的规章制度维持一致性。适当的坚定，可以让孩子从中懂得行为的限制。

 教育智慧：

父母在教育孩子时一定要坚守自己的原则，是非分明，不养成孩子讨价还价的习惯，不因孩子的哀求、无理取闹而放弃自己的原则。

206. 贫家养娇子

中国的父母是最无私的，他们常说："自己苦点没什么，只要孩子不受苦就行。"不管生活多么艰辛，父母总要想办法让孩子吃得好，穿得满意。可是许多时候，孩子并不理解父母的一片苦心，他们仍对自己的消费上不了档次耿耿于怀。贫家养娇子的现象现在很普遍，这种现象的产生其实也不能全怪孩子，孩子根本就不知道自己的家底，也就无法理解父母的苦心，更不会有什么家庭责任感了。

美国就很重视培养孩子的家庭责任感，他们将每年的 4 月 22 日设为"带孩子上班日"。父母带上年满 6 岁到 16 岁的孩子来上班，其目的就是让孩子知道父母劳动的辛苦。由此使孩子感受生活的艰难不易，就会珍惜父母的劳动成果，激发吃苦进取精神，对其未来起着很大的引导作用。

美国孩子的口号是"要花钱，自己挣"。他们把伸手向父母要钱视为一种无能的表现。

有一个叫杰瑞的小男孩，才刚满 13 岁，就开始兴奋起来："我差不多可以到外面去打工了。我的朋友去年夏天就在迈尔超市做装袋员，他说他可以帮我在那里找一份工作。"

在加拿大一个记者家中，两个上小学的孩子每天早上要去给小镇上的各家各户送报纸。看着孩子兴致勃勃地分发报纸，那位当记者的父亲感到很自豪："分这么多报纸不容易，很早就起床，无论刮风下雨都要去送，可孩子们从来都没有耽误过。"

在许多中国父母看来，可能不以为然，这么小年纪就出去打工赚钱，家里又不缺这几个钱花。但这些国外家长不会阻拦孩子外出打些小工。相反，有些家庭还十分鼓励孩子早些走出家门，接触社会。他们认为，孩子不需要那几个钱，但需要知道挣钱的艰辛，需要学会怎样才能独立生存！

 教育智慧:

教育的最终目的不是传授已有的东西，而是要把人的创造力量诱导出来，将生命感、价值感、责任感"唤醒"。

207. 不要在众人面前炫耀孩子的优点

仅仅因为别人的评价而或喜或忧的人是最蠢的，被人中伤而悲观的人固然愚蠢，稍受表扬就忘乎所以的人更是愚蠢的。因此，父母要用各种方法来教育孩子，防止他骄傲自满。

正在读小学三年级的麦克，是个聪明好学的孩子，这次，他在班上得了"最佳朗读"的奖状，他心中充满了骄傲，回到家里跟女佣吹牛："看看你能不能念这个，诺曼。"

这个善良的妇人拿起课本来，仔细地看了一遍，然后结结巴巴地说："唉，麦克，我不知道怎么念。"

麦克这下子骄傲得像只孔雀了，小家伙冲进客厅，得意忘形地跟爸爸喊道："爸爸，诺曼不会读书，可我只有 8 岁，就得了朗读奖状。看一本书却不会读，我不知道诺曼她有什么感觉。"

爸爸一句话也没有说，走到书架旁，拿了一本书，递给他说："她的感觉就像这样。"那本书是用拉丁文字写的，麦克大字不识一个。

麦克一生也没有忘记那次深刻的教训，不论什么时候，只要想在人前自吹自擂，他就马上提醒自己："记住，你不会念拉丁文！"

许多父母喜欢过重地表扬孩子，对孩子的某些特长甚至当众表扬，认为这样做可以增强孩子的自信心。其实这样的夸奖很容易造成孩子贪慕虚荣、骄傲自满的倾向。一些被当众夸奖的孩子，有一点儿好的表现就会骄傲起来，甚至有的孩子为了得到夸奖而弄虚作假，这样对孩子的成长非常不利。

家长需要时刻提醒孩子，这世界上还有很多他不懂的东西。

所以，称赞自己的孩子，特别是那些已经"翘起了尾巴"的孩子时，父母要注意不要在众人面前炫耀他们的优点，不要用贬低别人的方式称赞他们。另外，称赞孩子也要注意针对性，应就事论事、恰如其分，称赞优点的同时不要忘了提醒孩子改正缺点。

 教育智慧:

许多父母喜欢过重地表扬孩子，对孩子的某些特长甚至当众表扬，认为这样做可以增强孩子的自信心。其实这样的夸奖很容易造成孩子贪慕虚荣、骄傲自满的倾向。

208. **不要把自己的价值观强加给孩子**

总结教训事实上就是对自我行为的一种反省。例如，一个孩子用打架来解决与同学之间的矛盾，如果他在打架上吃了亏，他会想："上次我感到生气的时候是用打架来表达我的愤怒的，结果我被别人打了。那么，下次发生这样的情况时，我该怎么办呢？我不用打架可以吗？是不是有更好的解决方法呢？"

当孩子直接感受到行动与结果之间有某种关系后，他们往往会先想一想再采取行动。孩子们可能会对自己的行为有一种预测，看是否出现他们预料的结果，如果结果正如他想的，那么他会继续这么做；如果结果与他想的不一样，孩子就会总结经验教训，调整自己的想法。这也是一个人做事的一种反应机制。

这种时候，父母最好不要把自己的价值观强加给孩子，而是要善于引导孩子进行总结。如果孩子学会了经常总结经验教训，他就已经学会了自觉地进行反省，这对他的人生会有很大的帮助。

 教育智慧:

父母最好不要把自己的价值观强加给孩子，而是要善于引导孩子进行总结。

209. 要群养，不要独养

无论你的孩子将来做什么工作，从事什么行业，是自己创业还是当雇员，人际关系和交往能力，都是决定他成败的重要因素。

美国威斯康星大学灵长类研究所所长哈里·哈洛博士，曾经做过一个关于交流、智能发育和社会化能力之间关系的实验。

哈洛博士把一只隔离喂养了 3 个月的小猴放入一群普通小猴中，他发现这只小猴刚开始时会感到难以适应，手足无措，但是不到一周，它就可以与其他小猴一块玩耍了。

哈洛博士又把一只隔离喂养了 6 个月的小猴放入一群普通小猴中，他发现这只小猴完全不与其他小猴玩耍，总是自己孤零零地缩在角落里。

哈洛博士再把一只隔离喂养了一年的小猴与隔离室中的小猴子关在一起，他发现这只猴子更无法与其他小猴相处。

哈洛博士还把普通的小猴放入隔离喂养的小猴之中，结果普通小猴难以忍受与它们相处时的孤独，甚至会显现出神经衰弱的症状。

哈里·哈洛博士通过测试小猴的智商还发现，隔离喂养 6 个月以上的小猴，智商发育不足普通小猴的一半。

教育专家发现人类也存在类似的情况。在缺乏人际交流的环境中长大的孩子，智商和情商的发展都会遇到一定的障碍。所以，那些最智慧的父母绝不会仅仅满足于孩子从学校里带回一个好分数。

 教育智慧：

在缺乏人际交流的环境中长大的孩子，智商和情商的发展都会遇到一定的障碍。

210. 父母应该尊重孩子的人格

在历来的权威管教下，父母要求子女尊重父母，似乎是天经地义的，这既是我们中华民族的传统美德，也是古往今来，中外公认的道德。但是，在现代教育中，我们必须强调父母也要尊重子女。可能很多父母会认为这是不能接受的。父母是长辈，子女是晚辈，所以根本谈不到长辈尊重晚辈的问题。千百年来的古训是"子不教，父之过"，"三娘教子"也是千百年来传统的美谈，却从没有听说过父母也要尊重子女。然而，这并不能说明被教育者就不能拥有被尊重的权利。否则我们的教育将成为君主与奴隶式的统治与服从。

父母应该尊重孩子的人格。孩子八九岁时，就会有些独立的意识和欲望。无论他的心理成不成熟，他都会认为自己是独立的人。因为他已经有了一些善恶是非的标准与概念。而对孩子的这些想法，只要不是错误的，我们作为家长就应该尊重。

一位企业家讲过他孩童时期的一件事情。他生来不会唱歌，唱起歌来声音像敲破锣一样。上小学二年级时，班上举行唱歌比赛，他在家里练唱时，母亲听了烦躁地说："你这哪里是唱歌，是在嚎叫！"这句无意中的评价，使他不但对唱歌失去了信心，连上学都感到痛苦。

当然，这句话如果是出自别人，他虽不愿听，但也无所谓。可是这种话出于自己的母亲，他所依赖、尊敬和信任的人，他就无法反驳了。因此，这种伤害可能是无法弥补的。

 教育智慧：

孩子八九岁时，就会有些独立的意识和欲望。而对孩子的这些想法，只要不是错误的，我们作为家长就应该尊重。

211. 培养孩子的合作精神

尽管我们一直在讲，当今社会是一个充满竞争的社会，但这种竞争是合作中的竞争，因此离不开精诚一致的团队精神。这种合作精神不仅要在学校中加强培养，在家庭中，父母也应培养孩子从小的合作精神。

要培养孩子的合作精神，首先要给孩子一些思想准备，对家务劳动与家庭生活进行一些讨论是必要的：关于孩子的年龄与做事的能力，关于大家生活在一起应相互帮助，关于每个人应负的责任，随后便是列出家庭生活所包括的劳动项目等。这本身对孩子就是一个很好的教育，知道维持一个家庭里的正常生活需要花费多少劳动，因而体会到父母的辛苦。这样的讨论会在孩子们心中建立起家庭是一个生活团体的概念，每个人都要各司其职，相互帮助，才能生活幸福。

从项目单中要孩子们选出一些力所能及的愿意承担的内容，这样做是给了他们一个自我选择的机会，而非忽视他们的意愿，独断专行。当然，让孩子自己进行选择并不能保证他们一定能够做到最好，其间会有反复，但因为这是他们的决定，在父母与孩子交谈时就有合理的依据来要求他实践自己的诺言。这样做的时候，父母不是以长辈的威严来压制，而是以团体头目的身份来检查队员的工作，提醒他做为一个团体成员所需尽到的职责。

 教育智慧:

合作精神不仅要在学校中加强培养，在家庭中，父母也应培养孩子从小的合作精神。

212. 害怕失败的心理，会使孩子性格孤僻

事业有成的人都有共同的体验，就是不害怕失败，因为越害怕失败，就越是裹足不前。可是在不少家庭里，当孩子想做新尝试时，大人往往不自觉地说出："不要失败！不要做错！"这种话非但不能鼓励孩子，反而使孩子害怕失败而畏缩不前。结果孩子不是放弃，就是更容易遭受失败的打击。这种害怕失败的心理，使孩子丧失了尝试新事物的兴趣。

过度害怕失败的心理，会使孩子性格孤僻、沉默寡言。孩子不敢和伙伴一起玩游戏，当别人玩时，他总是站在角落里，看别人玩，随别人笑。当伙伴邀请他参加时，他马上跑开，连喊"不要，不要"。这类孩子遇到新的游戏时，也总是说"我不会"而放弃，因为他们害怕失败，害怕在失败时同学或父母会耻笑他，干脆他们就什么都不做、也不说话。

这类孩子根本没有精神方面的疾病，他只是担心做错事被别人取笑，才以保持沉默来封闭自我。他知道保持沉默也许会被人说"这个孩子像傻瓜"，但总比做错事，让自尊心受损要好。万一做得不好，被别人讥笑"真无能"，这才是最令他无法忍受的痛苦。就是这种自我保护心理，才使他们决定保持沉默。

像这种害怕失败而畏缩不前的孩子，若不从心理上予以纠正，行为上予以鼓励和引导，会对他将来的性格和人生之路产生巨大的障碍。因为孩子本来就是在失败中成长的。换言之，失败的经历，会使孩子从中获得许多宝贵的经验。

犯错误是很好的学习机会。许多家长在孩子犯错误时，不失时机地恐吓、谴责，这种做法的出发点也许是害怕孩子再犯同样的错误，但这样做常常产生相反的作用。孩子们或因害怕受责备而不敢冒险，失去尝试的勇气；或产生反叛心理。如果处理得当，家长可以将孩子所犯的错误转化为他们学习的机会。所以，当孩子主动想要尝试新的事物时，大人就算已经预知会遭到失败，在某种情况下，仍应该让孩子去试试看。也就是让孩子有机会尝试失败，并从中总结经验。

 教育智慧：

犯错误是很好的学习机会。许多家长在孩子犯错误时，不失时机地恐吓、谴责，这种做法的出发点也许是害怕孩子再犯同样的错误，但这样做常常产生相反的作用。

213. 教孩子学会自我保护

现在有很多孩子，平时无忧无虑地生活在父母的娇宠与保护下，他们没有遇到过危险境况，不懂得如何辨别哪些情况是危险的，父母也没有教他们学习这些。所以，他们缺乏自我保护意识，在面对突然袭来的危险时更不知道该如何保护自己。

父母要教孩子学会自我保护。

要让孩子知道不管在家里还是在外面，都要勇于捍卫自己的人身权利。遇到欺负自己的坏孩子，要敢于反抗，反抗不行，就要及时告诉老师和家长，以寻求大人的帮助。家长要告诉女孩子，身体是最尊贵的，除了妈妈外，不允许任何人看，也不允许任何人碰自己的身体。如果在路上或公交车上遇到有人图谋不轨，一定要大声呼喊，或者往人多的地方跑；有人对自己无理，若情况不严重可以不去理睬，若严重了就要大声斥责，不必害怕等。女孩子可能遇到的意外情况很多，所以，父母一定要教育孩子，不论如何，都要保持机智、勇敢，学会随机应变，灵活处事。

 教育智慧:

要让孩子知道不管在家里还是在外面，都要勇于捍卫自己的人身权利。遇到欺负自己的坏孩子，要敢于反抗，反抗不行，就要及时告诉老师和家长，以寻求大人的帮助。

214. 向孩子说出充分的理由

生活中，当孩子不听话，赖在一个地方不走时，父母们便会使出撒手锏"你不走，我走"，然后就转身离去。对待小一点儿的孩子，家长一般会躲在一个孩子看不到的地方，让孩子一个人待到无法忍耐的时候再出现，趁机教育他。而对待大一点儿的孩子，家长一般会说走就走，让孩子自己待着不知所以，无奈之下自己回家。

这种做法固然有效，但很不合适。教育的目的不是惩罚，而是让孩子明白道理，道理一旦明白，孩子就会主动放弃不合理的要求。所以，当孩子的要求父母不能满足时，要向孩子说出充分的理由，这样孩子才会接受父母的意见。不能父母本身提出的理由就站不住脚，一旦孩子反驳，父母不能说出更能令孩子信服的理由，就威胁孩子。这样虽然孩子屈服，但仍会从心底里反抗，而且会对父母产生不信赖，认为家长蛮横无理。

所以，面对这样的情况，家长应该做到的是，了解孩子的意图，然后耐心地讲道理，让孩子心悦诚服，主动放弃不合理的要求。

父母也可以用转移孩子注意力的方法，当孩子被新的东西吸引时，往往就会忘记刚才想要的东西。如果孩子的要求合理，家长不妨买给孩子，切不可用置之不理的方法对待孩子提出的请求。

 教育智慧:

教育的目的不是惩罚，而是让孩子明白道理，道理一旦明白，孩子就会主动放弃不合理的要求。

215. 安全度过"仇亲期"

许多父母都有这样的体会：当孩子处于15～17岁这个年龄段时，总爱和父母对着干，这种"作对"情形大约能持续2～3年，且在不同孩子身上表现得强弱不同。心理学家把青少年这段时期称为"仇亲期"。在这一段时间里，孩子好像故意不听父母的，他们总是爱按照自己的思想来做事，即使明明父母说得对，他就是不听。这确实很让人生气。而往往这时候父母也正处于情绪易波动的更年期，于是在独生子女身上出现的"仇亲"现象就分外明显。

针对孩子的这一段"仇亲期"，父母首先应该对孩子表示理解，我们不应该激化矛盾，也不能一味地迁就纵容他们。怎么办呢？当孩子故意不听话时，父母可以采取当时不理他们，过后再找他们说出自己感受的办法。有时候甚至可以通过和孩子做换位游戏——就是让孩子做父母、父母换位做孩子的方法让他们认识到自己所犯的错误。让孩子换位做父母，父母换位做孩子，父母也装作故意不听"父母"话的孩子，看他怎样处理事情，然后再有针对性地教育。这样的方法确实很有效。

另外，当孩子因为心情烦躁而发脾气时，父母不妨让孩子适度发泄。因为儿童与成年人一样也会有情绪变化，诸如愤怒、哀伤、失望、害怕等等。要保持孩子的心理健康，就必须让孩子学会适度宣泄。宣泄就是舒散、吐露心中的积郁，让孩子淋漓尽致地吐露自己的委屈、忧愁、牢骚和怨恨等不快，达到心理平衡。适度地让孩子宣泄，对他们的生理和心理都有益处。如果孩子心中的积郁和不快长期得不到宣泄，就会出现注意力不集中、行为呆板、精神失常、精神不振、人际关系紧张，严重时会给孩子和家庭带来危害。有些孩子闹事、出走、轻生，就是因为不良情绪无法宣泄造成的。

总之，对于处在"仇亲期"的孩子，应该学会理解他们，尽量避免和孩子发生直接冲突。

 教育智慧：

针对孩子的这一段"仇亲期"，父母首先应该对孩子表示理解，我们不应该激化矛盾，也不能一味地迁就纵容他们。

216. 关注孩子合理的行为习惯

德国人十分重视孩子的合理的行为习惯，他们认为，孩子在行为举止上遵守规范，不仅可以促进他们具有高雅的趣味、高尚的品德，为其日后的成功打下坚实的基础，也能为全社会创造一种团结合作的美好的人际关系。

德国家长总是从细微之处培养孩子良好的生活习惯。每个德国孩子在餐桌上都会受到严格的教育，盛入自己碗中的食物一定要吃光，使孩子树立勤俭节约的观念意识，同时这又是一种磨炼。比如德国人在午餐后有吃一些冰激凌、巧克力和水果的习惯，对孩子来说很具有诱惑力，但这时父母更不会通融，前提是必须先吃完饭菜。

随着父母对正确行为的反复强调与反复训练，孩子们就会把这些规则当作自己的本分。于是无论是成年人还是孩子，都把养成良好的行为习惯，维护公共秩序、遵守交通规则，在各种场合讲究文明看成是一项必须遵守的义务和职责。

在德国，你常可以看到人们在耐心地排队等候，而无一人表现出迫不及待或插队的现象。全社会已形成一种高度自觉、井然有序的行为风尚。

 教育智慧:

孩子在行为举止上遵守规范，不仅可以促进他们具备高雅的趣味、高尚的品德，为其日后的成功打下坚实的基础，也能为全社会创造一种团结合作的美好的人际关系。

217. 幼教决定一切

100多年以前，一位年轻的母亲抱着孩子向达尔文请教，教育孩子应从何时开始。达尔文问："这孩子有多大了？"母亲得意地说："他才两岁半！"

达尔文惋惜地告诉她："夫人，您已经迟了两年半了。"

日本儿童教育家、企业家井深大在《幼儿园太晚了》一书中指出，人类智力的潜能远远超过人们陈腐偏见的想像，对孩子的教育和训练应该从零岁开始。

前苏联教育家马卡连柯认为，教育的基础主要在 5 岁前奠定的，它占据整个教育过程的 90%。在这以后，还要继续进行，可是你精心培植的花朵，在 5 岁以前就已绽蕾。

也有更多的教育家、科学家根据自己的研究或体会，认为孩子在 3 岁前的教育就已经决定了他的一切。

 教育智慧：

人类智力的潜能远远超过人们陈腐偏见的想像，对孩子的教育和训练应该从零岁开始。

218. "不能让孩子输在起跑线上"应当缓行

"不能让孩子输在起跑线上"，这是许多家长的心声。于是一群幼小的身影便在各种特长班间穿梭，进名校，请家教，开夜车，挤掉了孩子们玩耍的时间。

不少家长也表示，这样做孩子是很累，可是小时候不吃点苦，将来怎么办？一些家长也常说，自己小时候，如果父母能为自己请家教，补上较差的课程；如果父母能在自己偷懒、贪玩的时候，抽上一鞭子，自己现在肯定不是这个样子。

更有家长讲，自己小时候没有条件学奥数、学英语、学钢琴……现在，条件好了，不能再给孩子留下遗憾。

把自己对生活的理解和个人的理想加在自己孩子身上，说的耸人听闻一点，就是想拿成人自己的灵魂取代孩子幼稚的灵魂，通过孩子的肉体再一次重生。这样的做法，是否有些残忍？

巴金老人看到自己的小外孙女端端，每天都被十几个小时的学习重负压得疲惫不堪，他便写了三篇文章呼吁改变这种填鸭式的教育方法。他宁可让小外孙女做一个普通人，也要让她过上快乐自由的童年生活。巴老说，小孩应该有小孩无忧无虑的童年。人生漫长，有不懂世故但快快乐乐的孩提年代，有苦读和充满幻想的少年时光，有奋发向上的青年时代，有操劳收获的中年时代，有成熟和睿智的老年时光。人的变化是缓慢的，也是突然的，要从不同的角度去看，一切应该顺其自然，而不能拔苗助长。

美国的孩子学习起来是轻松的，他们不需要通过高考这一关去上大学，他们小学四年级以后才开始学算术，学习生活是轻松愉快的。走入社会后，他们的工作能力、创新能力都在中国孩子之上。

孩子到了哪个年龄，就应该有哪个年龄的快乐。未来是个未知数，应该由孩子去感受、去把握，在孩子不具备这方面能力时，家长有义务帮助他们，引导他们，但不能完全代替他们。爱子之心人皆有之，但期望值过高或不切实际地追求高标准，结果会适得其反。

 **教育智慧:**

头脑不是一个要被填满的容器，而是一支需要被点燃的火把。

219. 必须学会依赖自己的力量

在日本，一位父亲带着6岁的儿子去郊游，父亲钓鱼，儿子在一旁玩耍。在离湖边不远处，有一个很深的大坑。孩子好奇，自己偷偷地下到坑里。玩了一阵子后他发现，大坑离地面很高，下来容易上去难。于是他不得不求助正在钓鱼的父亲："爸爸，爸爸，帮帮我，我上不去了!"但他没有得到回应。其实，此时此刻他知道他的父亲正在距离他不远的地方钓鱼，他没有想到，父亲会对他的求助置之不理。于是，他的第一反应就是愤怒。他开始直呼父亲大人的名字，甚至破口大骂。他的父亲还是置之不理。

这时，天渐渐地黑下来，出于恐惧和无助，他的第二个反应是哭泣，又哭又喊，足以令做父亲的揪心。结果得到的反应还是沉默。之后，他不得不自己想办法了。他在坑里转来转去，寻找可以上去的地方。终于，他发现在坑的另一面，有几棵可以用于攀缘的小树。他艰难地爬了上来。此时此刻，他发现父亲还在那里叼着烟卷，悠闲地钓鱼。令人意想不到的是，这个顽童竟没有抱怨，更没有愤怒，而是径直走到父亲身边，自豪地对父亲说："老爸，是我自己上来的！"

 教育智慧：

如果孩子是掉在一个四周无人的"大坑"里，那么他再求助也是没用的，因此他必须学会依赖自己的力量。

220. 每个人都是好孩子

日本演艺人员黑柳彻子有一部畅销书叫《窗边的小豆豆》。这本书是小豆豆——黑柳彻子，回忆其小学时代的作品，其中有一个单元是"其实你是好孩子"。小豆豆是一个很顽皮的孩子，例如在学校晨会进行时，她会把两根小辫的尾端夹在腋下前进，或做一些滑稽的动作逗大家笑。老师总是板着脸大叫："又是你！"可是，校长却并未责骂小豆豆，总是说："其实你是个好孩子。"黑柳女士也因为校长的这句话而勇气大振，自信大增。不要认为调皮的孩子就一定是坏孩子，应该认为是个好孩子偶尔说谎，并用切实可行的方法帮助他们改正，这样，孩子一样可以成为有用的人，孩子也可以跟小豆豆一样增加自信。

人之初，性本善。每个人都是好孩子，并没有绝对的坏孩子存在。没有本来就爱说谎的孩子，只是好孩子偶尔撒撒谎，恶作剧一下。以黑柳彻子的情况来说，调皮未必就是坏孩子，应该说是好孩子偶尔顽皮一下。假使孩子说谎，并不表示他就是坏孩子。所以，父母不要因为孩子说谎而责骂他是坏孩子，好孩子的行为不一定完全都是好的，偶尔也会有说谎的坏行为。其实，在很多情况下大人是冤枉了孩子，弄清这一阶段孩子心理发展的情况，有利于我们帮助孩子更好地成长。

 教育智慧：

调皮未必就是坏孩子，应该说是好孩子偶尔顽皮一下，假使孩子说谎，并不表示他就是坏孩子。

221. **不要站在成人的角度讲话**

尊重孩子，就要理解他们的想法和行为，不断给孩子机会，放手让孩子在实践中学习知识。不要站在成人的角度，用成人的思维为孩子指明方向，告诉孩子要如何去做，那样只会让孩子没有了创新的尝试。你如果认为你的知识丰富，而不断给孩子通过切身的体验来进行灌输，你就限制了孩子的知识积累。

克劳罗塞是一位心理学家，他有三个孩子安娜、玛丽亚、约瑟夫。他在教育孩子方面，有很多独到的见解。他从不对孩子进行说教。

一天，他的小儿子约瑟夫没穿外衣就去了外面，克劳罗塞并没有像一般的父母那样对他进行说教："如果你穿上外衣就不会冷了。"他跟着儿子走到外面问："约瑟夫，你看上去有些冷。"约瑟夫站在那儿打着哆嗦说："我要冻僵了，我得去取件毛衣。"克劳罗塞这才说："你这么想很好。"克劳罗塞之所以这么说，基于他对孩子心理的了解。

一个人的冷暖，必须由自己去"感觉"，如果一个人的冷暖凉热都要父母来"决定"，这个人的生存能力一定很弱。

实际上，孩子们有着非常强烈的"主动"性，他们并不希望大人干涉。此时，父母应该巧妙地引导孩子们的这种独立意识。

　　每一位真正有爱心的父母，都应该放手让孩子去做，注重培养孩子从小的独立自主的意识。惟有这样，才能让孩子具备独立生活的能力，才能使他们充满自信地立足于现代社会。

 教育智慧:

　　每一位真正有爱心的父母，都应该放手让孩子去做，注重培养孩子从小的独立自主的意识。

222. 肯定是生命中最好的养料

　　一个小男孩认为自己是世界上最不幸的孩子，因为脊髓灰质炎给他留下了一条瘸腿和一嘴参差不齐的牙齿。他很少和同学们游戏、玩耍，老师叫他回答问题时，他总是低着头一言不发。

　　春天，小男孩的父亲从邻居家要了些小树苗，想把它们栽在房前的院子里。他叫孩子们每人栽一棵，父亲说，谁栽的树苗长得最好，就给谁买一件最好的礼物。

　　小男孩也想得到父亲的礼物，但是看到兄妹们蹦蹦跳跳提水浇树的样子，不知怎么地，他竟然萌生出这样一种想法：希望自己的那棵树苗早早地死去。因此，浇过一两次水后，他就再也没去理它。

　　几天后，小男孩再去看他种的那棵树时，惊奇地发现它不仅没有枯萎，而且还长出了几片新叶子，与兄妹们种的树相比，似乎更显得嫩绿，更有生气。于是，父亲兑现了他的诺言，为小男孩买了一件他最喜爱的礼物。父亲对他说，从他栽的树来看，他长大后一定能成为一个出色的植物学家。

　　从那以后，小男孩就对生活有了美好的憧憬，慢慢变得乐观开朗起来。

一天晚上，他躺在床上睡不着觉，看着窗外皎洁的月光，忽然想起生物老师说过的话：植物一般都在晚上生长。何不去看看自己种的小树是不是在长高？当他轻手轻脚来到院子时，看见父亲正在给自己栽的树苗浇水。顿时，他明白了，原来父亲一直在偷偷地护育着他的小树！他返回房间，禁不住泪流满面……

几十年过去了，那个瘸腿的小男孩没有成为一个植物学家，但他却成了美国总统。他的名字叫富兰克林·罗斯福。

肯定是生命中最好的养料，哪怕只是一勺清水。

 教育智慧:

肯定是生命中最好的养料。只有肯定才能让孩子坚定自信地克服困难，从内心爆发一种向上的力量。

223. 努力探寻隐藏在孩子背后不可理解的原因

意大利教育家蒙特梭利说过这样一段话："对成人而言，儿童的心灵是一个难解之谜。我们应该努力地探寻隐藏在儿童背后的那种不可理解的原因。没有某个原因，某个动机，他就不会做任何事情。"这也告诉我们，我们对孩子的了解也许太少了。

有一位母亲也是通过偶然的事件，才发现女儿发脾气的真正原因。她说："一个双休日，我领着3岁的女儿逛商店。我兴致正浓时，女儿却莫名其妙地发起脾气来，怎么哄都不管用。没办法，便打算抱起她往外走。就在蹲下去的瞬间，我突然发现：从孩子的角度看去，眼前不是色彩斑斓的商品，而是晃来晃去的人腿！怪不得孩子发脾气，原来她的感觉和我不一样。"

　　孩子的无理取闹和任性、跋扈都是有原因的。有时是因为孩子累了，不知如何处理自己的情绪，有时是想试试，看大人的反应，是否可以用哭闹达到目的。孩子最初发脾气是为了发泄愤怒和不满，当他发现这样可以控制成人，让成人满足自己的各种要求时，发脾气就成为一种向成人提要求的手段。而表达愤怒和不满倒显得不那么重要了。

教育智慧：

　　孩子的无理取闹和任性、跋扈都是有原因的。

224. 孩子难免有自卑的情绪

　　一个气力平常的人被催眠后，把头、脚分搁在椅子的边沿，在他空悬仰卧着的身体上，可以立上5个以上的肥胖的人，甚至可以放上一匹壮马。这简直就是奇迹！因为一个体力平常的人，在身体仰卧空悬时，决不能支持千磅之重的马匹或5个以上的人。这个人自己也决不相信他能做出这种事来。然而在催眠家的强烈的暗示之下，说他能够这样做，他就轻易地做到了。

　　这种神奇的力量是从哪里来的呢？当然不是从催眠师那里来的，催眠师不过是将受催眠者生命中的潜能唤醒而已。这种力量是内在的，不是外部所给予的。

　　从生命科学的角度来看，每一个孩子都拥有巨大的潜能，但孩子诞生时都很弱小，生活在一个巨人的世界里，在生命成长的过程中，都难免有自卑的情绪。

　　心理学研究证明，每个儿童都有一定的潜能，关键是能否发现、发挥这种潜能。大多数孩子并不是在小学五六年级才落后的，而是一入学就掉队了，以后一直就没有成功的感觉。他们的潜能始终没有能够得到发挥，不仅没有发挥，由于处于落后的地位，经常被家长和老师所否定，自尊心受到伤害，个性也就长期被压抑了。

德国的心理学家阿德勒说他在念书时，认为自己完全缺乏数学才能，毫无学习数学的兴趣，因此考试经常不及格。后来偶尔发生的一件事，让他的潜能迸发出来。他出乎意料地解出了一道连老师也不会的数学难题，这次成功，改变了他对数学的态度，找到了"数学天才"的感觉。结果他成了学校里的数学尖子。

 教育智慧：

心理学研究证明，每个儿童都有一定的潜能，关键是能否发现、发挥这种潜能。

225. 和孩子一起看电视

孩子看电视过多是一件坏事，不但影响孩子的视力，而且还会影响孩子的社会认知，影响孩子的价值观以及对现实生活的认识能力。父母具有分辨真假、好坏艺术创作和现实的能力，但是孩子对看到和听到的所有东西都信以为真，不加选择地接受，而现实是武打、暴力、煽情影视剧充斥荧屏。

孩子们很容易对他们所喜爱的武打片主人公产生认同感，把他们身上的优点和弱点全部接受下来。有些性格冲动、控制力差的孩子甚至会模仿电视剧中人物的暴力行为。

让孩子一点电视都不看是不现实的，也不利于孩子接受外界的信息。好的方法是，父母对孩子所看的节目进行控制和选择，并和他们一起看电视。如果你不想让电视左右你孩子的生活，你就要在孩子很小的时候开始培养他们其他的兴趣和爱好。

教育智慧：

让孩子一点电视都不看是不现实的，也不利于孩子接受外界的信息。好的方法是，父母对孩子所看的节目进行控制和选择，并和他们一起看电视。

226. 不只告诉孩子什么是错误的

经过多年对教育方法的研究，我们发现父母们倾向于把更多的精力和时间用于帮助孩子克服不良的行为，而不用于帮助孩子建立良好的行为上。也就是说，当我们进行道德教育时，父母经常告诉孩子什么是错误的，不应该做什么，而不是告诉孩子什么是对的，应该去做什么。

这样的教育方式势必会产生一些后果。因为我们过多地强调不该做什么，而很少去讲应该做什么，结果，美德就变得模糊和不明确。如果你只给孩子讲什么是不良行为，那孩子的脑海里就只有不良行为的印象。

教育智慧：

因为我们过多地强调不该做什么，而很少去讲应该做什么，结果，美德就变得模糊和不明确。

227. 没有赏识，就没有教育

赏识教育是让家长走进孩子的心灵，走出教育误区的教育；是让家长孩子生命和谐、两代人成为朋友共同成长的教育；是家长在享受中教，孩子在欢乐中学的教育；是让孩子天天快乐，家长日日赞叹的教育。

在赏识教育的推崇和运用下，诞生了这么一个催人泪下的故事：

从小双耳失聪的周婷婷在父亲的教育下，16岁成为大学生，并被美国加德特大学录取为研究生——第一个中国聋人研究生。而仅初中文化水平的父亲周弘，不仅办起了"婷婷人中人聋儿幼儿园"，而且还提出了全新的"赏识教育"理论。一个赏识教育创造了两个传奇。

周弘设计的赏识教育的图案标志是：一个竖起的大拇指，在大拇指里面有一张生动活泼的笑脸，仿佛孩子受到赏识后发出的会心一笑。一个赏识的微笑，就像阳光照在含苞待放的花朵上。在周弘的眼里，赏识是热爱生命，善待生命，是孩子生命的阳光、空气和水。

没有赏识，就没有教育。因此，赏识教育是承认差异，允许失败的教育；是充满人情味和生命力的教育；是让所有孩子欢乐成长的教育；是让孩子热爱生命、热爱时代、热爱大自然的教育；是肯定的教育。

教育智慧：

赏识教育是承认差异，允许失败的教育。

228. 要学会"合群"

孤僻，也就是常说的"不合群"，是指不能与人保持正常关系，经常离群独处的心理状态。孤僻的人一般性格内向，主要行为表现是不愿与他人接触，待人冷漠，对周围的人常有厌烦、鄙视或戒备的心理。具有这种个性缺陷的人猜疑心较强，容易神经过敏，办事喜欢独来独往，但也免不了为孤独、寂寞和空虚所困扰。

孤僻的人缺乏朋友之间的欢乐与友谊，交往需要得不到满足，内心感到苦闷、压抑、沮丧，感觉不到人世间的温暖，看不到生活的美好，容易消沉、颓废、不合群，缺乏群体的支持，整天提心吊胆地过日子，忧心忡忡。被这种消极情绪长期困扰，也会损害身体。

孤僻的性情年幼时就会有所表现：不爱讲话，不爱与其他人接近、交往，对别人的呼喊没有反应，也不跟人打招呼。孤僻的儿童，社会交往能力和行为异常，表现为对亲友无亲近感，缺乏社会交往方面的兴趣和反应，不爱与伙伴一起玩耍。

幼年的创伤经历是孤僻者产生不良习惯和消极心态的重要原因。研究表明，父母离婚、父母的粗暴对待、伙伴欺负、嘲讽等不良刺激，使儿童过早地接受了烦恼、忧虑、焦虑不安的情绪体验，导致他们产生消极的心境甚至诱发心理疾病。缺乏母爱或过于严厉、粗暴的教育方式，使子女得不到家庭的温暖，逐渐就会变得畏缩、自卑、冷漠、过分敏感、不相信任何人，最终形成孤僻的性格。

学习交往技巧，优化性格，是孤僻者改正不良行为方式的有效途径。平常多看一些有关交往的书籍，多参加正当、良好的交往活动，在活动中逐步培养自己开朗的性格。要敢于与别人交往，虚心听取别人的意见，同时要有与任何人成为朋友的愿意。这样，在每一次交往中都会有所收获，获得了友谊，愉悦了身心，有利于改变孤僻的性格。

 教育智慧:

学习交往技巧，优化性格，是孤僻者改正不良行为方式的有效途径。

229. 教他如何选择，而不是为他选择

戴尔博士认为，有两种不同的生活态度，父母可以为孩子们选择其中的一种。一种是外在导向，意味着生活控制权落在身外而非内心，孩子总是依赖外面的力量和他人做决定；另一种是内在导向，孩子依靠自己的勇

气和毅力来应对生活中所有可能出现的任何事情。

在孩子成长的过程中，每天都会遇到无数的机会让他做选择。从日常生活开始，要吃什么，要睡多久，要跟谁玩，要穿什么衣服等；到了上学的时候，他又要选择学什么东西，上哪个班级，要跟谁交朋友；等他再大点儿，他又要选择在宴会上要不要喝酒，开车时要不要系安全带，要跟谁约会，用什么材料来装修房间等等。父母不能永远为孩子做选择，而是教他如何做选择，如何对自己负责。

为了把孩子培养成一个真正高素质的人才，就要把他们培养成内在导向的孩子，并且尊重他们的选择。生活有时是很残酷的，家人的保护总是有限的，孩子们终究有一天要自己独立地面对生活。在那个时候，如果平时就锻炼了孩子，他们会在困境面前从容不迫、游刃有余；反之，如果孩子从小没有受到训练和指导，当生活要他做决定的时候，他就会显得彷徨无助、束手无策。

要让孩子们对自己负起责任，就要让他们做自己能做的事，千万不要替他们去做。让孩子们有机会锻炼自己，从而对自己有信心，才能有勇气迎接人生的挑战。

 教育智慧:

父母不能永远为孩子做选择，而是教他如何做选择，如何对自己负责。

230. 不应该用充满敌意的话来要挟子女

在现实生活中，孩子离家出走的事件屡有发生。很多人认为，离家出走的主要原因在孩子身上，但在很多情况下，孩子是被父母的话逼出家门的。

冲突爆发时，父母与子女双方唇枪舌剑，互不相让。有些父母利用孩子依赖性强的特点，动辄就抛出一些恐吓孩子的话，发泄对孩子的不满。

父母说出这些最后通牒式的话来，想逼迫孩子就范，当然这话并不是真的，只不过想以它来结束这场口舌之争。但是孩子却很可能把这句话当真，不少任性要强的孩子，因为忍受不了父母的嘲弄逼迫而离家出走。

即使孩子没有离家出走，他的心灵也会受到伤害。父母尖刻的话语让他怀疑是不是父母不再爱他了，想把他丢弃不管了。这种困惑会让他心生恐惧，坐立不安。

因此在任何情况下，父母都不应该用充满敌意的话来要挟子女，迫其改过。应该和孩子做好沟通，不要动不动就用家长的权威来威胁孩子。这样的教育是非常伤害亲子之间的感情的。你可以直接告诉孩子"我现在很生气，你不要这样做了"，让孩子明白他的行为带来了不良的后果，并意识到自己的错误。待双方都平静下来，再指导孩子改正错误的方法，对孩子提出希望。

 教育智慧:

请记住，过激的行为和言论，只会伤害亲子之情。

231. 培养孩子从小的理财能力

专家指出，教孩子学会理财绝对不是一件坏事。孩子越早接触钱，掌握一定的理财技能，长大后也就越会赚钱。关键是父母如何教孩子理智地花钱，正确理财。良好的理财习惯，可以使孩子终生受益。

美国人非常注重培养孩子从小的理财能力。他们对学龄前儿童的金钱教育提出了非常具体的要求：

3岁时能够分辨硬币和纸币；

4 岁时知道每枚硬币是多少美分，认识到他们不可能用几枚硬币便把商品全部买光，因此必须做出选择；

5 岁时知道钱是怎么来的；

6 岁时能够数大量硬币；

7 岁时能看价格标签。

其实，父母完全可以让孩子参与到家庭理财中来，让他们认识到钱有很多用途，同样数量的钱可以做很多不同的事情，教孩子通过比较和权衡来做出最合理的消费方案。从这些经验中孩子能够很早就学会在花钱消费之前先比较、考虑，不会一时冲动。等孩子长大一些以后，还可以让他们知道家里的经济状况和支出需要，与父母共同分担家庭的责任。要知道，这不仅仅是在教孩子学会理财，而且是在培养他们的生存能力。

专家指出，对孩子的理财教育决定了他以后的经济价值观。西方国家甚至认为，在市场经济和商品社会中，一个人的理财能力直接关系到他一生的事业成功和家庭幸福，把理财教育称之为"从 3 岁开始实现的幸福人生计划"。因此，父母有责任指导孩子掌握基本的正确的理财观念，有意识地培养孩子从小的理财能力，养成孩子不乱花钱的习惯。

 教育智慧：

教孩子学会理财绝对不是一件坏事。孩子越早接触钱，掌握一定的理财技能，长大后也就越会赚钱。

232. 孩子在任何情况下都应当被允许表达意见

"我要走进你的世界，你不让；我想让你走进我的世界，你又不来。"这是一位和孩子难以交流的母亲发出的无奈心声。其实，有着类似困惑的远远不止这一位母亲，"找不到好的沟通方法"，已成为青春期孩子母亲的最大苦恼。

了解是沟通的前提，父母只有了解了孩子，才能和孩子建立起良好的沟通模式，才能真正走进孩子的内心。

孩子在任何情况下都应当被允许表达意见，不仅仅是谈可接受的、安全的话题，而且要允许讨论、争论。这对孩子的发展是至关重要的。它可以建立孩子良好的自我形象、自信心，让他们知道一个小孩子说的话和做的事都不是无关紧要的。就社交谈话而言，他们可以体会到小孩子的权利是什么，社会允许的限度又是什么。

孩子再长大一些，就会质疑你的判断，挑战你的逻辑，无畏于提出相反的观点，并且不发脾气地进入真正的成人式讨论。在孩子改换角色，进入社会之前，让他们在充满爱心的家庭中安全而保险地学习这一切非常重要。

你必须先于任何一位老师让孩子明白：能够自己思考是有益的。但不要因此而奖励正确的回答，惩罚错误的回答。好的父母并不急于在孩子一犯错误的时候就指出并纠正他们。如果你这么做，孩子自我检查和自我纠错的能力就得不到充分的发展，他也无法获得充分的自信。

 教育智慧：

成年人喜欢有礼貌地反驳别人，这同样适用于父母与孩子间的任何交往。

233. 必要时，可以把答案告诉孩子

关于作业的量，教育部早就有规定，可是学校经常违反规定。"学习"这个词在日语里是"勉强"二字，说明学习有时候不是那么快乐的，的确要忍耐，要爬坡，但不可过度。

作业完不成，父母可以帮忙吗？有时候父母为了让孩子早点休息，会将作业的答案告诉孩子。一般的观点认为，应该让孩子自己思考。新的教育理论是，只要孩子懂了，作业方式并不重要。

从理论上讲，适合的教育就是最好的教育。如果孩子学习有困难，你可以启发他，甚至把答案告诉他，然后让他自己验证，这就是适合的方法。他自己苦思冥想想不出来，很晚了也不能睡觉，何必折磨他呢？但是当孩子慢慢理解了的时候，独立思考更为重要。教育一定要讲究可能性。教育有一个理论叫"最近发展区"，就是说人的发展一定有一个他最容易突破的地方。找到这个地方，他才能往前发展。通俗地说就是让孩子跳一跳摘到果子。他就这么高，你把果子吊到 3 米高，他左蹦右跳也够不到。肯定够不到，那他就不够了。他只能够到 1.5 米，你把果子吊到 1.53 米，他觉得有可能，于是跳起来使劲够，也许他就够到了。人就是这么发展的。你的孩子觉得自己够不着了，你告诉他答案，他一验证，就够着了，就进步了。孩子总是一步一步学会走路的。叶圣陶说："教是为了不教。"你给他答案的目的，是为了不给他答案。

 教育智慧：

如果孩子学习有困难，你可以启发他，甚至把答案告诉他，然后让他自己验证，这就是适合的方法。

234. 有了自信，事情就成功了一半

心理学家告诉我们，自信会产生心理的内在驱动力，促使一个人有良好的表现。许多情况下，有了自信，事情就成功了一半，一旦气馁则必败无疑。

比如，当你初学骑自行车时，看到前面有块砖，生怕撞上它，这种心

理会马上使你的车晃悠起来，而且偏偏对准砖头撞了上去。如果你对这块砖视若不见，蔑视它，不怕它，反而不会撞上。当然，在这里你骑车的技术，是能否有信心不撞砖的基础。而车技的提高，又与你胆子大小有关。所谓胆子大小，就是对自己能否掌握车技的信心问题。信心与能力是相互促进，相得益彰的。比如跳高，在你曾经跳过的记录，上下浮动几厘米的高度，能否跳过去，心理素质几乎是决定性的。只要心里一打鼓，一犹豫，竿子绝对落地，只有勇气与信心十足时，才有可能一跃而过。这是凡参加过跳高的人都有的体会。

与骑车、跳高一样，人在做其他事情时，也由十分类似的心理支配着。

自信心是取得成功所必备的心理素质。对一个人的一生，无论从哪个角度说，都起着十分重要的作用。很难想像一个畏首畏尾、胆怯懦弱、缺乏自信的人，能干出一番像样的事业。

 教育智慧：

很难想像一个畏首畏尾、胆怯懦弱、缺乏自信的人，能干出一番像样的事业。

235. 孩子年龄越小越需要称赞

对于幼儿来讲，接受成人的指挥，服从成人的安排，是生活中的主要内容。一个婴儿，家长让他笑，他就会微笑；一个两三岁的孩子让他干什么，他就干什么。比如说让他唱儿歌，他就唱儿歌，让他说"谢谢"，他就说"谢谢"。孩子上小学以后，会尽可能在更大的范围内坚持自己的主张。这时候，如果家长让孩子在客人面前唱儿歌，孩子就可能坚决不唱，让孩子表示感谢，他偏不感谢，搞得父母很没面子。如果明智的家长知道孩子这些特点的话，就不会勉强。如果父母真的严厉起来，孩子便会更倔强地"捍卫"自己的尊严。这是他的心理需要。

当孩子帮助比自己更弱的人时，当孩子在公共汽车上给孕妇或者老年人让座时，他就会觉得自己品德高尚；当孩子的建议被老师或家长采纳时，他就会认为自己很重要。他需要这些，需要享受内心的满足。

但这只是在孩子心中初步形成了一个自认为自己是好孩子的概念，这种概念，常常是漂移的。只有在得到父母、老师或者其他人的鼓励及赞扬以后，才会慢慢在孩子心中形成固定的价值观。如果与此相反，每当孩子做了好事，其他人反而是讽刺和嘲笑，那么，孩子慢慢就会放弃好的行为。一旦他做错了事，家长一味埋怨、指责，也会让他变得消极，因为孩子的自尊心是需要保护的。

孩子需要精神上的抚慰。孩子年龄越小越需要称赞，孩子越自卑越需要鼓励。一般来说孩子都喜欢被成人赞扬和认可。

 教育智慧：

在小学阶段，特别是一二年级的学生，得到称赞或者鼓励，往往能使其体验到心灵上的愉快，也会促使他更加积极和努力。

236. 谦卑是健康家庭的基础

为自己的过失请求对方宽恕，谦卑地认错，努力和对方重修旧好，这都是维持爱和持久关系的前提，也是一个非常重要的心灵问题。无论孩子还是成人，只要他们能向被他们冒犯的人请求宽恕，就证明他们承认了自己的错误，也证明了他们珍视彼此的关系。以至于为了友好，宁愿承受认错的尴尬。

要让孩子学会这些，你必须教会他在做错事后，说："妈妈，对不起。"在不听话时，来请求他人的原谅，"姐姐，你能原谅我吗？"在这两种情况下，都让他加上一句坦白认错的话，比如，"姐姐，你能原谅我拿了你的玩具吗？"正如人们所说的，坦白对我们的灵魂是有益的。

 教育智慧:

无论孩子还是成人，只要他们能向被他们冒犯的人请求宽恕，就证明他们承认了自己的错误。

237. "三分钟" 耐性训练法

《卡尔·威特的教育》中提到了一种"三分钟"耐性训练法，被证明是训练孩子专心致志的好方法。

一个孩子只爱看电视和玩游戏，对书本一点都不感兴趣。一天，他父亲拿着个沙漏，告诉他说，这是古时候的钟表，里面的沙子全部漏下去时，正好是三分钟。孩子对这个沙漏很感兴趣，很想玩一玩。这时父亲说，以沙漏为计时器，和爸爸一起看书，每次以三分钟为限。这个孩子很高兴地答应了。他果然静静地坐下来和爸爸一起看书，但事实上他根本没有用心看书，而是一直看着那个沙漏。三分钟一到，他便跑去玩了。

可他父亲并没有气馁，他决定多试几次。这样数次之后，孩子的视线渐渐由沙漏转移到故事书上了。虽然约定三分钟，但三分钟过后，因为孩子被故事情节所吸引，他要求延长时间，但父亲坚持"三分钟"约定，不肯继续让他看下去。孩子为了早点知道故事情节，就自己主动去看故事的结局。

在这个例子中，父亲用了一种循序渐进的训练方法，对孩子进行了潜移默化的影响。这实际上是通过孩子感兴趣的事物，使孩子的注意力在一定时间内专注于同一个对象，久而久之，孩子形成了习惯，也就提高了自制力。

三分钟正好符合孩子注意力的特点，三分钟后立即打住，既让孩子觉得父亲守信，也利用了孩子的好奇心，激起了他主动学习的兴趣。当然，在做这种训练时，父母一定要有耐心和恒心，才能取得效果，否则会前功尽弃。

 教育智慧：

通过孩子感兴趣的事物，使孩子的注意力在一定时间内专注于同一个对象，久而久之，孩子形成了习惯，也就提高了自制力。

238. **让孩子尝尝被拒绝的滋味**

正像法国教育家卢梭在《爱弥儿》一书中所说："你知道用什么办法准能使你的孩子得到痛苦吗？这个方法是——百依百顺。"因为面对父母的有求必应、百依百顺，孩子头脑中会逐渐形成了这样一种思维定势：我要什么马上就能有什么。孩子会变得越来越任性，越来越贪婪。可一旦离开家庭走入社会，那种任性、暴躁、急功近利的性格特点肯定会令他们饱受挫折和打击。而事事不顺心的他们，往往不会从自身找原因，反而觉得别人有意跟他们过不去，总是与周围的人处于一种对峙状态。长此以往，很可能酿成忧郁、偏执、狂躁等各种心理疾病。

在物质生活非常丰富的今天，父母们应该适当地给孩子一些"劣性刺激"，即有意识地违逆孩子的心理需求，让他们尝一尝吃苦、遭拒绝、受"冷遇"的滋味。

有时存心为难一下孩子，让孩子尝尝被拒绝的滋味，这对孩子的心理承受能力是一种磨炼，对应付将来工作中出现的挫折或生活中出现的逆境大有好处。如果在孩子高兴地玩耍时，父母可有意识地设置一些障碍，甚至搞一些小破坏，这样做可能会使孩子不高兴，甚至吵闹。但却能磨炼孩子的意志，提高孩子辨别是非的能力，增强克服困难、经受挫折的勇气，有利于孩子潜在能力的开发和生活经验的积累，对其成长和今后的生活历程都会产生深远的影响。

教育智慧：

有时存心为难一下孩子，让孩子尝尝被拒绝的滋味，让孩子多一点"世界真美好，生活太艰难"的感受。

239. 不要把豪华和贫困放在眼里

在许多家庭中，孩子受到的照顾可谓无微不至。长辈对后代的爱，就是要让他们幸福，把自己认为能使孩子感到幸福的东西都给孩子，惟独不给他们磨炼的机会。有的家长在孩子参加完军训、远足、野营等磨炼意志的活动后，看到孩子瘦了点，晒黑了点，就心疼得不得了，回到家里活儿不叫干，要什么吃的都满足。难怪日本人曾说："非常羡慕中国的孩子，他们享受了世界上最好的待遇。中国的父母为孩子的支出，在世界上也许是最高的。"这种"最好的待遇"的结果却是：孩子依赖性太强，独立性和适应能力太差。

法国教育家卢梭指出："人们只想到怎样保护他们的孩子，这是不够的。应该教他怎样保护自己，教他经受得住命运的打击，教他不要把豪华和贫困放在眼里，教他必要时候在冰岛的雪地里或者马耳他岛的灼热的岩石上也能生存。"

教育智慧：

人们只想到怎样保护他们的孩子，这是不够的。应该教他怎样保护自己，教他经受得住命运的打击，教他不要把豪华和贫困放在眼里。

240. 孩子的暴力倾向来自哪里

孩子的暴力倾向来自哪里？主要就是家庭暴力。据来自中国青少年研究中心的一项调查资料显示，家庭暴力是少年儿童遇到的最多的暴力伤害，父母在管教孩子时，采取打骂方式的大有人在，在被调查的 5846 份有效学生问卷中，有 60.9% 的孩子在家中挨过打，有 84% 的孩子在家里挨过骂。本次抽样调查还有这样一个问题：当父母说教或打骂你时，你有过下面哪些感受？A、气愤、伤心、痛苦；B、产生死的念头；C 想离家出走；D、恨不得跟他们拼了；E、长大以后再和他们算账；F、无所谓（可多选）。结果发现，有 9.2% 的孩子产生过死的念头，18.1% 的孩子想离家出走，8.4% 的孩子恨不得与父母拼了，还有 6.0% 的孩子想长大以后找他们算账，只有 28.5% 的人对此抱无所谓的态度。这说明，少年儿童在遭遇家庭暴力的时候，具有强烈的反抗愿望，甚至想采取极端的自毁手段来报复施暴者。

此外，少年儿童对暴力伤害的恐惧也比其他伤害要严重，例如他们对"害怕受到别人威胁、打骂"的选择比例高达 41.2%。

这个调查资料说明，棍棒教育并没有起到它所应有的惩戒作用，反而容易造成孩子的畸形人格。既然这样，我们为什么不选择一些更有效的方式来和孩子沟通呢？

 教育智慧:

棍棒教育并没有起到它所应有的惩戒作用，反而容易造成孩子的畸形人格。

241. 身教与言教密切结合

前苏联著名的教育家马卡连柯说过，不要以为只有你们（指父母）和儿童谈话的时候，或教导儿童、吩咐儿童的时候，才是执行教育工作。在你们生活的每一瞬间，都教育着儿童……有的家长明明看见自己的孩子先动手打了别人的孩子，反而说别人的孩子先动的手。实际上，这位家长已经在不知不觉中引导孩子做出错误的判断。

孔子早在2000多年前就教育他的弟子要诚实。在学习中，知道就说知道，不知道就说不知道。他认为这才是对待学习的正确态度。

你要时刻记住，你的一言一行，都是孩子的榜样。大人骗孩子，孩子也跟着你学会了欺骗。因此，父母要以自身的优秀品质来引导孩子，使孩子成为一个诚实、正直、有高尚品质的人。强调身教，并不是说可以忽视言教，身教与言教密切结合，才能真正收到良好的教育效果。

 教育智慧：

强调身教，并不是说可以忽视言教，身教与言教密切结合，才能真正收到良好的教育效果。

242. 与有良好习惯的人为伍

心理学家的研究发现，个体有时会通过特别的心理动机，有选择性地吸收、模仿某些特殊的人或物，这种模仿称为"仿同"。仿同是一种吸收或顺从另外一个人或团体的态度、行为的倾向。如果对方与自己的生活环境相似，所经历的事情、所说的话，甚至所看的节目都相似，这时可能有更多交流的话题。人们的思维、情感和行为往往受外界环境的影响，尤其是在早期的人格发展中，学习别人的言行和思维，是个体社会化的重要途径。

美国心理学家哈里斯，提出了"群体社会化发展理论"。这个理论认为，在现代社会中，家庭之外的社会化就发生在儿童期的群体学习之中。儿童在其社会化过程中，一般需要学习两套行为系统，一套用来适应家庭内部的生活，另一套用来适应在社会上的生活。家庭在儿童社会化过程前期所起的作用比较大，也就是说在儿童幼年时，家庭对他们的最初社会化作用大一些，而到了儿童期和少年期，家庭的影响渐渐在减弱、淡化，群体的影响渐渐增强。所以，每一个儿童都应该参与并认同一个社会群体，从群体中学习在社会公众中的行为方式。因此，要想培养自己的良好习惯，就要与有良好习惯的人为伍。

也许有人认为，必须找那些各方面表现都很优异的人作为自己的榜样，这样的想法也有所偏颇，忽略了自我的主动性。只要别人有一点值得你学习的地方，就是值得你去学习的好榜样。每个人都有局限，最好是互为榜样，克服自己身上的缺点，同时以自己的优秀之处影响别人，帮助别人进步。注意千万不要被别人身上的缺点或坏毛病影响，否则背离了我们的初衷。

 教育智慧:

每一个人都应该参与并认同一个社会群体，从群体中学习在社会公众中的行为方式。因此，要想培养自己的良好习惯，就要与有良好习惯的人为伍。

243. 将快乐还给孩子

成功的金融家罗伊先生，在 40 岁时才有了独子雷特。孩提时代雷特的理想是做个很棒的糕点师。高中毕业时，成绩优异的雷特仍然还是想当一名糕点师。罗伊先生虽然并不苛求儿子去做他的继承人，但他希望儿子成为某个领域的优异者，比如医生、艺术家、学者等等，他认为糕点师实在算不上什么！于是，他悄悄地用金钱买通了雷特报考的三所烹饪学院。

这样，踌躇满志的雷特的考试结果当然只有两个字——失败。备受打击的雷特不得不将理想深埋进心底，转而上了一所名牌大学。毕业后进入父亲的公司，并很快以非凡的才能在金融业崭露头角。有这么一个出色的儿子，罗伊先生当然非常高兴，但父亲的敏感却总是在告诉他，儿子并不快乐。这是为什么呢？他百思不得其解。直到佣人都回了家的一个周末，当雷特从厨房里端出自己烘焙的蛋糕，脸上挂着很久不见的灿烂笑容站在他面前时，他才突然明白——金钱、地位、成就并不能给儿子带来快乐，人生快乐的源泉是做自己想做的事、做自己想做的人！罗伊先生终于将当年的秘密告诉了儿子，并且支持儿子辞去公司的职务，去开一家糕点店。

罗伊先生深知快乐对一个人的重要性，在儿子已成年，而且事业有成时还是将快乐还给了儿子。我们这些做父母的是否应该考虑一下孩子，尊重一下孩子的意愿，将快乐还给孩子！

 **教育智慧:**

一个人的一生快乐最重要，你可以贫穷，也可以平庸，可以一无所有，但你不能没有快乐，没有快乐的人生是很悲哀的。

244. 合理的长幼有别

　　合理的长幼有别的家庭关系，与封建家制的意义是不同的。所谓"合理"，是指全体家庭成员之间首先是民主平等的，父母要尊重孩子的独立人格，尤其是在处理孩子自己的事情时，一定要充分听取他们的意见，尽可能按他们的意愿办事。同时，家庭又是一个整体，不能各自为政，总要有人当家"长"，来"领导"家庭，管理指导家庭全体成员的生活。

　　父母是家庭生活的供养者，而且他们有丰富的经验，自然应当成为家庭的核心和主事人。孩子应当在父母的指导帮助下生活、学习。现在，不少的家庭中，孩子是"小太阳"，家长却变成围着孩子转的月亮，这就为孩子形成以自我为中心的小霸王性格提供了土壤，更谈不上培养孝敬父母的好习惯了。因此，我们要让孩子明白自己与父母的关系，知道父母是长者，是家庭生活的主事人，而不能颠倒主次，任孩子在家庭里逞强胡闹。

 教育智慧：

　　父母是家庭生活的供养者，而且他们有丰富的经验，自然应当成为家庭的核心和主事人。

245. 分清勇敢与蛮横的区别

　　如今社会进入了竞争时代，很多父母也"与时俱进"，不再讲究"温良恭俭让"了。孩子在外面和小朋友打架，回家后不免向父母诉说一番，有的父母就问："他打你没有？"

　　"打了。"

"他打了你，你怎么不去打他？"

父母把敢不敢与人打架看作孩子有没有竞争意识，而且不断地向孩子灌输这样的观点："太老实了容易受人欺负，就得以血还血，以牙还牙，反正不能吃亏！"

这种教育方法是很危险的，按照父母的推理，别人打你，你就打他；别人偷你自行车，你就偷别人的自行车；别人偷窃抢劫，你也偷窃抢劫……在这种教育观点下，孩子很容易变成一个"占便宜没够、吃亏难受"的人，这样的人无疑不会被社会所接受。

父母们应该知道，这样的所谓算账和报复，只会使孩子之间的打斗更进一步升级，而且可能使无意的伤害转变为有意的报复。有些孩子还会错误地认为家长总是偏向自己，即使自己不对，先打了人也无所谓。最后就变本加厉，肆无忌惮起来。

孩子打架，是他们在成长过程中的正常现象，家长要引导、要教育，让孩子分清勇敢无畏与蛮横粗暴的区别。而不要纵容孩子报复，更不要袒护。要让孩子讲理，父母首先要明理，否则孩子将成为一个不负责任、强辞夺理的人。

如果孩子真的挨了打，受了伤，父母最好能保持冷静，倾听孩子的陈述，教导孩子以后尽量避免"用武力解决问题"。同时，也可直接找到对方问清事情真相，教导孩子们应该和睦相处，必要时还可以找对方父母，共同进行教育。

 教育智慧：

孩子打架，是他们在成长过程中的正常现象，家长要引导、要教育，让孩子分清勇敢无畏与蛮横粗暴的区别。而不要纵容孩子报复，更不要袒护。

246. 要培养孩子独立思考的能力

失去独立思考能力的孩子，其共同的表现是：凡事只有一个答案或没有答案；不敢反驳别人的意见；习惯附和他人的看法，缺乏创意。但这些特征并非与生俱来，扼杀孩子想像力的，正是我们的教育环境。从某种意义上说"失思"的孩子必定有"扼杀型"的父母。

在家庭中，父母对子女思考能力的"扼杀"，就其表现形式而言可以分为溺爱型和干涉型。前者是父母对孩子的一切事务都包办代替，对孩子过于溺爱，结果造成孩子过分依赖家长，缺乏生活自理能力和独立思考能力。束缚了孩子个性的发展和开拓精神，甚至连智力也因此受到限制。

后者则表现为家长对孩子实行"专制"，用"棍棒"教育孩子，过分限制孩子的言行，为孩子的学习和生活画出死框框，务必使孩子言行符合其意愿，孩子稍有差错，就唠唠叨叨，这样不行，那样也不可以，令孩子无所适从，结果使孩子变得小心谨慎，畏首畏尾，限制了孩子的个性发展，自然就会渐渐丧失独立思考的能力。不论是"溺爱型"还是"干涉型"，其结果都是相同的。在这样的家庭教育环境下，孩子一味地顺从，甚至麻木，谈何独立思考的能力？

要培养孩子独立思考的能力，首先就应该使孩子在生活上不依赖父母，而且父母在与孩子相处与交谈中，要经常以商量的口气进行讨论。留给孩子自己思考的余地，给孩子表达自己想法的机会。

 教育智慧：

聪明的家长懂得引导孩子充分表达自己的意愿，小到生活上的事，大到孩子的发展方向，都给孩子思考的机会，这正是培养孩子独立思考的有效途径。

247. 以开放心态站在孩子的世界

等到孩子渐渐长大，就越来越不愿与家长交流了。面对这种情况，家长应首先做出愿意与孩子交流的姿态。

每个星球有每个星球的轨迹，每个人有每个人的生存方式，这是由生存环境所决定的。每个孩子的成长历程与家长的成长历程不可能完全相同，由此导致彼此认识上的不同是很正常的。

随着孩子的成长，独立人格开始逐渐明显，这时孩子表现出比较强的自我意识，对父母的话开始批判式的接受，凡是不符合孩子自身生存环境的家长的观点，孩子会在内心中提出质疑。

美国 NLP 精神语言学说告诉人们，如何运用心理位移去解决人们交流中的矛盾。孩子们没有经历过家长所经历的那个时代，很难站在家长的立场去考虑问题，这时就需要家长以开放的心态站在孩子的世界去观察，思考与孩子之间的意见分歧，得出比较合理的结论，而后再去坚持。但这种坚持也要运用孩子感兴趣的语言和事例，能够打动家长的语言未必能触动孩子，最终导致你的孩子"不可理喻"。

只看到自己的人，往往被整个世界所否定。只有看到整个世界的人，才会得到世界的肯定。很多人一生都不懂得站在别人的立场去思考问题，希望我们在教育孩子的时候不是这种家长。

 教育智慧：

看到自己的人，往往被整个世界所否定。只有看到整个世界的人，才会得到世界的肯定。

248. **没有梦想，就没有未来**

阿姆斯特朗小的时候，喜欢在庭院里玩耍，尤其是在有月亮的晚上。有一次，母亲正在做晚餐，6 岁的他在院子里望着月亮跳来跳去，母亲好奇地问他在干什么。他天真地说："我在试着跳到月亮上去。"

母亲并没有斥责阿姆斯特朗天真得近乎荒唐的想法，而是微笑着说："好啊！不过一定要记得回来吃晚饭啊！"长大后的阿姆斯特朗果真是世界上第一个"跳"到月球上的人。

孩子有了梦想（哪怕有些不可思议），父母都应为他有了"理想的我"而感到欣慰和自豪，并给予肯定。父母对孩子的梦想坚信不疑，孩子就会从父母那里获得力量，获得勇气，树立信心。

人类最可贵的本能就是对未来充满幻想，对明天充满激情——尽管这些幻想有许多不确定的因素，尽管有些孩子的梦想永远都不能实现。但是，每一个人都在憧憬着未来，并为了那个或远或近的"未来"投入他们全部的努力。

但现实生活中，父母和老师常常残酷无情地击碎孩子们的梦想。

冰心说："没有梦想的孩子是没有未来的，是不可能有所作为的。"我们每一位家长或老师都应有深厚的情感，宽容而善于接纳的襟怀，沐以春风，滋以春雨，让孩子的梦想拥有一片生长的空间。在不断前进的过程中，孩子们需要的不是讽刺、挖苦与无情的嘲笑，而是精心的呵护。呵护孩子的梦想应是教育的内容，也是教育者的责任。

 教育智慧：

父母对孩子的梦想坚信不疑，孩子就会从父母那里获得力量，获得勇气，树立信心。

249. 在一个家庭中，不能有两种标准

道德教育始于父母。只有父母做到了，才可能要求孩子做到。如果父母不懂得什么是道德，又怎样教自己的孩子讲道德呢？

即使父母懂得许多道德知识，也不一定是讲道德的人。懂道德并不意味着行道德，它们是两个完全不同的概念。知道什么是对，什么是错，不一定就能做出来。

作为父母，诚实是非常重要的，它可以使你赢得信任。反之，虚伪会失信于人。如果父母要求孩子做到的，自己没做到，那就是虚伪，孩子会轻视父母。

要求孩子所遵循的道德原则同样也适用于我们自身。在一个平等的家庭中，不能有两种标准。电话铃响了，一位父亲对自己的妻子说："就说我不在家。"这位父亲还能给孩子讲"诚实"吗？一位母亲因超速驾驶被警察拦住而大发雷霆，这位母亲还能要求孩子遵守社会公德吗？

无论我们讲什么样的标准，都应该和孩子们共同遵循。作为父母，我们必须时刻意识到怎样做才是道德的，父母只有在日常生活中遵守这些道德规范，才能向孩子证明这些指导是有益的。因为在将来的日子里，我们的孩子会观察我们的一举一动。

 教育智慧:

要求孩子所遵循的道德原则同样也适用于我们自身。在一个平等的家庭中，不能有两种标准。

250. 鼓励孩子独立思考

即使我们的孩子很小，但他们同样也存在从众心理。比如，有的孩子喜欢边吃饭边看电视，如果父母说："专心吃饭，不许看电视！"孩子就会说："别的小朋友都是一边吃饭一边看电视的。"

于是"大家都这样的"、"谁谁都是这样做的"等理由，使孩子变得人云亦云，遇事没有主见。有些时候，孩子还会迫于同伴的压力，和其他孩子一起去做错事或染上坏习惯，这些都是需要父母注意的。

孩子做事缺乏主见，与父母缺乏和孩子沟通、做事武断、不注意尊重他们的要求有关。孩子失去了自己的判断力，会变得无所适从，所以依赖性越来越强，变得优柔寡断，遇事无主见。因此，父母应该给孩子充分表达自己愿望的机会，给孩子独立思考的机会。

当孩子有了自己的思想的时候，父母就要告诉孩子，他们已经是大孩子了，什么事都要自己有主意，如果他们对什么事情感到不满意，就要及时说出来。当然，他们说得可能不对，但父母可以耐心地给他们指出来，告诉他们怎样才是正确的。父母不必担心孩子会变得任性不服管，事实证明，这样能让孩子学会遇事有主见，不再盲从。

作为父母，要教育孩子遇事的时候，不管别人怎么做，自己一定要有评判是非的标准和价值观，要做到心中有数，而不能盲目地跟从别人。最重要的是鼓励孩子独立思考问题，不要别人说什么就是什么。只有自己去了解事情的真相，才会与真理走得更近。

 **教育智慧**：

要教育孩子遇事的时候，不管别人怎么做，自己一定要有评判是非的标准和价值观，要做到心中有数，而不能盲目地跟从别人。

251. 别扼杀了孩子的想像力

有位老师问学生："雪融化了是什么？"这些刚上小学一年级的孩子争先恐后地说："雪融化了是水。"有个孩子说："雪融化了是春天。"

老师说："怎么会是春天？正确答案是水。"

多么富有想像力的答案！遗憾的是被老师无情地否定了。雪融化了固然是水，但谁又能否认这"另类答案"的正确性呢？雪融化了，万物复苏，大地回春……通常情况下，老师或家长只有一个标准答案，只要与这个答案不符，他们就统统认为回答是错误的。

有家电视台搞过一次别开生面的智力测验：用粉笔在黑板上画了一个圆圈儿，让被试者回答这是什么。

问到机关干部，他们一个个面面相觑，都用求救的眼光看着在场的上级。局长沉默良久，气呼呼地说："没经过研究，我怎么能随便解答你们的问题呢？"

问到大学中文系的学生，他们哄堂大笑，拒绝回答这个只有傻瓜才回答的问题。

问到初中学生，一个尖子生举手回答"是零"，一个调皮的学生说是"英文字母的O"。

最后问及小学一年级的孩子们，孩子们争先恐后地回答："是月亮"、"是乒乓球"、"是烧饼"、"是小弟弟哭时的嘴巴"、"是老师发脾气时的眼睛"……

有教育家认为，很多科学发现都是缘于"想像"。世界最著名的一个"想"出来的发现，就是法国一位科学家想像"电子具有波的性质"，经过一番探索研究，这位科学家终于证实，电子的确具有波的性质。由此，在人类知识的海洋中又多了一门学科——量子力学。

在西方国家，老师在教孩子时，总是想方设法发掘他们的想像力和创造力。而我们的教育则更多地要求学生循规蹈矩，进行理性的冷静思考，甚至每个问题都会有"标准答案"，孩子的奇思妙想常常因为担心被老师或父母斥责而逐渐埋没。一点儿灵活的理解都没有，只能死记硬背"标准答案"。

在这样的环境下，孩子为求万无一失，不敢越雷池一步，完全成了一台学习的机器，哪里还有半点想像力、创造力可言？

 教育智慧：

在西方国家，老师在教孩子时，总是想方设法发掘他们的想像力和创造力。而我们的教育则更多地要求学生循规蹈矩，进行理性的冷静思考，甚至每个问题都会有"标准答案"，孩子的奇思妙想常常因为担心被老师或父母斥责而逐渐埋没。

252. 读书给孩子听

今天，我们的父母不可谓不重视孩子的教育。幼儿阅读的备受重视，使得少儿图书出版呈现多元化，除了制作精美的书籍、绘本，更有"贴心"地为忙碌的父母们录制的有声读物。因此，我们的父母在教育孩子方面有了更多的选择。

曾几何时，CD机中叔叔阿姨抑扬顿挫的朗读取代了父母的声音，成了夜夜陪伴孩子入眠的伙伴。可是，从机器里发出的声音，真的可以取代父母吗？

教育学家曾做过一项调查，问孩子喜欢听CD，还是喜欢听爸爸妈妈读故事？孩子们的回答惊人地一致：喜欢听爸爸妈妈读故事！虽然专业人员的发音比较准确，虽然CD里的声音抑扬顿挫，充满感情，但是，孩子总是觉得爸爸妈妈念得更好听，这是为什么？

专业人员虽然极尽可能地丰富声音的语调，但是，毕竟只能表现出书中人物的情绪或气氛的渲染。读书给孩子听的目的，可以让孩子从故事中学习做人、做事的道理，也可以让孩子通过听故事，培养孩子的理解能力。但另一个重要的作用常常被忽略，那就是情感的交流。

玛丝奇是一位极有爱心的人，她每次在为女儿读书的时候，读到感人的情节，都会忍不住掉下眼泪。而玛丝奇的女儿也总会睁着一双好奇的眼睛静静地看着她。虽然她还不会说出她的疑问，可是母亲知道，她正用她的"心眼"在观察，在体会故事给母亲的感动。

相信这样的效果是任何故事 CD 都无法做到的。父母的爱心是幼儿教育中最重要的。在孩子的语言和想像力提升的过程中，与大人的沟通、交流是不可或缺的。养成读书给孩子听的习惯，孩子会从中受益无穷。

 教育智慧：

读书给孩子听，一个重要的作用常常被忽略，就是情感的交流。

253. 严防"富不过三代"

"富裕病"这一名词是由两个单词"富裕"和"流感"合成，主要是指那些由于父母供给太多，造成孩子过度沉溺物质生活而缺乏目标等后遗症的情况。

葡萄牙有"富裕农民、贵族儿子、穷孙子"的说法；西班牙也有"酒店老板、儿子富人、孙子讨饭一说；德国用三个词"创造、继承、毁灭"来代表三代人的命运；我国则用"富不过三代"来给人以警示。

许多人都认为，物质供给越多，人越容易满足。可是，根据耶鲁大学罗伯·连恩教授在 1970 年关于"幸福的丧失"的研究中发现，当人的需求供给刚好对等的时候，满足感与愉悦感是最高的。而过多的供给，反而让人感觉到比物质缺乏时更为失落。

以罗伯·连恩的发现来看，现在许多物质过剩的白金孩子，反而可能是"满足感被剥夺"的一代。据美国哥伦比亚大学的卡内基基金会曾做过的一项调查显示，在继承15万美元以上财产的子女中，有两成的人放弃了工作，他们大多数一事无成，整天沉溺于吃喝玩乐，直到倾家荡产；有的则一生孤独、出现精神问题或是做出违法犯罪的事。

也许现代的父母为了下一代的"健全"，要思考的已经不再是如何让他们过更好一点的生活，而是怎样让他们的生活"少一点富裕"。

德国汉堡大学心理学教授迈尔思提出，现代父母应该教育孩子具有三大财富能力：正确运用金钱的能力、处理物质欲望的能力、了解匮乏与金钱极限的能力。这些能力最重要的宗旨，就是为自己负责，自己解决问题。

 教育智慧：

当人的需求供给刚好对等的时候，满足感与愉悦感是最高的。而过多的供给，反而让人感觉到比物质缺乏时更为失落。

254. 惩罚完毕，不再重提

假如你警告过孩子，当他犯某一种过错时就要惩罚他，那么在他犯错后，你就一定要实施对他的惩罚。假如你不处罚，以后便难于下达命令，因为你的惩罚已经失去了恫吓作用，你也将失去威信。

每个孩子都会犯错，都有受父母惩罚的时候，如何使孩子在惩罚中进步、提高，不致因惩罚而使孩子心头积聚孤僻和怨恨情绪，进而造成亲子双方对立，这其中大有学问。

首先，要把你的要求对孩子讲清楚。假如你要求孩子做完家庭作业才能看电视，你就要对他讲得清清楚楚，让他记在心上。如果你发现孩子不做功课而先看电视，你就罚他几天之内不准看电视。你先要明确你的要求，他犯了再惩罚，不可不教而罚。

在惩罚之前，先对孩子警告，让他明白他必须改正自己的行为，否则就会受到惩罚。

在惩罚时，一定要向孩子解释一遍惩罚的原因，否则孩子不懂他为什么受罚。惩罚的开始与结果要明确，不要让家中一整天都充满怨愤气息。惩罚完毕，不再重提，一切就当过去。

如果你已经警告过孩子，不要到马路上去骑自行车，可他偏偏要在马路上骑，那么这天或更长的时间，不许他骑自行车。这是一种不错的惩罚。

一个孩子拒绝将到处乱扔的玩具收拾起来，那么就不许孩子玩玩具，也不许他到外面去玩，直到他把玩具收拾好。

如果孩子使劲地吵闹，父母叫他安静下来，他反而吵得更凶。这时可让他到另一个房间去，最好是回到他自己的房间去，直到他安静下来，才允许他出来……

 教育智慧:

惩罚的形式是多种多样的，作为父母要根据孩子的不同年龄、不同性格、情况发生的不同场合采用合适的方法来惩罚孩子，这样才会收到良好的效果。

255. 提高孩子的情商

能否自我调节情绪的一个要素，是要具有为了达到目标而抵制冲动的能力。心理学家瓦尔特·米斯切尔于1960年开始在斯坦福大学一所幼儿园内所做的实验，证明了这种能力对成功的重要性。

在实验中，研究人员告诉小朋友，他们可以立即拿走一粒果汁软糖，但如果他们能够等到研究人员做完一些事情，就可以拿两粒。有些小朋友立刻就拿了，其余的却在那里等了对他们来说漫长的 20 分钟。为了帮助自己抵制冲动，有些孩子闭上眼睛不看眼前的诱惑，有些则把头枕在手臂上，或者自言自语、唱歌、甚至睡觉。这些坚强的孩子得到了两粒果汁软糖。

这项实验更令人感兴趣的部分是后续的调查。那些 4 岁时就能为了要多拿一粒糖而等待 20 分钟的人，到了少年时，照样能够为了达到目标而暂时压抑心中的喜好。他们待人处事比较圆通，比较果断，也比较善于克服人生中的挫折。相反的，那些急急拿一粒糖的孩子到了青少年阶段，大多比较固执、优柔寡断和容易精神紧张。

抵制冲动的能力是可以锻炼出来的。当面对诱惑时，要提醒孩子不要忘记了他的长远目标。这样他就比较容易自制，不会去拿一粒果汁软糖了。

 教育智慧：

当面对诱惑时，要提醒孩子不要忘记了他的长远目标。

256. 让孩子明白自己很重要

自我价值是一个人主观上对自己的评价。一个人自我价值的高低，在很大程度上取决于童年时父母对他的态度，包括父母对他的评价。

父母可能是由于望子成龙心切，往往对孩子的要求相当严格。虽然内心非常关爱，言谈举止间却对孩子比较严厉。而如果是邻居家的孩子来了，我们都会对他很客气、很照顾。即使他在我们家吃饭，把汤打翻了，也会得到我们宽容的谅解。而如果打翻汤的不是别人家的孩子,而是自己的孩子,就忍不住会斥责一番。

因为是自己的孩子,父母无意中会在言行上比较随便,但孩子不理解这一点,他只会觉得父母对他不够好,反而比较关心隔壁邻居家的孩子。这虽然是误解,可这正是孩子真正的想法。

一般来说,大人是有理智的,知道自己对隔壁邻居家的孩子只是比较客气,可是对一个很小的孩子来说,他的感受就是:我不重要!邻居家的孩子比我重要!

我们要相信孩子,懂得倾听他的想法,分辨他当时的心情,不要随便丢给他一些情绪,更不要总是批评他。

接纳是一种爱的表现,孩子在家庭里受到父母的尊重和理解,自然而然地也会尊重父母和他人,这种尊重需要父母不断地去帮他们培养。培养孩子的自尊,必须从父母的身教做起,然后他们才会不断地成长,成长为一个有尊严的人。

 教育智慧:

大人是有理智的,知道自己对隔壁邻居家的孩子只是比较客气,可是对一个很小的孩子来说,他的感受就是:我不重要!邻居家的孩子比我重要!

257. 不给孩子学坏的机会

很多父母在孩子成长的过程中,会遇到这样的问题:孩子从家里偷钱,怎么办?

最好的做法是,在家里不要放太多的钱,要把钱收好,想办法不要让孩子拿到。作为家长,我们最重要的是建立一个让孩子不会想做坏事的环境。当我们不想的事情终于发生的时候,你也不要急于去质问。

举例来说，大家一起吃饭聊天的时候，你可以若无其事地说："我觉得钱包里的钱好像少了，是不是有小偷进来了呢？妈妈真担心。"那么，偷拿钱的孩子就会知道妈妈已经发现了。接着，因为孩子的个性之故，可能会有如下两种不同的反应：其一是偷偷地把钱放回去；另一种是对母亲不严厉的态度感到放心，不肯还钱，甚至继续再偷。对待不同的反应，你的态度也必须不同。

如果还钱了，你就说："妈妈好像弄错了，前几天说钱少了，其实是我算错了，真对不起。"假装自己糊涂，给孩子一次改进的机会。如果孩子又偷钱，你可以说："糟糕，钱又少了。可能有小偷进来，下次钱再少，我要去叫警察了，你们说好不好？"这是不再原谅的信号。如果你想在孩子面前演一出戏，让他印象深刻的话，要记得事先把情况告诉社区警察，然后请他一起到家里假装调查，让他故意在孩子面前说："下次再丢钱，就派很多人来，请马上联络。"

这些动作，对一个母亲而言，应该不是难事。绝对不要对孩子指名怀疑，或是自己当检查官找出"犯人"。只要让孩子知道父母已经发觉钱不见的事实，以及处理方式就够了。因为过于粗暴的做法，可能会给孩子的自尊心造成很大的影响。

 教育智慧：

在家里不要放太多的钱，要把钱收好，想办法不要让孩子拿到。

258. 不喜欢的事情就是负担

一群学生，在七月的酷暑里，仍然要每天中午一放学，就顶着烈日，到球场上打篮球。地面是40多度的高温，一玩就是一身汗，热了到水龙头下用冷水冲冲头，继续打，一直打到下午上课。这一现象不禁让我们深思：这大热的天，一头的汗，给我们多少钱我们都不会去打篮球，而这些娇生惯养的孩子怎么愿意吃这份苦？

曾有一位教育学家说过这样一句话："什么是负担？他不喜欢的事情，你叫他干一分钟，这就是负担；他喜欢干的事情，干到废寝忘食，也不是负担。"

孩子之所以对打篮球这么热衷，因为他喜欢，而他喜欢的原因是打球没有任何附加的条件。如果我们的家长和老师为他打球制订一个较高的目标，希望他成为一名国家队员，希望他比赛获奖，那么他还会这么忘我地打球吗？

其实学习本来就是生命的一个过程，是人们生活的需要，是精神的空气和阳光，它不应该带任何功利性。为了黄金屋、为了颜如玉去学习，学习就会成为一种苦差事，学习的过程就会变成服苦役。如果把学习当成一种手段，一旦达到了目的，那么学习就变得一文不值。

在英国，中小学生学习负担很轻，每天只有6小时学习时间，并且不留家庭作业，他们有很多的自由支配的时间尽情玩耍，干自己想干的事。

英国学生的数学计算能力明显不如中国孩子，但是到了工作岗位以后，他们的学习欲望很强烈。在伦敦的地铁、火车或长途汽车上，几乎所有的乘客都拿着报纸、杂志、书本在阅读。

我们应该思考这样一个问题：是拼命学十几年好，还是一辈子都学习对于一个人的益处大呢？

因此，父母要调动孩子学习的积极性，激发孩子的学习兴趣，不要给孩子的学习制订一些硬性的指标，让孩子在轻松的环境中自动自发地学习。

 教育智慧：

父母要调动孩子学习的积极性，激发孩子的学习兴趣，不要给孩子的学习制订一些硬性的指标，让孩子在轻松的环境中自动自发地学习。

259. 激发孩子的学习兴趣

　　大教育家孔子曾说："知之者不如好之者，好之者不如乐之者。"近代教育家第斯多惠也曾说过："我们的教育艺术不在于传授本领，而在于激励、唤醒、鼓舞。"这里的"乐之者"、"激励、唤醒、鼓舞"，都可以归结为：积极地、主动地掌握某种事物，并力求参与该种活动的心理状态，而这正是心理学关于"兴趣"的定义。著名心理学家皮亚杰明确指出："所有智力方面的工作都依赖于兴趣。"

　　托尔斯泰也说过："成功的教学所需要的不是强制，而是激发学生的兴趣。"近几年许多专家和业内人士的"愉快教育研究"、"情景教育研究"和"成功教育研究"，都一致性地提到了激发学习兴趣的必要性。

　　一般来说，培养激发学生的学习兴趣主要是学校和老师的工作，关于这方面的研究很多也很具体。但是这并不意味着父母就可以无所作为，激发孩子的学习兴趣，是父母义不容辞的责任。

　　美国社会行为学家库柏教授认为，学生家庭作业的真正目的，并非是使学生很快提高成绩，而是促使他们养成积极的学习态度和良好的学习习惯，打破家庭不是学习场所的观念。所以，应该让孩子在家里也成为学习的主人。

 教育智慧：

　　学生家庭作业的真正目的，并非是使学生很快提高成绩，而是促使他们养成积极的学习态度和良好的学习习惯，打破家庭不是学习场所的观念。

260. 你怎么对待父母，孩子就怎么对待你

孩子对待父母的态度，直接受父母对待长辈态度的影响。

从前有一对中年夫妇对年迈的父母很不孝顺，他们把老人撵到一间破旧的小屋里居住，每顿饭用小木碗送一些不好吃的东西给老人。一天，他们看到自己的儿子在雕刻一块木头，就问孩子刻的是什么，孩子说："刻木碗，等你们年纪大的时候好用。"这时，这对中年夫妇猛然醒悟，连忙把父母请回正屋同自己一起居住，扔掉了那只小木碗，拿出家里最好吃的东西给老人吃。小孩因此也转变了对他们的态度，从此一家三代过着和睦生活。

父母是榜样，对孩子的影响甚大。现在中年夫妻冷落自己父母的情况还是存在的。有些中年夫妻不仅不照顾自己的父母，反而千方百计"刮"老人们的财物，这给孩子造成了更坏的影响。因此，我们不仅要管好自己的小家庭，还要时刻不忘照顾年迈的父母亲，工作较忙不能和老人朝夕相处，那么在节假日要尽量抽时间带上孩子去看望老人，帮老人做些家务，同老人共聚同乐，尽一份子女应尽的责任和义务。如此日长时久，孩子耳濡目染，潜移默化，也会逐渐养成尊敬长辈、孝敬父母的好习惯。

 教育智慧:

孩子对待父母的态度，直接受父母对待长辈态度的影响。

261. 学会合作

据专家统计，从 1901 年到 1996 年，获诺贝尔奖者近 500 人，其中 300

人的研究是合作成果，占总数的 2/3 以上。许多教育家强调指出，在 21 世纪，合作的意识与能力是人的重要素质。未来社会竞争将更加激烈，但竞争愈是激烈，合作的意识就愈重要，并且合作的范围也就愈广泛。心理学家告诫我们，一个人如果不能学会合作之道，必然会走向孤立之途，也将失去进一步发展的机会和能力。社会越发展，科技越进步，分工越精细，越离不开许许多多人的精诚合作。

同心同德是成功的关键，而人心涣散相互掣肘则要走很多弯路，甚至失败。我们提倡的积极竞争是：你比我强，我要努力超过你。千万不要你比我强，我就想方设法把你拽下来。"一个人是条龙，众多人变成虫"的陋习不能再延续到孩子们的身上，把宝贵的精力浪费在无端的内耗上，只会耽误大好时光，误人误己。

"学会合作"现在已经被列为现代教育的四大支柱之一，人在社会上，如果缺乏与他人合作的精神和合作的能力，那么，他不仅在事业上不会有所建树，就连适应社会都很困难。因此，家长必须在培养孩子的合作精神上花费更多的心血。首先要告诉孩子，一个人只有学会合作，才能融于集体之中，才能真正有立足之地。要时时培养孩子的荣誉感，使其确立与集体一致的目标。鼓励孩子多参加集体活动，多给孩子提供与同伴自由交往的机会，而且家长还要注意在家庭中创设合作情境，使孩子在与成人的交往中学会合作。

 教育智慧：

我们提倡的积极竞争是：你比我强，我要努力超过你。千万不要你比我强，我就想方设法把你拽下来。

262. 拒绝有术

当我们成人想干某件事时，我们不乐意听到"不"，孩子们同样也不喜欢遭到拒绝。在听到"不"时，孩子们可能会表现出反抗、恼火、指责、消极、不悦和抵触。但是，拒绝有术。轻易、粗暴、简单化地拒绝孩子会导致孩子的心理受伤，产生不安、无所适从的感觉。适当地拒绝孩子是必要的，掌握一些方法策略同样不可缺少。

如果能理智并且有逻辑地讲出拒绝的理由，不同年龄的孩子都更易于接受拒绝。当你准备拒绝孩子的时候，首先要三思，决定之后就把自己拒绝的理由坦率认真地告诉孩子，使孩子最大限度地理解自己的做法。让孩子感到家长不是不愿意满足自己的需求，而是自己的要求过分了，或者家里的确有困难。

有些家长当时拒绝了，可是经不住孩子的纠缠，过一会儿又予以满足。这样出尔反尔，定会养成孩子的坏习惯，以为通过死缠硬磨的手段就可以达到目的。也有些家长不注意相互之间的通气、默契，爸爸拒绝了，妈妈又同意了；父母达成了一致意见，爷爷奶奶却悄悄地予以满足。这样的拒绝是最没有意义的，也是最失败的。

有些孩子性格倔强，思想上一时想不通，就闹情绪，不吃饭，不理人。这样的话，父母须硬起心肠，不要屈服迁就，可以冷处理，或者想想别的办法，转移孩子的注意力、兴趣，随后再找一个适当的机会向孩子做出进一步的解释。

 教育智慧：

适当地拒绝孩子是必要的，掌握一些方法策略同样不可缺少。

263. 十分肯定地说声 "不"

在一个家庭里，父母和孩子发生冲突在所难免。当孩子提出无理的要求或做出危险的举动时，父母必须学会怎样去制止。然而，我们的父母不是过于宽容，就是过于严厉。前者如同放纵，后者则容易造成冲突。

如果对孩子提出的各种要求都做出让步，应该是避免孩子吵闹、纠缠的有效途径。但长此下去，会使孩子养成要了再要、毫不知足的不良习惯。

在拒绝孩子请求的时候，最好十分肯定地说声 "不"，然后给孩子提供你能想出来的、最为简单的解释。这种拒绝方法，让孩子没有理由去觉得哭闹、纠缠或哀求能够达到他们的目的。让孩子在一番无理哭闹之后心想事成，就等于在告诉孩子，他越是把家长的生活搞得一团糟，就越能够达到自己的目的。这种无原则的屈服和让步，主要原因就是想避免孩子闹腾，并且怕伤了家长与孩子间的关系。但因你的让步而赢得的暂时的清静和平，却要付出高昂的代价——它让孩子觉得，自己只要闹腾，就能够达到目的，从而形成不良的习惯和不健康的人格。

 教育智慧：

让孩子在一番无理哭闹之后心想事成，就等于在告诉孩子，他越是把家长的生活搞得一团糟，就越能够达到自己的目的。

264. 义务劳动和有偿劳动

我们可以把劳动分为两种：义务劳动和有偿劳动。义务劳动指的是个人对家庭的责任，它通常指的是一些家务，如喂狗、摆桌子、倒垃圾、洗碗等等。义务劳动不是为了挣钱，而为家庭尽义务。

有偿劳动指的是为了得到报酬而进行的劳动。孩子为了得到报酬而进行的劳动就是有偿劳动。这种劳动赋予了金钱真正的价值。

有两个孩子分别是7岁和9岁，他们想买一种流行的玩具，需要25美元。于是，他们便去找爸爸希望能得到一份工作。爸爸很高兴，便让孩子们把花园里的石子捡出来，装在20加仑的小桶里，然后提到30米远的地方，倒在石堆上，每提一小桶，能得到一美元。他们欣然接受了。

开始时，他们觉得这样挣钱太容易了，这儿的石子很多，他们高高兴兴地装满了一桶，但他们很快犯难了，因为他们提不动。所以他们只好每次提半桶，这样一来，他们就要运50次，而不是25次了。两周后，他们用挣来的钱买了他们梦寐以求的玩具。没有哪种玩具比这个玩具更令他们珍惜——因为他们为此付出了劳动。

通过那次体验，孩子们真正懂得了一美元的价值。一美元到底是什么呢？对孩子们来说，一美元就是把一桶石子提到远处的石堆上的价值。

当然，你不必让你的孩子们都捡石子。在我们家里，有许多额外的工作，比如我们有许多东西需要清洗——宠物、汽车、窗户。为孩子们安排适合他们年龄的劳动，我们要确保孩子懂得一美元的真正价值，不是它能买什么，而要为之付出多少劳动。

 教育智慧：

教孩子要尊重财产，不必等到孩子能通过劳动挣钱的时候，而是在他们的幼儿期就这样做，这一点我们必须牢记。

265. 孩子的好奇心不容扼杀

有个妈妈讲了一个关于她女儿的故事：

记得我的女儿一岁半时，有一次全家去酒店吃饭。酒店地上铺的是一种带花纹的瓷质砖。女儿指着一块地砖问："妈妈，这是什么？"我耐心地解释说："这是一块地砖，用它铺在地上，又好看又容易搞卫生。"女儿似懂非懂地点点头。又指着一块地砖问："这是什么？"我依旧耐心地说："这也是一块地砖。"可是女儿并不罢休，兴趣盎然地指着一块又一块的地砖不停地问"这是什么？这是什么？这是什么……"直到把所有的地砖指了一个遍，才心满意足地说："我知道了，这些都是地砖，都是用来铺在地上的。"这时我才惊异地发现，女儿并不是在简单地重复同一个问题，而是在进行无数单个事物中发现其普遍规律的抽象思维的活动。她发现每一块地砖的花纹虽然不同，但有一个共同的特征：都是铺在地上的。这是一个多么伟大的发现，从具体到抽象，从特殊到一般，人类认识世界，改造世界，就是这样开始的。

千万不要小看孩子一些幼稚可笑的语言和举动，那是他们在用自己的方式去探索和研究这个世界，如果对他们大声喝斥和嘲笑，就会扼杀他们的好奇心，从而使他们失去探索世界的积极性。

孩子的好奇心不容扼杀，那是他们探索世界的锐利武器。当我们满怀爱心和耐心培养孩子好奇心的时候，就是给他们一把探索世界奥妙的金钥匙。

 教育智慧：

孩子的好奇心不容扼杀，那是他们探索世界的锐利武器。

266. 自古英才多磨难，从来纨绔少伟男

很多家长抱怨现在的孩子意志薄弱，吃不得一点苦，自理能力差，遇到挫折或困难时表现软弱，不知所措，依赖性太强，他们感叹在意志力方面是"一代不如一代"。

事实确是如此，据有关部门对 164 名 4~12 岁的少年儿童的抽样调查表明，有 54% 的孩子对"家里来了小偷"的对策是"赶快躲起来"或"叫爸爸妈妈"；62% 的孩子对"长大了没有钱怎么办"的答案是"向爸爸妈妈要"；"书包破了鞋子坏了"则是"找妈妈买新的"……

造成这种情况固然与部分孩子的娇弱性格有关，但更主要的还是家长平时对孩子的教育方法不当。有些家长对孩子从小就过分溺爱，对孩子的要求不分好坏有求必应，百依百顺，惟恐孩子吃一点苦，从而滋长了孩子的依赖心理，对孩子的成长和将来的独立生活带来了十分消极的影响。

我国有句名言说得非常好："自古英才多磨难，从来纨绔少伟男。"在当今优胜劣汰，充满竞争的时代里，家长要树立正确的教养观念，有意识地培养孩子的独立性，使之有勇气和毅力去战胜成长道路上的种种困难。

 教育智慧：

在当今优胜劣汰，充满竞争的时代里，家长要树立正确的教养观念，有意识地培养孩子的独立性。

267. 参与竞争比获胜更重要

竞争虽然可以让孩子不断提高自己、超越自己，但是如果竞争被误用

或滥用，它就可能使孩子的自尊心受到伤害。例如：当成年人介入孩子的活动时，他们往往关注能力、技巧的重要性以及精心设计过的胜利，而不是孩子们亲密无间、共同参与及自发竞争所带来的那种乐趣。还有，如果老师过多地在班上开展竞争性比赛，一些孩子反而会因这些竞赛而受到伤害。因为在一些单纯的分数竞赛中，有些孩子不管多么努力，往往还是得不到最高分，这样会挫伤他们的进取精神。而当父母传达这样一个微妙的或明确的信息——取得最优异的学分、成为最优秀的一员才是最重要的——给孩子时，孩子就会急于想取得进步，对自己提出愈来愈不切合自身实际的要求，其结果往往是达不到目标而失去学习的动力。

事实上，对于很多孩子来说，在班级中、运动场上，参与到竞争性的活动之中比获胜更为重要。在《教育文摘》中，杰拉托马斯的报告里有一份问卷调查显示：在青少年足球队里，72%的孩子觉得与其在一个能取胜的球队中坐冷板凳，还不如在一个可能失败的球队中能上场痛快地拼杀。当你决定与孩子一起处理竞争问题时，请记住这一点。

 教育智慧：

如果老师过多地在班上开展竞争性比赛，一些孩子反而会因这些竞赛而受到伤害。

268. 独立是生存的基本条件

美国人普遍认为，人一生中最重要的有两件事，一个是教育，另一个就是独立。

美国的一些中学为培养学生独立适应社会生存的能力，特别规定学生必须分文不带，独立谋生一周才允许毕业。这对我国的许多家长来说不能接受，因为他们认为孩子年龄还小，担心孩子的安全受到威胁。在培养孩子独立性的过程中，家长面对我国现在交通秩序状况，考虑的是让孩子独自上学是否安全；面对现在社会治安情况，想得更多的是孩子独立外出是否妥当？因此许多应该由孩子独立完成的，独立做到的事都由家长包办代替。但面对孩子独立生存、处理事务能力的不足，家长们又感到不安和着急。

独立是生存的基本条件，有独立性的人不仅善于行动而且善于思考，能根据事情的合理性来安排自己的行动，不能独立就只有沦为附庸了。孩子从小就有独立与依附的心理冲突，作为家长，必须时时注意培养他们的独立性。

如果一个孩子一直有机会自己做事，他的自助技能会更为扩展。我们应该在每个活动中鼓励孩子自助，这样，孩子很快会对支持其独立愿望的环境做出反应。于是更积极地适应环境、适应社会，自助技能也自然而然地得到提高。

 教育智慧：

孩子从小就有独立与依附的心理冲突，作为家长，必须时时注意培养他们的独立性。

269. 只有肯干，断了奶的孩子才不会饿死

1997 年 5 月的《福布斯》杂志的封面上，穿戴讲究、事业有成的父亲正将装满铁锯、扳手、锤子的工具箱交给他的小女儿。孩子尚未成年，还得举起双手接过木头箱子。《福布斯》对全美国大企业总裁们调查后得出的是：有钱人似乎急着抢着向世界宣布，他们更愿意给孩子们工具箱，而不是万贯家产。

比尔·盖茨已经宣布，他将留给子女们每人 1000 万美元，剩下的全

部捐给慈善机构。目前盖茨拥有的股票价值85亿，给子女的还不足零头。几个月前，在回答一个15岁孩子的网络咨询时，盖茨答道："有一件事是肯定的，我不会留给继承人多少钱，那对他们没什么好处。"美国富翁巴菲特也表示不会留给孩子们多少钱。

"把巨额金钱留给孩子们的父母，最终将使孩子的创造力和生命力枯萎。"一个世纪前，钢铁大王安德鲁·卡内基就这样断言。

那时，卡内基是美国数一数二的富翁，名气不亚于当今《福布斯》一年一度评出的全球首富。卡内基把相当于现在35亿的财产捐给了图书馆和其他事业。直到今日，卡内基大学仍是美国东部的著名学院。卡内基62岁时出生的女儿玛格丽特只得到10%的遗产。

卡内基的想法对于后世实在有深刻的警示作用。1992年，三位经济学家对拥有15万以上遗产的继承人纳税记录的调查显示，几乎20%的调查对象停止了工作。"很多有钱人不知不觉地就把孩子们搞垮了。"亿万富翁、投资银行家阿仑说，"如果你是个有钱人的孩子，第一次拿到的薪资就显得意义不大，生活中，你的确缺失了一些东西。"

在古老的社会里，人们会崇尚出身门第，崇尚继承权而非自我创业。而现在这一切都发生了彻底的变化，要想有钱，就得自己去挣，继承大笔遗产只会是负担。

 教育智慧：

把巨额金钱留给孩子们的父母，最终将使孩子的创造力和生命力枯萎。

270. 红花绿草都是美丽的

每一个孩子都是特别的，只是由于种种原因，某些孩子的潜力得不到发挥。教育的目的就在于"发现"每一个孩子身上特殊的"元素",让这些"元素"发生化学反应,让孩子"燃烧"起来,从而为他们找到一条适合他们发展的道路。

每个人都渴望被尊重。"好孩子"是在赞扬和鼓励中长大的,"坏孩子"却是这方面的"穷人"。那些看似没有自尊的孩子,只是拥有了"破罐子"的外壳,一副用来保护自己自尊的外壳,他们恰恰是最渴望被人尊重的!因此,父母和老师需要的只是两个字:唤醒!

印度禅师、哲学家奥修说:"自然一直都是个人主义的,你将会成长,你将会开花,你所开出来的或许是玫瑰花,别人所开出来的或许是金盏花。并不因为你是玫瑰花,你就比较优越,也不因为他是金盏花就比较低劣,重要的在于你们两个人都开花了……必须让开花成为自己的一个庆祝。它并不是一个竞争的问题,它甚至不是一个比较的问题。"

对待每一个孩子,就像对待每一颗种子,我们不要期望他一定要成为什么品质的花。园丁的责任是耐心地扶植、尽力地呵护,而不是"拔苗助长"或者任意地摧残,不能因为孩子不符合你的理想就将其打入另册。红花绿草都是美丽的,只要生机盎然,就足够我们欣慰的了。

 教育智慧:

对待每一个孩子,就像对待每一颗种子,我们不要期望他一定要成为什么品质的花,只要生机盎然,就足够我们欣慰的了。

271. 培养孩子的强者心态

孩子胆小的性格,很多时候都是父母言传身教的结果。歌德曾写过一首诗:你若失去了财产,你只失去了一点;你若失去了荣誉,你丢掉了许多;你若失去了勇敢,你就把一切都失掉了。这首诗指出了勇敢这一宝贵的人格品质对于人一生的重要意义。然而遗憾的是，不少父母重视孩子的智力，重视孩子的营养，却忽视了对孩子勇敢精神的培养。他们总把孩子视为弱者，千方百计地让孩子和所有能使之"担惊受怕"的事隔绝，结果培养出来的孩子胆小懦弱，时常表现出心理学上所称的"畏缩行为"。等孩子长大后，这种恐惧心理所产生的不利影响更为严重，他们处处害怕，怕竞争，怕承担风险，怕被人议论，怕社会的变化……这样的人轻则是碌碌无为的生活弱者，重则会成为严重的心理疾病患者。

怕这怕那的思想，比所要害怕的事物本身往往要可怕得多。有这种惧怕心理的人，事情还没有做，就先把自己吓怕了。今天的孩子将是未来的主人，迎接他们的将是精彩的世界。我们应该看到，复杂多变、充满竞争和快节奏的现代社会要求每一位成员具备较强的应变能力、适应本领和挑战精神，而更重要的是要有强者的心态。因而为父母者应从小培养孩子的强者心态，敢于向一切挫折困难挑战，具有一种无畏的、不屈不挠的精神。这样的孩子，才能真正成为时代的佼佼者。

父母们要知道，惟有培养出孩子的强者心态，他们的潜力才能得到充分的发挥，才能激发个人的主动性和积极性，促使他们更加努力地学习和工作，而且在竞争中对自己的能力做出比较真实的评价。对此，家长要在教育时尽力为孩子营造一种竞争的氛围，激发孩子奋发向上的精神，并确立孩子努力的目标，在家庭中给孩子以适当的地位，激励孩子敢于做自己想做的事情。

 教育智慧:

怕这怕那的思想，比所要害怕的事物本身往往要可怕得多。有这种惧怕心理的人，事情还没有做，就先把自己吓怕了。

272. 幼稚和违抗的区别

小詹妮喜欢把头伸进卫生间的小门下面，看看里面是谁。过去她这么做时，里面碰巧没人，妈妈就没有理会她。但这次，她让一位残疾妇女受了惊。妈妈很后悔过去没有管教她。

那么，怎么划分幼稚和恶意的行为呢？好奇心在什么情况下会越线变成窥探他人隐私的恶意行为呢？不良行为在哪个点演变成犯罪的呢？错误的行为什么时候变成恶意的违抗呢？

一个孩子如果在玩耍时不小心弄伤了他的弟弟，同故意伤害他人是有区别的。不小心损坏财产与有意破坏是两回事。

我家有一棵半高的柚子树，一年结一次果子。从大小和颜色来看，柚子在十一月份就长成了。但是，它们在第二年的二三月份才能熟透。一个周末，一群三四岁的孩子在后院玩耍。一个孩子看到柚子已经变黄，便想帮我摘果子。因为他上周刚刚帮叔叔摘了柚子（那是一年一熟的柚子树），所以他胸有成竹。其他的孩子也跟着他一起摘，一棵树上还没有成熟的柚子很快就都被摘光了。

孩子们对柚子成熟的过程一无所知。他们这么做是由于缺乏知识，而不是心中有恶意的动机。

实际上，他们的想法是高尚的——助人。只是他们的行为是幼稚的。虽然他们做错了，但并不是明知故犯。那天下午，孩子们的父母给他们上了一课，告诉他们不征得父母的同意，不要碰树上的果子，即使它们看起来已经成熟了。

让我们来看一下这两个词，幼稚和违抗。幼稚是指天真、不成熟，它包括那些没有恶意的、并非蓄意的偶然错误，比如，不小心弄洒了水杯，意外撞倒别人，或像上面所讲的"帮"邻居摘果子。幼稚的错误是指孩子如果知道这是错误的，或者有能力阻止它，他就不会犯。而违抗则包含恶意的动机。他明知道这是错误的，但还坚持那么做。

 教育智慧:

幼稚是头脑问题——缺乏知识，而违抗是心灵问题——不愿意守规矩。

273. **有时孩子撒谎只是想保护自己**

如果父母发现孩子撒谎，首先要了解清楚他撒谎的原因，问清楚他为何要隐瞒真相。假如孩子是因为怕你生气而撒谎，你要告诉他，你并不对他的行为本身生气，而是对他撒谎的举动不满，而如果他只是因为怕被惩罚，那么你要让他知道撒谎只会带来更严厉的惩罚。

有时候，孩子在确凿的证据下，仍然坚持说他没撒谎，这时候，你要平静地问他为何这么做，这样做的原因在哪儿。也就是说你强调的重点不在于要他坦白承认。对孩子屡教不改的撒谎习惯，一定要通过惩罚让他知道这种不当行为所带来的危害。在这一点上，父母需要切记的是你的惩罚一定不能太严厉了，那样不但会适得其反，甚至会使你的孩子做出任何可以避免惩罚的傻事来。

无论孩子撒多大的谎，别把孩子的撒谎行为视为背叛，你也别觉得孩子好像在愚弄你。其实孩子并非如此，他只是要保护自己。还有，你要试着诚实地反思一下，身为父母，你是否无法接受坏消息呢？你是否有强烈且令人害怕的情绪反应呢？如果是，那么你就给孩子撒谎提供了条件。

家庭内部的教育对孩子在外面的表现也有深远的影响。清楚地知道在家里说谎是不被接受的行为，你的孩子就会对说谎很敏感，这样，当他在外面跟别人一起相处的时候，也就不会轻易说谎了。

教育一个诚实的孩子是很重要的，这样的孩子在面对自己的错误时，不会感到自卑，反而会勇敢地面对错误。

 教育智慧:

　　无论孩子撒多大的谎，别把孩子的撒谎行为视为背叛，你也别觉得孩子好像在愚弄你。

274. 孩子有错时不要拿父母的权威压制

　　家庭教育重要的是平等，父母与孩子是平等的，孩子有错，父母应该委婉地指出，同样，父母有错，孩子也可以批评指正。这样才能形成良好的亲子关系，实现有效的教育。很多父母在孩子面前做错了事，往往容不得孩子指出，如果孩子不顾父母的权威指出来，父母就会勃然大怒，以"你居然敢批评起我来了"来制止孩子继续批评自己，维护自己的权威。殊不知，这种做法只会削弱自己在孩子心目中的良好形象，给孩子留下蛮不讲理的印象。

　　在孩子眼中，强权的父母是最不招人喜欢的，也是他们最不能认同的。而那些在孩子面前并不用家长的权威来掩饰自己错误的家长，往往更受孩子的拥戴，他们的批评教育也往往更容易被孩子接受。所以，家长在孩子面前犯错时，千万不可用一句"你居然敢批评我"来堵孩子的嘴，而应该坦然接受孩子的正确意见，并在孩子的监督下改正错误，这样才会与孩子建立起良好的亲子关系。

　　孩子有错时不要拿父母的权威压制，应该平等地和孩子交流，让孩子明白自己的错误。当然如果自己也有错时，父母应该先检讨自己的错误，给孩子树立榜样。

　　孩子正处在价值观和世界观形成的时期，如果父母不允许孩子违抗自己，要求孩子无条件服从自己，就有可能使孩子形成懦弱、畏惧权威的性格，而且还有可能形成错误的是非观，影响孩子的一生。所以，父母在教育孩子时一定要注意避免过多地使用权威，从而使孩子身心健康地成长。

 教育智慧:

孩子正处在价值观和世界观形成的时期，如果父母不允许孩子违抗自己，要求孩子无条件服从自己，就有可能使孩子形成懦弱、畏惧权威的性格，而且还有可能形成错误的是非观，影响孩子的一生。

275. 孩子有没有自信心与父母的教育关系密切

所谓自信心就是相信自己的力量，相信自己的能力，相信自己的作用。自信心是孩子学习成功和生活成功的精神支柱。

日本一个教育专家曾做过这样一个试验：将一个学习成绩较差的班级的学生，当作优秀班级的学生来对待，而将一个优秀班级的学生，当作问题班级来教。一段时间下来，发现原来成绩相差很大的两班的学生，在试验结束后的总结测验中，他们的平均成绩相差无几。原因就是差班的学生，受到不明真相的老师对他们所持信心的鼓励（老师以为他所教的是一个优秀班），孩子们学习的积极性大增。而原来优秀班级的学生受到老师怀疑态度的影响，自信心被挫伤，致使其丧失了进取的积极性，影响了学习成绩。

由此可见，自信心就如同能力的催化剂，将人的一切潜能都发掘出来，将各部分的功能调整到最佳状态。而高水平的发挥在不断反复的基础上，巩固成为人的本性的一部分，将人的能力提高到一个新的水准。

在对孩子的教育过程中，培养他们的自信心甚至比智力教育更为重要，许多时候，孩子学习不好，往往不是智力的问题，而是自信心不足的表现。孩子的自信心不是天生就有的，而是在后天的生活实践和学习中培养起来的。教育学家认为，孩子有没有自信心和父母的教育关系密切。

心理学家考文顿曾说，你的成就之大小，永远不会超出你信念的大小。如果某个孩子认为自己的水平只够得上"C"，那么就不可能得到"A"和"B"，他自己也会有意无意地朝着平庸靠拢，无论其智力水平如何。相反，即使孩子没有太高的天赋，但这并不意味着他不能成为天才，只要他敢于为实现梦想储备足够的信心，同样能成就一番事业。

 教育智慧:

孩子学习不好，往往不是智力的问题，而是自信心不足的表现。如果某个孩子认为自己的水平只够得上"C"，那么就不可能得到"A"和"B"，他自己也会有意无意地朝着平庸靠拢，无论其智力水平如何。

276. 真正的慈悲是给予能力

布迪兹是西班牙的一位富翁，1986年被摩洛哥王室授予"哈珊国王勋章"，因为他曾连续10年捐款给他的故乡居民——摩洛哥北部的索里曼人，以解决他们的生计问题。

对这么一项来自家乡的至高无上的荣誉，布迪兹没有接受，其原因一直众说纷纭。有的说，他对王室不满；有的说，他认为自己不配接受那枚勋章。直到前不久，摩洛哥《先知报》的一位记者去采访布迪兹，人们才从布迪兹口中得知真正的原因。

他是这么说的：

有一次，我回索里曼，下榻在地中海金兰湾的一栋别墅里。晚上，我到海滨散步，一不小心，踏进了沙滩上的水洼里，伴随着溅起的水花，一群小海蟹纷纷窜动起来。它们或爬入石缝中，或钻进沙子里，我随手抓了一只，回到住地。当地人告诉我，这种蟹叫寄居蟹，大多生活在岸边的浅水里，但是，如果它们能爬进大海，也会长得如盘子那么大。我非常不解地问，它们为什么不爬进大海里？当地人摇摇头。

后来，我才知道，这种蟹有一种安贫乐土的习性，它们之所以寄居在远离大海的浅水洼里，是因为每次涨潮都能给它们带来点可怜的食物，只要有定期的潮水，它们都会赖着不返回大海。由于浅水洼的食物时断时续，它们的生活总是处于饥一顿饱一顿的状态，因此这种蟹很难长大。但是一遇到枯水期，或一连几个星期潮水涨不到它们的水洼，它们也会不辞劳苦地爬向大海，最终，长成一只盘子大小的蟹。

这种蟹对我的触动很大，于是我决定不再去救济我故乡的索里曼人。就在我做出决定的时候，恰好接到要授予我勋章的王室来函。大家都知道，最后我没有去接受。

布迪兹的话消除了人们对他的误会，但一个引人思索的话题却产生了——救济是不是真的能帮助穷人？

最后的结论是：对穷人施以经常性的物质救济，只能给他们造成永久的贫穷。

同样的道理，不放手让孩子去做，就会形成他们永久的"低能"。

我们都希望自己的孩子能够成长为优秀的人才，可在现实中我们又不允许孩子们去发挥他们的能力，而是怀疑、限制他们。

孩子们有一颗好奇的心，他们总想试着干这干那，努力去发现自己的能力，但我们却总是给他们泼冷水。就这样，我们一次又一次地让孩子明白，他们自己是多么的不行，而我们是多么的能干。

其实，放手让孩子去做事情，刚开始时可能会做得不好，可是，这总要有一个发展的过程，慢慢地孩子就会越来越熟练了。如果这时候适当地给他们鼓励，那么孩子对自己就会越来越有信心。

 **教育智慧：**

依赖心理一旦形成，就会引发惰性。真正的慈悲并不是给予一切，而是给予能力。

277. 晓之以理，动之以情

通常，做父母的都是瞪眼、训斥、开打三部曲，眼、口、手协调统一地完成了一次和孩子的"交流"。这实在是父母的悲哀，孩子的不幸啊！因为父母只顾把自己内心的想法说出来，而从不在意孩子的想法与感受，也不考虑孩子的内心承受能力。这样下去，孩子怎么可能愿意接受父母的想法，按照父母的旨意去做事呢？而对于孩子不听话的真正原因，恐怕没有几个父母能够真正想明白。

其实，孩子不听话的主要原因还在于父母对孩子不够尊重，他们把孩子当成了自己的"私有财产"，想打就打，想骂就骂，言行粗鲁，态度蛮横，这种极大的不尊重，很容易伤害孩子们的自尊心。这样做，也许一时可以让孩子忍受，时间久了，必然导致孩子的逆反心理。

我们说话的目的就是为了沟通和交流。话说得好了，沟通和交流就会很顺利，而且能够化解矛盾，消除误会，父母和孩子就能和睦相处。话说得不好，就无法沟通交流，即便是你抱着真理，孩子照样不会听你的。古语说得好"晓之以理，动之以情"。如果父母说的话毫无道理，孩子不喜欢听；如果父母说的话态度不正确，孩子也不喜欢听；如果父母说的话不分场合，孩子更不喜欢听。所以那些整天感觉自己苦口婆心却又换不来好的父母们要知道，想让孩子听话，父母说话就要讲究技巧。只要说话有技巧了，沟通自然就好了，孩子也就会听话了。

 教育智慧：

那些整天感觉自己苦口婆心却又换不来好的父母们要知道，想让孩子听话，父母说话就要讲究技巧。

278. 放手让孩子自己去做

教育家叶圣陶说："每个孩子都有好奇心，好奇心驱使孩子们干这干那，努力在尝试中发现自己的长处和能力。他们像一只只摇摇晃晃的可爱的小鸭子，跟在妈妈的身后，妈妈做什么，他就去做什么。"

但是，生活中大多数母亲总是显得不够耐心，常常在无意中向他们泼冷水，以至于"冷冻"了孩子的求知欲。

3岁的孩子正在学着自己穿鞋，"来，孩子，你穿得太慢了，妈妈给你穿。"妈妈抱过孩子，三下两下系好鞋带。面对妈妈的熟练技巧，孩子感到自己很笨拙。他灰心了，伸着脚让妈妈给他把另一只鞋穿好。

4岁的孩子看到妈妈给花草浇水，他走过去，小心翼翼地拿起水壶，想要帮助妈妈。"噢，别动。"妈妈喊道，"小心把水洒到身上，弄脏鞋子，你还小呢，让妈妈干吧。"

孩子帮妈妈收拾桌子，妈妈吓坏了，赶紧夺过碗碟，"小宝贝，你会把碟子摔碎的，还会划破手。"为了不使碟子破碎，孩子再一次丧失了学习的机会。

当孩子自己穿衣服的时候，妈妈说："穿错了，穿反了。"当他自己吃饭时，妈妈说："看你把衣服弄得多脏。"然后把勺子拿过来，喂他吃。就这样，妈妈让孩子们看清楚了自己是多么的不行，妈妈是多么的能干。如果他们不高兴，不肯张口吃饭，坚持要自己吃，妈妈还要大发脾气。妈妈认为孩子们弱小，怀疑他们的能力。妈妈并不知道她所做的这些事打击了孩子们学习的积极性。

其实，放手让孩子自己去做，第一次有可能做不好，以后就会做得又快又好。到时再表扬几句，孩子会认为自己又学会了一技之长，以后处理其他事情时会很有信心。如果大人凡事都不让孩子动手，无形之中就抑制了孩子做事的欲望，更严重地打击了孩子的自信，使孩子认为自己是多么渺小，从而降低了孩子对自我能力的评估。

孩子们有天生的主动性，他们很小就认为自己能干一些事情，所以每个父母都应该明白，4岁的孩子是可以给花浇水的，就是把衣服弄湿了、弄脏了又有什么关系？通过给花浇水，孩子不但能够识别各种花，而且看到浇过水的花更加美丽，他会充满自豪感，引起更多的兴趣去探索这个世界。我们应该给他机会。

 教育智慧：

孩子们有天生的主动性，他们很小就认为自己能干一些事情，所以每个父母都应该明白，4岁的孩子是可以给花浇水的，就是把衣服弄湿了、弄脏了又有什么关系？

279. 教育孩子正确的理财方法

对孩子花钱放任不管或苛刻要求，都不是正确的教育方法。大人对孩子们花钱的态度，本身不在于父母给不给孩子钱，或给多少钱，而在于教他们如何正确认识钱，如何养成良好的用钱习惯和方法。

父母要让孩子初步懂得金钱的作用，合理的消费。在认识货币的过程中，使孩子明白钱与购物之间的关系。钱的作用在于通过购物缴费等活动达到其目的，如购买吃穿物品，使人得以生存；用钱缴学费，让孩子能受到一定的教育，而得以发展；花钱娱乐，能让我们在体育、休闲中使身体能够健康；通过捐款助人而得到精神上的满足。

同时，还要让孩子了解家庭经济状况，让他们学会体谅父母，不盲目与他人攀比消费，进而理解父母的辛苦付出。让孩子们知道，当他们遇到困难，父母一定会协助他们克服，这种来自家庭的安全感才是孩子感恩的最根本的来源。

孩子有消费欲望，也会互相攀比，可通过定期给零用钱，让孩子学着计划用钱。必要时，由父母资助一点钱，满足孩子的心愿，绝对比完全压抑孩子欲望来得正面积极。

 教育智慧:

从小学就训练孩子，到初中、高中就不必担心孩子因为想满足欲望，而做出不理智的举动。

280. 成功多取决于非智力因素

留心观察身边的人，我们就会发现许多成功的人，多数并不是智慧超群者，而是善于向别人学习、善于利用他人智力的人。

一个智力水平较高的人，如果他的非智力因素没有得到很好的发展，往往不会有太多的成就。相反，一个智力水平一般的人，如果他的非智力因素得到很好的发展，就可能取得事业上的成功，做出较大的贡献。国际社会心理学界对一批孩子的发展追踪几十年，发现最终决定他们成功的主要是非智力因素，影响大约占了 70% ~ 80%。比如他们大都目标性强，多少年始终如一。

上世纪 70 年代末，中国曾派一个访问团去美国考察初级教育。他们回国后写的报告中说，美国学生无论品德优劣、能力高低，无不踌躇满志。小学二年级的学生，大字不识一斗，加减乘除还在掰手指头，就整天奢谈发明创造。美国小学重音、体、美，而轻数、理、化。课堂几乎处于失控状态，最甚者学生如逛街一般，在教室里摇来晃去。结论是：美国的初级教育已经病入膏肓，再用 20 年的时间，中国的科技和文化必将赶上和超过这个所谓的超级大国。

同一年，作为互访，美国也派了一个考察团来中国，也写了一份报告：中国的小学生上课时喜欢把手放在背后，除非老师发问时举右手，否则不轻易改变。早晨7点钟之前，在中国的大街上见到最多的是学生。中国把考试分数最高的学生称为优秀的学生，一般会得到一张证书，其他人则没有。报告的结论是：中国的学生是世界上最勤奋的，他们的学习成绩和世界上任何一个国家的同年级学生相比，都是最好的。可以预测，再用20年的时间，中国在科技和文化方面，必将把美国远远地甩在后面。

25年过去了，美国"病入膏肓"的教育制度共培养了几十位诺贝尔奖获得者和比尔·盖茨那样100多位知识型亿万富豪，而中国还没有哪一所学校培养出一名这样的人才。

 教育智慧：

国际社会心理学界对一批孩子的发展追踪几十年，发现最终决定他们成功的主要是非智力因素，影响大约占了70%～80%。比如他们大都目标性强，多少年始终如一。

281. 父母的爱是相同的

在日常生活中，家长们喜欢问孩子"是爸爸好，还是妈妈好"、"你爱爸爸，还是爱妈妈"。家长说这些话多是开玩笑，但这种玩笑话是不能随便乱说的。

除了父母亲，孩子的姨妈、姑妈之类的亲戚也爱开这种玩笑。

"我好还是你妈妈好？"她们常用这话逗孩子。

孩子不懂，如实回答了，招来一顿奚落："我都给你买好吃的了，还说你妈妈好？"

孩子想想也是，她给我买好吃的了，这是事实；妈妈好，这也是事实。怎么回答，还是不会。

不久，孩子就会答了，谁问就说谁好。

渐渐地，孩子还学会说奉承话了，见人说人话，见鬼说鬼话，就是没有一句是真话。

孩子良好品格的塑造需要父母平时的潜移默化。每一位父母实际上都是一名雕刻家，每说一句话，每做一件事，就像雕刻家手中的雕刻刀，会在孩子的身上留下印记。父母注意自己的言谈举止，时时处处给孩子正面的引导，孩子就会被雕刻成艺术品；相反，如果父母不注意用正面的举止影响孩子，孩子就有可能成为瑕疵品。所以，父母要注意自己的言行，向正确的方向引导孩子。

如果孩子认为父母不是一样的爱自己，父母要及时加以纠正。告诉孩子，父母只是表达爱的方式不同，但是爱孩子的心却是一模一样的。让孩子弄清这一点，对于营造和谐的家庭氛围很有帮助。

 **教育智慧:**

如果孩子认为父母不是一样的爱自己，父母要及时加以纠正。告诉孩子，父母只是表达爱的方式不同，但是爱孩子的心却是一模一样的。

282. 让孩子身有感触

卡尔·威特3岁时，有一次家里来了好多人，这时他养的一条狗也跑了进来，威特一把拽住狗的尾巴，把它拉到自己身边。他父亲就伸手揪住他的头发，脸色难看之极，威特吃惊地松开拽着狗尾巴的手，父亲也把手放开了。然后父亲问他："你喜欢被人拽着头发吗？"威特红着脸说不喜欢。"如果是这样，那么对狗也不应当那样。"父亲说。

威特的父亲实施的这种教育，是为了让他站在他人的立场上来考虑问题，是为了使他成为一个心地善良、富于感情的人。人的爱心不仅对同胞怀有爱心，就是对花鸟虫兽之类，也应同样富于怜悯之情。

教育智慧:

让孩子站在他人的立场上来考虑问题，是为了使他成为一个心地善良、富于感情的人。

283. 绝对不撒谎的孩子是没有的

儿童最常见的一种说谎方式就是"否认"。否认做错的事，目的是为了逃避惩罚。例如自己失手打碎了花瓶，却不敢承认，而撒谎说是猫碰掉的，为的是逃避大人的责骂。事实上，如果这个年龄的孩子不急于否认，而是静静地等着受罚，那才让父母真的担心呢！其实，懂得否认，显示孩子的智力发展正常，已经开始了解因果关系。所以，这样的谎言不要把它想成是不诚实的。

孩子的另一种谎言，可称为"讲故事型"的，其目的是为了吸引别人的注意。孩子会自己去"创造"事实。例如，孩子可能会说他吃了100个雪糕。这种情况有时是因为孩子失去了对事实的认识能力，他分不清什么是事实，什么是想像，他也不会认为自己说的是谎话。孩子到了四五岁以后就开始会说"白色谎言"，为了满足自己的需要，达到某种目的而编造谎言。例如，为了逃避上学编造生病的谎言，为了得到"电动车"将成绩由60分改为80分。父母应该关心的，不是谎言的本身，而是谎言背后的真正含义。

大部分孩子的谎言其实并不像我们所担心的那样糟糕，它们并没有出现实质上的问题，对于父母来说最重要的是应了解谎言下隐含的关于孩子成长的秘密。当然，如果孩子的谎言说得太多，或者他确实有错误想法时，父母就该特别留意。面对说谎的孩子，责备与殴打绝不是最好的处理方式。

撒谎似乎是孩子的天性，绝对不撒谎的孩子是没有的。小时候，孩子因为是非不分而说谎，大多数是说出他所希望的想法。当孩子渐渐长大，他们学会用说谎来逃避麻烦。但如果让他们知道不管在家或在外，说谎会让人陷入更糟糕的麻烦中，从而使他们改正撒谎的坏毛病，这是父母应该采用的一个好办法。

 教育智慧：

大部分孩子的谎言其实并不像我们所担心的那样糟糕，它们并没有出现实质上的问题，对于父母来说最重要的是应了解谎言下隐含的关于孩子成长的秘密。

284. 孩子们喜欢权威型父母

不要先入为主地认为十几岁的孩子一定就叛逆，不好管教。预想孩子会产生逆反心理或情绪的父母，实际上是在挑起这种情绪。父母不要一看到孩子有独立意识的迹象便极力压制，担心稍有让步，就会导致孩子走上歧途。父母反应越激烈，越过分，孩子们就越会坚持己见，结果家长反倒认为孩子简直不可理喻。

一般父母可分为三种类型：放纵型、专制型和权威型。

一个孩子要参加周末聚会，放纵型的父母会说："好吧，但不要待得太晚。"放纵型父母要么对孩子漠不关心，要么给他们充分的自由取悦他们。

而专制型父母的反应则是："不行。你还太小，不能参加这种活动。"他们把孩子看得死死的，事无巨细，全由他们说了算。

权威型的父母在考虑孩子的意见后决定："你知道我们周末的作息安

排，我们是 10 点熄灯，你如果 10 点前回家，就可以去。"

孩子们喜欢权威型父母。这些父母给孩子的影响比其他两类父母都大，因为他们不对孩子的每个行动指指戳戳。

 教育智慧:

预想孩子会产生逆反心理或情绪的父母，实际上是在挑起这种情绪。

285. 将独立性变为一种习惯

孩子能够做的事，父母不要包办代替，要放手让孩子去做。美国前总统艾森豪威尔近 5 岁时，随母亲来到一个亲戚家做客。首次见到这么多陌生的人，艾森豪威尔有些羞怯，不愿意进屋，在屋外四处游逛。不想在屋后却遇到了一对肮脏不堪的大公鹅。大公鹅见到艾森豪威尔，便伸直脖子，发出怪叫声向他冲来。惊恐万分的艾森豪威尔拼命地跑，冲进房内向大人们哭诉刚才惊恐的一幕。妈妈找来一把用旧的扫帚，剪去枝条，只留下短粗结实的把子交给艾森豪威尔，并教他如何使用这件武器。妈妈当着大家的面说："这次我们的小艾克（艾森豪威尔的昵称）有了武器，一定会胜利的。"艾森豪威尔受到激励，扛着扫帚，勇敢地走出大门。当大公鹅再次凶猛地冲过来时，不足 5 岁的小艾克鼓足勇气，挥舞起扫帚冲向公鹅。夺路而逃的大公鹅的屁股上被结结实实地挨了一下，从此再不敢欺负他了。

后来，艾森豪威尔回忆这件事时说："从那以后，我信心倍增，简直成了这个院子的万物之主。由此我懂得了一个道理——战能胜敌，强则自立。"

儿时成功的体验对一个人一生的影响是很大的，我们也要通过日常生活中的一些小事培养孩子的独立性。

比如让孩子独立处理自己所遇到的一个"麻烦"事。它不仅关系到孩子的独立性的培养，也关系到孩子自信心的建立。父母应当明白，照料孩子的目的，不仅仅是为了使孩子生活得舒适、幸福，更重要的是在照料的过程中教孩子逐步学会自己做事，将独立性变为一种习惯。

独立性是时代对儿童素质的要求。美国的教育专家罗伯特博士曾经提出现代幼儿教育的十大目标，其中第一条便是独立性。独立性的培养是时代的要求，一个缺乏独立性的儿童是无法适应现代社会需要的。从孩子成长的全过程来看，没有人能代替他长大，最终要靠他自我持续发展的内在动力机制去生活、去寻找幸福。

 教育智慧：

照料孩子的目的，不仅仅是为了使孩子生活得舒适、幸福，更重要的是在照料的过程中教孩子逐步学会自己做事，将独立性变为一种习惯。

286. 多给孩子一些劳动的机会

据有关方面对各国小学生每日劳动时间的统计，美国为 1.2 小时，韩国为 0.7 小时，法国为 0.6 小时，英国为 0.5 小时，中国才 0.2 小时，这决定了我国少年儿童的素质将低于其他国家。

从大量的调查中发现，少年儿童素质上存在的缺陷主要反映在他们虽然有远大的抱负，但缺乏脚踏实地的奋斗精神；他们进取好胜，但缺乏同困难作斗争的意志和毅力；他们享受着比上一代更多的照顾、关怀，却不乐意为创造新生活付出艰辛的劳动；他们在智力水平上有明显的发展，但动手能力、实践能力仍比较欠缺；他们成人感确立较早，但在生活上过于依赖，不能自理；他们乐于接触社会，但对社会实际的适应力较差。

一位伟人曾经说过："教育者的任务不在于交给下一代一个完整的世

界，而在于引导并帮助他们用智慧和力量去创造新的世界。"

为了孩子的明天，不管你的孩子多大了，都要尽快让孩子去做事，去参加劳动，家长要多给孩子一些劳动的机会，你将会发现孩子身上存在的某些性格弱点，可以在劳动中得到弥补。

 教育智慧：

让孩子做一些力所能及的家务事，对孩子是有百利而无一害的。

287. 让孩子学会控制情绪

有一个男孩有着很坏的脾气，于是他的父亲就给了他一袋钉子，并且告诉他，每当他发脾气的时候就钉一根钉子在后院的围篱上。第一天，这个男孩钉下了 37 根钉子，慢慢地每天钉下的数量在减少。他发现控制自己的脾气要比钉下那些钉子来得容易些。终于有一天这个男孩再也不会因失去耐性而乱发脾气了，他告诉了父亲这件事。父亲要求他，从现在开始每当他能控制自己的脾气的时候，就拔出一根钉子。一天天地过去了，最后男孩告诉他的父亲，他终于把所有的钉子都拔出来了。父亲握着他的手来到后院说："你做得很好，我的孩子，但是许多时候，乱发脾气，将像这些钉子一样留下疤痕。如果你捅了别人一刀，不管你说了多少次对不起，那个伤口将永远存在。话语的伤痛就像真实的伤痛一样令人无法承受。"

青少年的愤怒和冲动往往会造成难以挽回的后果，有时这种后果甚至要以人的一生为代价。当你的孩子在日常生活和学习中遇到不良刺激而出现情绪反应时，可以让他努力对情绪进行控制，以免给别人和自己带来伤害。

教育智慧:

青少年的愤怒和冲动往往会造成难以挽回的后果，有时这种后果甚至要以人的一生为代价。

288. 不能用害羞来作为不讲礼貌的借口

"她很害羞"妈妈经常会这样替孩子道歉。虽然害羞本身并无对错之分，但它也有道德的层面。我们不能用害羞来作为不讲礼貌的借口，因为性格上的优缺点不会影响孩子做出讲道德、有礼貌的回答。如果有人对你的孩子说："你好!"那你的孩子至少要做出正确的回答："你好!"如果有人夸奖你女儿的衣服漂亮，要教会孩子最基本的礼貌地回答："谢谢!"

教育孩子要有礼貌——特别是那些年龄小，还不能把握自己的道德原则的孩子。在你们要去参加聚会前，一定要告诉孩子，如果有人夸奖他们的头发、衣服或新鞋子，要做出合适的回答。如果有必要的话，给他们讲清不做出合适的回答会怎样。

但你可能也遇到过下列情形，虽然你是合格的父母，完全懂得怎样讲道德、懂礼貌，但当你的孩子受到夸奖时，他却什么也不说，这时你该怎样做? 首先，不要为孩子找借口，诸如："噢，他一定累了，他昨晚睡得很晚。""他可能不太舒服"或"他像他爸爸一样害羞。"我们可以这样去做，对夸奖的人轻轻微笑，并且说："对不起，我们还在练习做这件事。"

教育智慧:

教育孩子要有礼貌——特别是那些年龄小，还不能把握自己的道德原则的孩子。

289. 和自己以前比，不和别人比

当孩子犯错时，做父母的总爱拿别人家孩子的优点和自己的孩子比较说事，他们以为这样能够激励孩子上进，殊不知心理素质好的孩子也许赌气不理会，可心理素质差点儿的孩子，就会有排斥情绪，即使口中不说，可心里十分痛恨。

一个女孩因为忍受不了母亲一直拿她跟邻居的孩子相比较而心理失衡，以为是邻居家的孩子比出了她的缺点，由此产生忌妒和憎恨的心理，便找来同学将邻居家的孩子打伤，她的理由是她让我变成了父母眼里的坏孩子。

一个幼小的孩子，有多少梦想还未实现，人生的道路才刚刚开始，但却因为仇恨而动了邪念，我们做父母的，是否应该为此承担大部分的责任和过错呢？

每一个孩子在世界上都是独一无二的，是不可替代的，而且每个人在性格、能力、天赋等方面也是不相同的。自己的孩子也许在某一方面不如别人家的孩子，但是在其他方面却可能比别人家的孩子强。

父母眼中的好与坏都是比较主观的和片面的。孩子的能力是多方面的，不能因为一个方面能力低就认定孩子不如人，这样只会使他们感到泄气，甚至产生更大的不良影响。

如果父母真的希望自己的孩子上进的话，不要拿他们和别的孩子比较，而是要他们和以前比。父母要看到孩子与以前相比时的进步，并给予表扬和鼓励，从而让孩子体验到进步带来的成就感，体会到成长的快乐。

 教育智慧:

如果父母真的希望自己的孩子上进的话，不要拿他们和别的孩子比较，而是要他们和以前比。

290. 不可说一些带有刺儿的话

郭沫若曾记述过小时候，他向伯母提问而受到冷遇的故事：

"我想问问门前为什么会有一口水井？"

"不知道，你问我，我问谁？"

那不耐烦、忽视孩子自尊心的腔调，犹如当头泼了一盆冷水，使郭先生一生记忆犹新，也成为他为人父、为人师后教育孩子的一大教训。

日常生活中总会出现类似的情况，当孩子有什么麻烦或是困难的时候，总是会在第一时间寻求父母的帮助。可是父母们往往不但没有及时地给予帮助，可能还会说些伤害孩子的话语。

有的孩子本来对父母依赖性就很大，读书做功课都要父母催，做事要父母喊，找不到东西会叫父母帮助寻找。可是父母有时候感到不耐烦，就会随便敷衍或是讽刺回绝孩子的请求，这样会让孩子感到父母不再关心自己了。孩子与父母的感情会被这样的话语伤害，会在亲子之间拉开一定的距离。

当孩子因为某事对家长进行询问或求助的时候，表明孩子对父母的信任。父母切不可说一些带刺儿的话。这种讽刺话，即使是无心，也要不说为好，因为它会伤害孩子的自尊，同时也是父母极不负责的一种表现。它会让父母在孩子心目中的地位大大降低。

 教育智慧：

当孩子有什么麻烦或是困难的时候，总是会在第一时间寻求父母的帮助。可是父母们往往不但没有及时地给予帮助，可能还会说些伤害孩子的话语。

291. 给予孩子选择的机会

美国家庭教育给人印象最深的一点是：从小就尊重孩子，给孩子自主权，让孩子学会在社会允许的条件下自己做决定，独立地解决自己所遇到的各种问题。孩子从婴儿时期就跟妈妈分床睡觉，两三岁的幼儿就住自己的房间了。父母只管孩子的安全，其他生活上的事，如游玩、学习都由孩子自己做主、自我选择。父母决不替孩子做什么事，最多从旁提醒、参谋。很少见到过父母训斥和打骂孩子的现象，更多的则是家长对孩子说"谢谢"、"对不起"、"请原谅"、"这样好吗"等等，用商量的口吻对话。

美国孩子在家里的确是小主人，不但参与家庭的各种活动，还参与家庭大事的决策，比如购买什么样的汽车、家电、电脑，怎样布置房间，怎样利用和美化庭院等，父母都倾听孩子的意见。许多孩子都跟父母一起干些力所能及的家务活儿，如收拾院子、种植花草树木、擦洗汽车和自行车、做室内外卫生、购买东西等。有一个 10 岁的孩子，每周几次去洗衣店送取衣物，这是他固定的"岗位"。还有一个女孩子房间总是凌乱，妈妈就跟孩子订了"协议"：每到周末各自彻底打扫自己的房间，晚饭前完成；平时每天临睡前要把各种物品整理好，养成随拿随放、保持环境整洁的好习惯。孩子按"协议"做到了，妈妈也就不再唠叨不休。

父母常常训诫孩子，大多原因都是孩子不明白自己的日常行为的责任范围。这一点不在孩子，而在于父母本身。比如，做父母的常常会为吃穿住行方面的一些小细节训诫孩子，但是父母们事先并没有告诉孩子，这些行为的界限在哪里。举一个吃饭方面的例子，父母们常常为孩子喝不完一杯牛奶，吃不完一个鸡蛋而生孩子的气，并且通常会告诉他粮食来之不易，应该节约的大道理。然而这样的父母是否在给孩子提供早餐之前，给孩子划定了明确的行动范围呢？"你是要半杯牛奶，还是一杯牛奶？""你是要半只鸡蛋，还是一只鸡蛋？"

如果父母给予了孩子选择的机会，也就给孩子划定了明确的行动界限，同时也给了孩子以责任，这样，孩子就会意识到自己是对自己的生活形态做决定的人，因此对于早餐究竟喝多少牛奶，能吃多少鸡蛋，也就有了起码的责任心，时间长了，他就不至于总是浪费。当然，由于是孩子自己做的选择，即使这样的选择错了，做父母的也好纠正。

 教育智慧:

如果你想让孩子做某件事，或者是停止做某件事，我们建议你这样说："这件事你自己来做决定。"这么说可以让孩子了解：他要为自己的行为负责任。

292. 谨慎陪读

做作业由父母陪着，孩子写多长时间父母就陪多长时间，绝对一陪到底。有的父母甚至还积极参与，遇到孩子解答有困难的问题，他们就会挺身而出，帮孩子解答、代写。专家们认为，小学低年级学生写作业时，父母陪读是必要的，但目标应该是养成良好的学习习惯。孩子升入三年级以后，依然陪读就变成一种吃力不讨好的事情，对孩子有百害而无一利。

陪读会给孩子造成一种强迫感、压抑感，助长孩子的依赖性，易导致恶性循环。父母在孩子写作业时给以必要的辅导、点拨和启发，不但应该，而且必须，但不应该是那种包罗万象的"陪写"、"陪读"。书是孩子读的，作业也应该让孩子自己做，父母不要越俎代庖。

 教育智慧:

书是孩子读的，作业也应该让孩子自己做，父母不要越俎代庖。

293. 培养孩子阅读兴趣

据心理学家的研究，对大脑频繁、紧张、持久的刺激，有利于孩子的智力发展，而阅读正好能够提供这样的刺激。所以，孩子经常阅读，能使他们更加聪明。

通过阅读，可以把孩子引入一个神奇、美妙的图书世界，让他们的生活更加丰富多彩、乐趣无穷。阅读还可以使孩子从书中获得人生的经验。因为人不可能事事都去亲身经历后而总结出经验，书中的间接经验，将有效地避免人生中的错误。通过阅读，可以读到古今中外作者的名言警句，学习天文地理各种知识，可以扩大孩子的眼界，丰富孩子的知识。

你可以通过与孩子一起享受阅读的喜悦，培养孩子阅读兴趣，要使阅读成为孩子生活中不可缺少的内容，使阅读成为一种享受而不是负担，这需要身教。如若家长视阅读为生活乐趣的一部分，孩子自然会乐于读书。

古人说"开卷有益"。让孩子养成良好的读书习惯，有助于开阔孩子的视野，陶冶孩子的情操。

 教育智慧:

让孩子养成良好的读书习惯，有助于开阔孩子的视野，陶冶孩子的情操。

294. 正人要先正己

一位店主为了自己的利益，常常以次充好，过期卖剩的东西，他就偷梁换柱、更换标签，然后继续出售。在做这样事情的时候，他儿子默默地看在眼里，有时甚至被叫过来帮忙，后来儿子也学会了编造理由向父亲要钱。有一次，竟撒了一个弥天大谎索要了一大笔钱，后被父亲识破。早就为孩子爱说谎而苦恼不已的父亲大怒，气愤地要揍儿子。谁知儿子指着那些商品辩驳道："我不过跟你学罢了。"父亲无言以对。正所谓正人要先正己，如果父母不检点自己的言行，不能以身作则，又怎么有资格要求孩子呢？

其实早在我国古代，父母就已经意识到了这一点。孔子的门生曾参，在教育孩子的问题上十分注意培养诚信。有一次，他的妻子出门赶集，小儿子哭闹着要去，妻子哄他说："我从集市上回来，就杀猪给你吃。"小儿子听说有肉吃，遂不再坚持随母亲赶集。曾妻回家后，见曾参正要杀猪，妻子连忙劝阻说："不过说句玩笑话哄孩子罢了，何必当真？"曾参正色道："孩子幼小的心灵非常纯洁，做父母的如果说话不算数，孩子便学会欺骗。将来不讲信用，怎么在世上立足？"为了讲信用，曾参把猪杀了。

现在街头的"专业乞讨"者，从孩子到妇女，共同的方式都是利用人的同情心骗取人们的信任。这些父母对于孩子，不仅是过错，简直就是犯罪。

 教育智慧：

利用人的同情心骗取人们的信任的父母，对于孩子来说，不仅是过错，简直就是犯罪。

295. 游戏和探索是孩子的天性

天性与生俱来，孩子纯真的天性需要成人适时地加以引发。荷兰物理学家海克小时候很喜欢动手做实验，为此他的父亲专门为他腾出了一层阁楼做实验室。一次因不小心引起了大火，小海克吓得逃出家门不敢见父母。父亲找到了他，慈爱地告诉他："为了研究科学，你就是把家里的房子全拆了，把田全毁了，我们也不会埋怨你。"父亲的支持和理解，成为小海克奋斗的巨大动力。有这么善解童心的父亲，海克怎能不成为科学家呢？

但是很多父母不是顺乎孩子的天性，而是一味压抑，结果会给孩子造成发展的障碍，还会使孩子和家长之间难以沟通。游戏和探索疑问本是孩子的天性，是他生活的重要组成部分，如果扼杀了他的这种天性，硬逼着孩子按照自己的想法去行事，往往会产生适得其反的效果。许多成人只知道给孩子灌输知识，不懂得陶冶孩子的性情，认为剥夺孩子现在的欢乐是为了他将来的幸福，其实恰恰是相反的。

做父母的在孩子的教育过程中应顺其自然、因势利导，让孩子自由翱翔、充分发展。孩子拥有最纯真的天性，千万不要用自己的人生价值观去左右孩子的发展，结果会使孩子稚嫩的童心受到严重的伤害。

 教育智慧：

游戏和探索疑问本是孩子的天性，是他生活的重要组成部分，如果扼杀了他的这种天性，硬逼着孩子按照自己的想法去行事，往往会产生适得其反的效果。

296. 对孩子也要讲究礼貌

英国著名教育家斯宾塞说过："野蛮产生野蛮，仁爱产生仁爱，这就是真理。"对待孩子没有礼貌，孩子也就变得不会对别人有礼貌。也就是说，家长以应有的尊重对待孩子，孩子才会懂得尊重家长。

父母们应该尊重孩子。尊重孩子，首先要学会与孩子沟通。父母认真聆听孩子讲话既可以教会孩子与他人分享情感的方法，也会帮助自己了解孩子的心思，进而将一些好的思想灌输给孩子打下基础。

在与孩子日常交往中，父母实际上是在向孩子示范说话的礼貌。可是，往往很多父母忽视了这一点，他们以为自己是家长，对晚辈就不必讲究礼貌。比如，让孩子给自己倒杯茶，便以命令的口气。待孩子倒来茶，家长就一声不响地接过来，独自喝茶读报。于是，孩子从父亲身上学会了这种冷漠无声的态度，在不知不觉中，他们就以同样的态度对待别人。反之如果父母要孩子拿报纸，礼貌地说一句："请帮我拿来今天的报纸。"当孩子做完这件事后，说一声"谢谢！"这就在语言行为上给孩子做了一个良好的示范。事实上，以礼貌对待孩子，不会失去父母的尊严，反而增加了孩子对父母的敬重。

 教育智慧:

事实上，以礼貌对待孩子，不会失去父母的尊严，反而增加了孩子对父母的敬重。

297. **不能溺爱，更不能错爱**

生活好了，要谨防"富贵病"，这是大夫提出的忠告，社会学家也同样敲响了警钟。在日本经济起飞时期，由于生活好了，新一代从小娇惯不能吃苦，变得无力气；生活养尊处优，导致精神空虚，悲观厌世，对前途不关心；由此引起对社会无责任感，因而被称为"三无族"——无力气、无关心、无责任心的青年一代。这种"病"会不会传染给我们？其实，这种"三无族"的病状在我们一些青少年中已出现，令我们的家长深为苦恼。球王贝利在巴西足球队第三次捧回世界杯时，恰逢喜得贵子，人们祝福他："这孩子今后会成为你这样的明星。"贝利却摇头："他绝不会有他父亲这样的成就。""为什么？"贝利这样解释："他的家现在很富有，不像我过去那样贫穷，因而他将缺乏竞争能力。"应该说贝利教子方面的"忧患"意识是很值得我们借鉴的。

巴尔扎克讲得好："民族的未来掌握在母亲的手里。"孩子身上的毛病，几乎都是我们家长苦心积虑"爱"的结果，同时，又是由于传统社会积淀下来、由成人社会制造出来的东西。审视我们的爱是不是过了头，首先要看我们爱的动机和形式对不对，否则，去指责孩子就欠公正了。当父母的，当爷爷奶奶的，不但要为孩子的生理健康负责，同样要为孩子的心理健康负责；不但要想到孩子的今天。更要想到孩子的明天，在优越的生活环境里，要有意识地去磨炼孩子，让他懂得吃苦，懂得尊重他人，懂得孝敬父母，学会宽容、忍耐、理解，同时要树立竞争意识、拼搏意识、自强意识、风险意识。爱，也要讲科学，讲理智，讲效益，不能溺爱，更不能错爱。

 教育智慧:

爱，也要讲科学，讲理智，讲效益，不能溺爱，更不能错爱。

298. 即便是皇帝也要自立

看过电影《末代皇帝》的人，不会忘记那个下野的皇帝溥仪，在离开奴仆的侍候时，生活变得一团糟。在战犯管理所，竟不知道怎样把牙膏挤到牙刷上，开门都不知道用哪只手。一个四肢健全头脑也不笨的男子竟变成了这个样子，真让人不可思议。

有些人可能会说，那是封建社会造成的，封建社会的皇帝都是这个样子，他们从小就被人侍候着，离开了别人，生活便不能自理，现在的社会不会再有这样的"白痴"了。

可是不知从哪一天开始，我们家中的宝贝，也被人们称为"小皇帝"。父母们整天围绕着这个"小皇帝"转，鞍前马后尽心尽力地侍候着。在父母甘做"孺子牛"时，有没有想过，你的"小皇帝"总是要离开家的，总有一天是要走向社会的。到了社会谁认你是皇帝呀？到那时你的孩子将如何生活，如何面对竞争，如何"与狼共舞"？

在现代社会，人们不需要"皇帝"，即便是皇帝也要自立。孩子在家里是"小皇帝"，到社会上都要成为"平民百姓"。平民百姓都要生活自理。孩子在小时候，父母心甘情愿地侍候这些"小皇帝"，那时父母年轻力壮，有精力侍候他们。但孩子从小习惯了"小皇帝"的生活，没有学会生活自理，没有独立生活的能力，到他们长大了，父母变老了的时候，问题就严重了。

 教育智慧：

如果真的爱你的孩子，就要培养孩子的独立生存能力，为孩子将来独自闯荡社会打下基础。

299. **参与正当的竞争**

据一项调查显示，现在的孩子在竞争道德认识方面常存在许多问题：认为竞争不需要讲道德。讲到取胜，就认为要抑制他人，致使他人失败；讲到友谊，就认为不要竞争。要么好，就好到极点，不知在总体好中也可以有些不好的东西；要么不好，就坏得一无是处，不知在总体坏中也可能有些积极的因素。他们只看到竞争的表面现象，难以理解竞争对手之间的微笑握手，难以理解耍手腕与讲究技巧之间的区别，往往只注意竞争中的某一个或者某一部分信息，并以此进行判断，认为胜者能力强，胜者了不起，常常会以一时的成败论英雄。

在指导孩子参与竞争时，父母要引导孩子自己与自己比较，让他们时刻记住"挑战自我"是很重要的。虽然他可能是在与别人竞争，但注意力仍要放在自我提高和个人成长上。一味追求击败别人、打倒对手的人，易造成不良的人际关系，是一种狭隘的意识。同时，一山更比一山高，总追求胜过别人，当失败来临时，就不能承受，久而久之，影响心理健康。

《写给年轻妈妈》一书中指出：只有具有良好的心理状态，既懂得竞争又懂得超脱的人，才会成功。孩子们应该从小就得到这种训练。克服嫉妒，参与正当的竞争，是我们对孩子的期望，也是未来对孩子们的要求。

 教育智慧：

只有具有良好的心理状态，既懂得竞争又懂得超脱的人，才会成功。

300. 做家务的孩子更有爱心

加拿大多伦多和澳大利亚悉尼的研究人员，通过对做家务和不做家务的孩子进行研究，得到了非常有趣的结论：

做家务的孩子，比不做的孩子对兄弟姐妹和其他家庭成员更有同情心。更有趣的是，不是所有的家务所起的作用都是一样的。为家庭干一些杂事的孩子，如收拾桌子、喂猫、拾柴，往往比那些只为自己做事的孩子更关心别人的利益，因为那些只为自己做事的人往往就是给自己铺铺床，洗洗衣服。

当孩子们做一些关心、照顾别人的事时，他们对别人就会更加关心。这些事包括孩子为整个家庭做的事，如每天放学后收拾房间，为花园除草或摆桌子。无论做什么，孩子们都是在体验为别人服务，那种快乐是别人难以想像的。

 教育智慧：

当孩子们做一些关心、照顾别人的事时，他们对别人就会更加关心。